기독교를 아는 지식

제임스 패커 저
강철성 역

기독교문서선교회

KNOWING CHRISTIANITY

By
J. I. Packer

Translated by
Chul-sung Kang

Copyright © 1995 by James I. Packer
Originally published in English under the title
as Knowing Christianity by James I. Packer
by Harold Shaw Publishers
Box 567, Wheaton, IL 60189, U.S.A.
All rights reserved.

Korean Edition
copyright © 1996 by Christian Literature Crusade
Seoul, Korea

독자에게

　나는 큰 지진을 경험한 적이 없다. 그러나 내가 절대로 큰 지진을 겪지 않을 것이라고 단정한다면 나는 어리석은 자일 것이다. 현재 나는 캐나다의 뱅쿠버에 살고 있는데, 우리는 이곳에 언제라도 대지진이 일어날 수 있고 앞으로 2백년 안에 대지진이 있을 것이 거의 확실하다는 말을 듣고 있다. 여러분도 분명히 보았을 로스엔젤레스와 고베의 대지진 후의 참상에 대한 사진들을 나도 본 적이 있다. 그래서 뱅쿠버가 그와 같은 참상을 당할지도 모른다는 생각만 해도 소름이 끼친다.
　지진의 위협에 대해 우리가 무슨 일을 할 수 있을까? 사실상 할 수 있는 일이 많지 않다. 그러나 뱅쿠버는 할 수 있는 일을 하고 있다. 현재 새로운 건물들은 지진에 견딜 수 있는 건축법을 따라 짓고 있다. 그리고 옛 건물들과 공공 건물들은 그 건축법의 요구들에 맞추어 강화되고 있다. 그리고 우리는 책장 등의 조립물들을 벽에 고정시키고, 모든 전원을 재빨리 끄는 법을 익히고, 진동이 시작되는 순간에 탁자 밑으로 뛰어들어 가라는 지시를 받았다. 우리가 지시받고 있는 바를 보이 스카우트 말로 하면, 대비를 하고 있어야 한다는 것이다.
　지혜로운 그리스도인들은 자연 재해들 — 지진, 화재, 홍수 — 만 대비하는 것이 아니라 지적, 이성적, 상황적 재해들도 대비한다. 그리스도인들은 세익스피어가 "격노한 운명의 투석과 화살들"이라고 칭한 바로부터 면제된 사람들이 아니다. 고통과 슬픔, 번민과 실망은 다른 사람들에게 오는 것과 마찬가지로 그리스도인들에게도 온다. 그리고 그리스도인들은 직장, 가정, 심지어 교회에서까지도 물결을 거슬러 헤엄을 치지 않을 수 없는 자신들의 입장을 끊임없이 발견한다. 우리는 이러한 정신적 충격들에 어떻게 대비할 수 있을까? 우리가 할 수 있는 최선의 대비는 우리의 믿음의 기초가 확고한지, 우리의 믿음의 세부 사항들이 우리의 마음에 단단히 고정되어 있는지, 우리의 열심과 선의가 마땅히 가져야 하는 자세로 있는지 확인하는 것이다. 만일 우리가 그리스도의 소유라면, 마귀는 끊임없이 우리 뒤를 쫓으며 우리를 뒤흔들어, 우리를 혼란시키고 약화시키려고 할 것이다. "그러므로 하나님의 전신갑주를 취하라 이는 악한 날에 너희가 능히 대적하고 모든 일을 행한 후에 서기 위함이라"(엡 6:13).

이어지는 여러 장들은 삶의 여러 가지 지진들에 대비하는 도움, 특별히 그 지진들이 기독교의 본류를 공격할 때를 대비하는 도움을 줄 것이다. 본서는 이 시대를 사는 모든 신자들에게 꼭 필요한, 명확하고 강력한 믿음과 행동의 근본들에 그 중심을 두고 있다. 본서는 보통 분이 아니신 하나님, 그리고 하나님의 성자이시고 역시 보통 분이 아니신 우리의 구세주 예수 그리스도와 관계를 맺고 있는 보통 사람들에게 말하는 것이다. 본서는 전문적인 책이 아니라, 적어도 의도에 있어서는, 평이하고 실제적인 책이다(그러므로 각주도 없고, 학구적인 논증도 없고, 교파적인 복선들도 없다). 50년 전에 『그리스도인의 비상 식량』(*The Iron Ration of a Christian*)이라는 제목의 인기 있던 기독교 서적이 있었는데, 그 제목이 본서에 제시되는 바에 어울릴 것으로 나는 확신한다.

『기독교를 아는 지식』을 계획하는 데 도움을 준 라모나 터커, 조안 게스트, 스티븐 보드, 그리고 나의 딸, 나오미에게 마땅한 감사를 한다. 나는 일부러 장들의 구어의 흔적들이나 논증에 수반되어 이따금씩 나오는 부분적인 반복들을 완전히 없애려고 애쓰지 않았다. 삶은 너무 짧은 것이다! 이제 본서는 하나님께서 유익을 위해 사용하시기를 구하는 기도로 출발한다.

J. I. 패커

역자 서문

본서는 기독교를 소개하고 확고히 하는 데 있어서 역사적인 기독교의 교리들을 무시하지 않으면서도 이 시대를 외면하지 않고 있다. 저자 자신도 말했듯이 본서는 전문적인 책이 아니라 평이하고 실제적인 책이다. 그러나 평범한 책은 아니다.

본서는, 우리가 믿는 기독교의 진리를 상대화시켜 정체성을 잃게 만드는 종교 다원주의라는 급류에서 우리를 구해 줄 것이다. 현재 서구 유럽에서는 지옥의 실재를 인정하지 않고 보편구원설을 주장하는 이들이 공공연히 자신의 견해들을 드러내기를 두려워하지 않고 있는데, 본서는 또한 이와 같은 물결 속에서도 우리 한국의 기독교인들을 구해 줄 것이다. 저자는 복음주의적인 진리로 이 혼탁한 급류를 헤치고 올라온 우리 세기의 살아 있는 신학자요 전도자라고 볼 수 있다.

역자는 본서를 번역하면서 본서가 기독교 지도자들을 포함한 모든 성도들에게 유익을 줄 수 있는 책이라고 자부심을 갖고 내놓는다.

본서를 번역할 수 있는 영광을 주신 하나님께 감사드리며, 아울러 본서가 나오기까지 수고하신 기독교문서선교회 회장님 이하 모든 직원들께 감사드린다.

1996년 8월 9일
강 철 성 識

차 례

독자에게
역자서문

제 1 장 가장 중요한 일 ··· 9
제 2 장 계시와 권위 ··· 25
제 3 장 하나님은 누구신가? ································· 47
제 4 장 그리스도의 인격 ······································ 63
제 5 장 왜 십자가를 자랑하는가? ························ 79
제 6 장 성령과 그리스도인의 성장 ······················ 101
제 7 장 기도에 대한 몇 가지 교훈 ······················ 121
제 8 장 와서 예배하라 ·· 137
제 9 장 교회에서의 교제 ······································ 147
제 10 장 교회의 갱신과 은사 ································· 167
제 11 장 그리스도인의 시민권 ······························· 179
제 12 장 보편구원설의 허위 ··································· 195
제 13 장 기독교와 세계 종교들 ······························ 209
제 14 장 지옥의 실재 ·· 221
제 15 장 우리 미래의 소망인 그리스도의 승천 ···· 235

제 1 장
가장 중요한 일

하나님을 아는 지식! 이보다 더 큰 연구할 만한 주제가 있을까? 이보다 더 귀한 추구할 만한 목표가 있을까? 이보다 더 크게 즐거워할 좋은 일이 있을까? 인간의 심령에 하나님을 알고자 하는 열망보다 더 큰 소원이 있을까? 분명히 없다. 그런데 기독교의 복음은 하나님을 아는 지식을 가능하게 하는 것이다. 기독교의 메시지가 세상을 위한 말씀인 이유가 바로 이것이다. 하나님을 아는 지식은 복음에서 약속된 가장 크고 가장 좋은 축복이다. 또한 하나님을 아는 지식은 성경에서 최고의 은혜의 선물로 찬양된다. 예레미야는 하나님께서 행하시려고 하시는 일을 즐거움으로 기다리며 다음과 같이 말했다: "나 여호와가 말하노라 보라 날이 이르리니 내가 이스라엘 집과 유다 집에 새 언약을 세우리라. 그들이 다시는 각기 이웃과 형제를 가리켜 이르기를 너는 여호와를 알라 하지 아니하리니 이는 작은 자로부터 큰 자까지 다 나를 앎이니라"(렘 31:31, 34). 이 약속의 성취가 기독교의 영광이다. 그리스도인들은 하나님을 알고 있다. 또한 모든 사람이 하나님을 알 수도 있다.

예수 그리스도께서는 영생의 전파자로 오셨다. 일찍이 예수 그리스도께서는 아버지께 기도를 드리면서 영생을 이렇게 정의하셨다: "영생은 곧 유일하신 참 하나님과 그의 보내신 자 예수 그리스도를 아는 것이니이다"(요 17:3). 최후의 만찬에서 예수님의 가슴에 기대었었고, 아마 누구보다 예수님의 사랑의 심정을 더 깊게 알고 있었을 사랑받은 제자 사도 요한은 그의 첫번째 서신의 마지막에 그리스도께서 요한 자신과 예수님을 따르는 신자들에게 가져다 주신 것을 다음과 같이 요약한다: "또 아는 것은 하나님의 아들이 이르러 우리에게 지각을 주사 우리로 참된 자를 알게 하신 것과"(요일 5:20 상반절). 여기에서 "참된"이라는 말은 '거짓으로 속이다', '신뢰할 수 없다'는 의미와 반대되는 '진실하다', '의지할 수 있다'는 의미를 나타낼 뿐만 아니라, '상상'과 반대되는 '실재'를 의미하기도 한다. 요한이 우리에게 말하고 있는 바는 모든 일의 배후에 존재하는 인격적인 정신과 권능을 그리스도인들이 알고 있고 - 즉 그 인격적인 정신과 권능에 의식적으로 그리고 인식적으로 관계를 갖고 있고 - 이 지식은 그 자체가 인격적 교제 관계이니 곧 연합의 지식, 교제의 지식, "영생"이라는 말이 고유 명사가 되는 귀한 경험의 실체라는 것이다. 그러므로 요한은 이어 이렇게 말하는 것이다: "곧 그의 아들 예수 그리스도 안에 있는 것이니 그는 참 하나님이시요 영생이니라"(요일 5:20 하반절).

이것이 하나님을 아는 지식의 영광스러운 실체이다. 이 지식을 위해 우리가 창조되었고, 또한 이 지식을 위해 우리가 구속을 받은 것이다. 이 지식은 이 세상이 간절히 열망하는 바의 진정한 대상이며, 그리스도인이 갖고 있는 야망과 소망의 요약이자 본질이다. 사도 바울은 자신의 삶의 목표를 다음과 같은 말로 진술한다: "내가 그리스도를 알려 하여"(빌 3:10). 바울이 기대하는 소망은 이렇게 요약된다: "이제는 내가 부분적으로 아나 그때에는 주께서 나를 아신 것같이 내가 온전히 알리라"(고전 13:12). 바울의 열망과 소망은 하나님을 아는 것이라는 말로 요약된다. 바울이 그러했던 것과 마찬가지로 우리의 야망과 소망도 역시 하나님을 아는 지식에 집중되어야 한다. 하나님을 안다는 것은 인간을 가장 존귀하게 하는 것이며, 인간의 참된 목적이며, 인간의 궁극적 성취이다. 다시 되풀이하여 말하는데, 성경에 의하면 우리가 탐구할 수 있는 주제에 있어 하나님을 아는 지식보다 더 중요한, 더 불가결한 주제는 없다.

1. 칼빈 신학에 나타나는 하나님을 아는 지식

기독교 신학에 있어 하나님을 아는 지식은 언제나 주요 개념이었다. 물론 이에 대한 두 가지 질문이 제기된다. 첫째는 내용에 대한 질문(우리가 무엇을 얼마나 많이 알 수 있는가?)이고, 둘째는 방법에 대한 질문(어떻게, 어떤 방법으로 이 지식이 우리에게 오는가?)이다. 본서는 이 첫번째 질문에 대해 부분적인 답변을 제시하고자 하는데, 본 장에서는 두번째 질문을 다루고자 한다. (내가 생각할 때) 이 주제를 개진한 기독교 해설자들 중에서 가장 뛰어나고 가장 노련한 인물은 존 칼빈(John Calvin)이었다. 그의 『기독교 강요』(Institutes)는 하나님을 아는 지식에 대한 성경의 가르침의 고전적인 논법을 제시한다. 1536년의 작은 포켓형의 문고판에서부터 1559년에 착수된 2절판의 대형 서적에 이르기까지 다섯 번에 걸쳐 재판이 거듭된 『기독교 강요』의 발전 과정에서 일어난 일은 제1판에서 간략하게 다루어진, 사실상 거의 한 문장도 못되게 처리되었던 하나님을 아는 지식이라는 주제가 이 책의 전체를 지배하게 되었다는 것이다.

1536년 판 『기독교 강요』의 첫 문장은 다음과 같았다: "이 거룩한 교리의 개요는 하나님에 대한 지식과 우리 자신에 대한 지식이라는 두 부분에 포함되어 있다." 제2판에서 이 문장은 다음과 같이

바뀐다: "우리의 지혜의 개요는 하나님에 대한 우리의 지식과 우리 자신에 대한 지식에 포함되어 있다." 제2판에서 제4판까지 이 문장은 하나님에 대한 지식과 우리 자신에 대한 지식을 다루는 각각의 구별된 두 개의 장으로 확대되었다. 마지막 개정판에서 이 칼빈의 사상의 개요는 4권의 책으로 정리되는데, 제1권의 제목은 『창조주 하나님을 아는 지식에 대하여』였고, 제2권의 제목은 『구속주 그리스도를 아는 지식에 대하여』였고, 제3권의 제목은 『그리스도의 은혜를 알게 되는 방법에 대하여』였다. 이와 같이 하나님을 아는 지식이라는 주제는 사실상 칼빈의 『기독교 강요』라는 작품 전체를 지배하고 이 작품의 형체를 이루는 데까지 확대되었던 것이다.

첫째로, 칼빈의 가르침은 하나님을 아는 지식이 자연인의 하나님에 대한 의식 이상이라는 것이었다. 칼빈은 모든 인간이 하나님에 대하여 알고 있고 인간이 아무리 애를 쓸지라도 이 의식을 제거할 수 없다는 점을 매우 강조한다. 그는 이 신의식(神意識)을 모든 인간의 마음에 심겨진 "종교의 씨앗"(seed of religion)이라고 부른다. 구속받지 않은 인간들은 하나님이 없다고 핑계하고 싶어한다. 그러나 그 바람은 어디까지나 핑계일 뿐이다. 왜냐하면 마음속 깊은 곳에서 하나님께서 계시다는 사실을 아는 지식을 피할 수 없기 때문이다. 그렇지만 이 하나님의 실재에 대한 의식은 그리스도인들이 갖고 있는 하나님을 아는 지식과 같은 것이 될 수 없다. 왜냐하면 칼빈에게 있어서 하나님을 아는 지식은 항상 언약의 관계 내에 속한 인격적 지식이고, 비그리스도인들은 이 인격적 지식이 없기 때문이다. 예수 그리스도 자신께서 "내가 곧 길이요 진리요 생명이니 나로 말미암지 않고는 아버지께로 올(즉 하나님을 하늘에 계신 아버지로 알게 될) 자가 없느니라"(요 14:6)고 말씀하신 바와 같이, 이 관계는 오직 우리 주 예수 그리스도를 통해서만 현실이 되는 것이다.

우리의 언약의 하나님으로 하나님을 아는 지식, 즉 영원히 우리의 은혜의 하나님으로 자신을 우리에게 주신 창조주로 하나님을 아는 지식은 칼빈의 하나님을 아는 지식에 대한 이해의 근본을 이룬다. 왜냐하면 성경의 하나님을 아는 지식에 대한 이해에 있어 근본을 이루고 있는 것이 바로 그러한 하나님을 아는 것이기 때문이다. 루터는 "신앙은 인칭 대명사들의 문제이다"라고 말했다. 즉 신앙은 내가 하나님에게 "나의 하나님"이라고 말할 수 있고, 하나님께서 나에게 "나의 자녀"라고 말씀하시는 것을 알 수 있는가 하는 문제를 중심으로 한다는 것이다. 하나님을 아는 지식이 칼빈이 인식한 바와 같이 삶을 변화시키는 현실이 되는 것은 바로 이러한 관계에서, 그리고 이러한 관계를 통해서 되는 것이다.

　둘째로, 하나님을 아는 지식은 하나님에 대한 어떤 실재의 또는 상상의 경험 이상이다. 성경과 마찬가지로 칼빈은 이에 대하여 매우 명백할 수 있었다. 왜냐하면 성경과 마찬가지로 칼빈은, 사람들이 오늘날의 우리보다 덜 자신에 몰두하였고 우리가 현실들의 경험에 대해 갖는 관심보다 더 큰 관심을 현실들에 대해 갖고 있던 시대의 소산이기 때문이다. 내가 생각하기에 20세기에 살고 있는 우리는 이 구별을 이해하기가 상당히 어려울 것이다. 우리는 자신에 심히 몰두하고 있다. 인간 중심의 서양 문화가 우리를 그렇게 만들어 놓은 것이다. 우리는 경험들에 관심을 갖고 있다. 즉 마치 경험만이 문제의 전부인 것처럼 우리 자신의 "느낌들"이나 "어떤 일에 대한 우리의 반응들"에 관심을 갖는 것이다. 우리는 경험이 강렬하면 강렬할수록 하나님이 그 경험에 더 크게 관여하고 있는 것이 틀림없다고 성급하게 결론을 내리는 경향이 있다. 그러나 성경의 기준들에 의하면 절대로 그렇지 않다. 심지어 회심의 경험으로 제시되는 내용까지도 하나님을 아는 지식과 동일시될 수 없다. 성경은 우리가 믿음에 의해 하나님을 안다고 말한다. 믿음은 신뢰하는 마음에서 나오는 것이다. 경험도 신뢰하는 마음에서 나오기는 한다. 그러나 믿음은 인정과 신임과 신뢰의 관계이지 경험이 그 본질은 아니다. 나는 믿음이 없이는 회심의 경험도 없을 것이라고 인정한다. 그러나 믿음은 어떤 경험과도 구별되는 것이다. 믿음은 우리를 부르시며, "우리에게 영생을 얻기 위하여 와서 성부와 성자를 의뢰하라"고 말씀하시는 하나님과 그리스도에게 드린 마음에서 나오는 것이다. 믿음은 느낌에 초점을 맞추는 것이 아니라 사실에 초점을 맞추며, 우리 내부의 반응들에 초점을 맞추는 것이 아니라 우리 외부의 현실들에 초점을 맞춘다. 즉 우리의 선호와는 무관하게 우리를 찾으시고, 우리를 아시고, 우리에게 개인적으로 이야기하시는 하나님의 말씀과 역사에 초점을 맞추는 것이다. 진정한 믿음에서 나온 것이 아니고 전혀 하나님을 아는 지식에서 나온 것이 아닌 모방된 하나님에 대한 경험과 회심의 경험이 있다. 우리는 이 사실을 절대로 잊지 말아야 할 것이다.

셋째로, 칼빈과 성경에 따르면 하나님을 아는 지식은 하나님에 대한 지식(비록 하나님에 대한 지식이 하나님을 아는 지식의 기초이지만) 이상이다. 어떤 일에 대한 정보를 얻을 뿐인 설명에 의한 지식과 실재와 직접 접촉하는 관계에 의한 지식 간에는 차이가 있다. 하나님을 아는 지식은 설명에 의한 지식 이상인, 관계에 의한 지식이다. 하나님을 아는 지식이 설명에 의한 지식일 때 칼빈은 하나님에 대하여 알려져야 하는 바에 대해 매우 강조한다. 『기독교 강요』 제1판의 제1장에서 칼빈은 하나님에 대하여 알려져야 할 네 가지 사항이 있다고 기술했다. 첫째로, 하나님께서는 "무한한 지혜와 의와 선과 긍휼과 진리와 능력과 생명이시므로, 하나님 안에 있는 것 외에 다른 지혜와 의와 선과 긍휼과 진리와 능력과 생명은 없다." 둘째로, "천지 만물은 하나님의 영광을 위해 창조되었다." 셋째로, "하나님께서는 자신의 율법을 어기고 자신의 뜻을 온전히 이루지 않는 자들을 엄격하게 처벌하시는 의로우신 재판관이시다." 그리고 넷째로, "하나님께서는 긍휼하시고 인자하시므로, 자신의 자비하심에 피하고 자신의 신실하심에 의지하는 자들은 부자든지 가난한 자든지 다정하게 영접하신다." 이상이 우리가 하나님에 대하여 알아야 하는 기본이다. 그러나 칼빈은 이런 일들을 알고 명확하게 생각하여도 아직 하나님을 아는 것이 아니라고 말한다. 왜냐하면 하나님을 아는 지식(코그니티오 데이, *cognitio Dei*)은 관계의 지식, 즉 앞에서 말한 바와 같이 헌신과 신뢰와 의지의 관계 다른 말로 말해서 믿음의 관계 가운데 우리에게 임하는 지식이기 때문이다.

그 다음에 네번째 요점은 하나님을 아는 지식이 사실상 하나님을 아는 지식 이상이라는 것이다. 하나님을 아는 지식은 곤핍한 피조물이며 길을 잃은 죄인들인 우리 자신을 아는 지식을 포함한다. 왜냐하면 정확하게 말해서 하나님을 아는 지식은 하나님이 우리를 구원하시는 관계 가운데 하나님을 아는 문제이기 때문이다. 즉 하나님께서 비참한 상태에 있는 우리를 불쌍히 여기시고, 우리를 새롭고 풍요롭게 하기 위하여 사랑으로 우리에게 자기 자신과 은사들을 주시는 관계 가운데 하나님을 아는 지식이다. 다른 말로 이야기해서 하나님을 아는 지식은 우리 자신과 우리의 곤궁을 알고 우리의 곤궁을 채워주시는 하나님의 은사들을 감사함으로 받을 때에만 존재한다는 것이다. 칼빈의 주장은 정확하다! 진실로 하나님과 우리 자신을 아는 지식—이 두 가지는 공존한다—은 우리 지혜의 총체이다. 실제로 우리는 연약함과 죄와 비참함 가운데 있는 우리에게 주신 하나님의 은혜의 선물, 구주를 알기 전에는 하나님을 아는 일을 시작할 수 없다. 왜냐하면 하나님께서는 우리가 바랄 때 우리가 바라는 대로 검사하고 연구할 수 있는 수동적 객체가 아니라, 우리와 관계를 가지시되 우리의 조건대로가 아니라 자신의 조건대로 관계를 가지시는 능동적 주체이시기 때문이다. 하나님의 조건은 우리가 우리 자신을 직시하고, 우리 자신의 무가치함을 의식하고 마치 물에 빠진 사람이 생명줄을 찾는 것처럼 하나님께로 나아와야 한다는 것이다. 오직 그렇게 하나님께 나아가는 사람들에게만 하나님께서는 언약과 교제 가운데 자신을 주신다. 따라서 오직 그런 사람들만이 하나님을 알게 되는 것이다.

이 사실은 하나님을 아는 것이 무엇인가에 대해 확실하게 말할 수 있는 자리로 우리를 인도한다. 따라서 이제 우리는 성경에 의하면 믿음으로 하나님을 아는 것이 총괄하여 세 가지 사항이라고 단언할 수 있다. 곧 믿음으로 하나님을 아는 것의 세 가지 사항은 하나님께서 누구이시고 어떤 분이신가에 대한 이해(apprehension)이며, 하나님께서 주시는 것을 우리 자신에게 적용하는 것이며 (application)이며, 주시는 하나님에 대한 찬미(adoration)이다. 이 사실을 칼빈이 자신의 말로 이야기하는 것을 들어 보자: "내가 이해하는 바에 의하면 하나님을 아는 지식은 그 지식으로 인해 우리가 하나님의 존재를 느낄(즉 하나님께서 존재하신다는 개념을 형성할) 뿐만 아니라, 하나님께서 주시는 것으로부터 우리가 무슨 유익을 얻고, 무슨 도움을 받는지 파악하는 것이기도 하다. 엄밀하게 이야기해서 신앙이나 경건이 없는 곳에서 하나님께서는 알려지지 않는다." 여기에서 칼빈은 입술과 마음에 의한, 그리고 삶에서의 겸손한 찬미와 예배의 응답을 말하고 있다. 또 다시 칼빈은 이렇게 말한다: "우리는 두뇌 속에서만 가지고 노는 즉 단지 관념과 공허한 공론으로 만족하는 하나님을 아는 지식으로 부르심을 받은 것이 아니다." 하나님을 아는 지식은 단순히 관념의 문제가 아니라, 우리가 바르게 파악하고 우리의 마음에 뿌리를 내리게 한다면 "견실하게 열매를 맺게" 되는 지식이라고 칼빈은 말한다. "견실하게"라는 말로 그는 굳게 뿌리를 내리고 고정되는 것을 의미하고,

"열매를 많이 맺고"라는 말로는 "삶이 변하는 것"을 의미한다. 그러므로 하나님을 아는 참된 지식은 그리스도를 닮는 열매를 맺는 것을 의미한다. 칼빈은 다시 말한다: "하나님을 아는 지식은 냉정한 이론이 아니라, 하나님께 대한 예배를 동반하는 것이다."(『기독교 강요』, I. ii를 보라.)

2. 하나님을 아는 법

이상이 칼빈에게 있어서 하나님을 아는 지식이 의미하는 바이며, 또한 (칼빈과 마찬가지로 내가 확신하기로) 성경에서 의미하는 하나님을 아는 지식이다. 그러나 이 하나님을 아는 지식은 어떻게 오는가? 하나님을 아는 방법은 무엇인가? 이에 대한 통상적인 기독교 신조는 하나님을 아는 지식이 하나님의 자기 자신에 대한 특별하고, 은혜로우신 구원의 계시에 의지한다는 것이다. 다른 말로 이야기해서 우리의 지식과 하나님의 계시가 상호관계에 있는데, 우리의 지식은 하나님의 계시에서 비롯된다는 것이다. 이 신조는 정확하다. 그렇지만 때때로 나는 우리가 계시(revelation)라는 단어 대신 다른 단어(현대의 토론과 논쟁에서 발견되는 다른 단어, 더 많은 내용을 표현할 것 같은 다른 단어)를 사용하는 습관을 들일 수 있었으면 좋겠다고 생각한다. 나는 "계시"(revelation) 대신 "전달"(communication)이라고 말하고 싶다. 현대인들의 생각에 계시라는 단어는 개략적인 전시 또는 진열이라는 의미 외에 거의 시사하는 바가 없다. 나는 우리가 하나님의 계시에 대해 생각할 때 항상 창조주로부터 피조물들에게로의 인격적 전달이라는 계시의 본질을 고려하는 것이 중요하다고 믿는다.

전달(communication)이라는 말은 누군가가 우리에게 가깝게 다가와서, 우리에게 말을 걸고, 우리에게 자신에 대하여 설명하고,

우리에게 자신의 마음을 열고, 우리에게 자신이 소유하고 있는 것을 주고, 우리에게 자신이 알고 있는 것을 말해 주고, 우리의 관심을 청하고, 자신이 말하고 있는 것에 대한 우리의 응답을 구하는 것을 시사한다. 이것이 우리가 항상 우리의 마음을 깨끗이 하고 기다려야 하는 하나님의 계시에 대한 진정한 개념이다.

그러나 이 점에 있어 특별한 문제가 한 가지 있다. 하나님께서는 자신을 우리에게 알리시고 우리를 자신과의 사랑의 교제로 이끄시기 위하여 인류를 창조하셨다. 이것은 언제나 하나님의 목적이었다. 그러나 우리는 하나님을 떠났다. 죄가 들어왔고, 인간의 본성이 뒤틀어졌다. 인류는 이제 그 근본 태도에 있어 철저하게 하나님을 적대하고 있다. 하나님을 사랑하고 예배로 하나님께 응답하는 것은 더 이상 우리의 본성이 아니다. 우리는 하나님께 등을 돌리고 있다고 할 수 있다. 타락의 결과로 창세기 3장에서 아담과 하와가 행한 일, 즉 우리의 심연을 직시하는 것을 회피하고 하나님으로부터 벗어나 멋대로 살기 위하여 하나님 앞에서 숨는 일을 계속 되풀이하여 행하는 것이 인간의 본성이 되었다. 우리는 마치 우리 자신이 하나님인 것처럼 여긴다. 우리는 자기 자신을 위해 살고 있다. 우리는 자신을 섬기고 예배한다. 우리는 모든 것을 자신의 이익을 위해 사용하려고 한다. 이렇게 행하면서 우리는 하나님과 겨룬다. 우리는 하나님께 "아니, 싫어요"라고 말한다. 우리는 하나님을 우리의 삶의 중심에서 변두리로 몰아낸다. 우리는 본성적으로 하나님의 접근을 막는다. 그러므로 죄악 중에 있는 우리에게 대한 하나님의 전달은 우리의 정신에 진리를 제시하는 것 이상이 되어야 한다. 하나님의 전달은 인간의 심령에 역사하여 타락한 인간성을 변화시키지 않으면 아되는 것이다.

잠깐 뒤로 되돌아가 보기로 하자. 칼빈은 우리 주위에 창조된 질서 가운데 하나님에 의한 보편적 자기 전달(a universal self-communication, 보통 "일반 계시"라고 칭해지는 신적 활동)이 있다고 말한다. 그리고 우리의 본성, 우리의 극도로 복잡한 기질에 대한 자기 인식, 그리고 우리 양심의 기능에도 역시 계시, 즉 하나님으로부터의 전달이 있다. 하나님의 실재와 하나님의 요구들에 대한 의식은 때로 빛에 대한 인식이 우리에게 느껴지는 방식과 동일한 방식으로 전달된다. 이 의식은 즉각적이고, 침투적이고, 불가항력적이다. 칼빈은 이에 대해 매우 강력하게 말한다. "하나님께서 이 세상의 모든 자신의 작품 가운데 자신을 나타내셨기 때문에 인간들은 싫어도 눈을 뜨고 하나님을 보지 않을 수 없다", "이 세상의 질서 있는 배열은 보이지 않는 하나님을 묵상할 수 있는 거울과 같다", "이 세상은 하나님의 극장이다", "주님께서는 자신의 작품들의 거울을 통해 자기 자신뿐만 아니라 자신의 불멸의 왕국까지도 분명하게 보여 주신다", "하늘의 장려함은 하나님의 생생한 형상을 우리 눈 앞에 제시한다."(『기독교 강요』, Ⅰ.ⅴ.1-2를 보라.)

창조주에 대한 인식은 하나님의 피조물들과 우리의 모든 관계를 통해 전달되며, 또한 우리의 우리 자신에 대한 모든 지식과 인식과 우리의 개성을 통해, 우리 양심의 심판을 통해, 그리고 우리 마음의 여러 가지 많은 생각들을 통해서도 전달된다. 그러나 인간은 이 인식을 무시하거나 거부하고, 만일 완전히 거부할 수 없으면, 왜곡하여 맹목과 미신으로 변질시킨다. 그러므로 비록 자연과 내적 경험을 통한 하나님의 이 일반 전달이 모든 사람에게 현실로 다가옴에도 불구하고, 이 세상은 허황된 지혜와 수많은 몽상적인 신학들로 인하여 하나님을 알지 못한다. 이것이 칼빈의 주장인데, 칼빈은 그보다 먼저 이같이 주장한 바울을 따라 말하는 것이다(롬 1:18-23, 32; 2:12-16; 고전 1:21을 보라). 따라서 하나님께서는 마땅한 방법으로 인정과 예배와 신뢰를 받으시기 위해서, 자신의 진리를 우리 앞에 제시할 뿐만 아니라 우리에게 그 진리를 볼 수 있는 눈과, 그 진리를 들을 수 있는 귀와, 그 진리를 받아들일 수 있는 심령을 주시지 않을 수 없었다. 또한 사실상 이렇게 하시는 것이 정확하게 하나님의 계획이었다.

3. 은혜를 통해 하나님을 아는 지식

하나님께서 하신 일은 이 자연 질서 중에 자신을 나타내는 일반 전달에 은혜 중에 자신을 나타내는 특별 전달을 추가하신 것이다. 이 과정에서 세 단계가 구분될 필요가 있다. 제1단계는 역사 가운데 구속을 이루는 것이었다. 하나님께서는 말씀과 행위에 의해 구원하시는 활동의 역사 단계에서 자신을 알리셨다. 말씀은 기초였다. 왜냐하면 먼저 하나님께서는 자신이 무엇을 하려고 하시는지를 선포하셨고, 선포를 하신 다음 자신의 말씀을 이루시고 자신이 말씀하신 바를 행하셨기 때문이다. 이것이 하나님께서 애굽에서 이스라엘을 구원해 내신 출애굽기에 나타난 일이다. 그리고 이것이 여러분과 나같이 율법 아래 있는 자들을 구원하여 우리로 하여금 양자가 되는 은혜를 받고 하나님의 자녀가 되게 하기 위하여, 하나님께서 때가 찼을 때 그 아들을 보내사 여인에게서 나게 하셨을 때 행하신 일이었다.

제2단계는 계시를 문서로 기록하는 것이었다. 이것이 성경을 영감하신 하나님의 역사였다. 하나님께서는 자신이 말씀하시고 행하신 바를 설명하는 기록들을 쓰게 하심으로 자신이 이루신 역사 가운데 구속의 계시에 대해 모든 세대가 알도록 하셨다. 이 기록된 문서가 바로 구속자 예수 그리스도를 그 중심점으로 하고 있는 우리의 성경이다.

이 전달 과정의 세번째 단계는 성경에 선언된 구속의 실체를 개인들이 영접하게 하는 것이니, 곧 성령의 역사를 통해 현실이 되는 영접이다. 세상을 향한 하나님의 말씀은 그리스도 안에 있는 새생명에 대한 메시지이다. 성령께서는 이 말씀이 들어갈 수 있도록 사람들의 심령을 여시고, 또한 심령을 새롭게 하심으로 우리로 하여금 다시 돌이켜 하나님을 바라보게 하신다. 이럴 때에 우리는 그리스도 안의 새로운 피조물이 되는 것이다. 신약성경이 인간들에게 자신을 계시하시는 하나님에 대하여 말할 때, 고려되고 있는 바는 이 하나님의 전달 과정 중의 세번째 단계이다. "아들과 또 아들의 소원대로 계시를 받는 자 외에는 아버지를 아는 자가 없느니라"(마 11:27)고 말씀하셨을 때, 예수님께서는 자신의 가르침의, 성령을 통해 조명하는 영향을 생각하신 것이었다. 그리고 "바요나 시몬아 네가 복이 있도다 이를 네게 알게 한 이는 혈육이 아니요 하늘에 계신 내 아버지시니라"(마 16:17)고 말씀하셨을 때, 예수님께서는 베드로가 조명을 받음으로 지난 기간 동안 그가 들은 예수님의 말씀의 의미와 그가 본 예수님의 활동들의 의미를 깨달았다는 의미를 나타내시는 것으로 보인다. 바울도 갈라디아서 1:15-16에서 하나님께서 "그(예수님)를 내 속에 나타내시기를 기뻐하실 때"라고 말할 때 같은 의미를 나타내고 있다. "내 속에"라는 헬라어는 바울의 심령에 확신을 준 방법을 말한다. 바울은 며칠 동안 육체의 시각을 상실했었으나 영원히 영적 시각을 얻었다. 바울은 이전에도 부활하신 구세주이신 예수님에 대한 진리를 들은 적이 있었으나 그 진리에 대해 눈이 멀었었다. 그러나 이제 그의 마음의 눈이 열려 볼 수 있게 된 것이다. 이와 동일한 사고가 고린도후서 4:6의 "어두운 데서 빛이 비취리라 하시던 그 하나님께서 예수 그리스도의 얼굴에 있는 하나님의 영광을 아는 빛을 우리 마음에 비취셨느니라"는 구절에서 다른 말로 표현되고 있다. 종종 이 하나님의 계시 역사의 제3단계는 조명(illumination)이라고 칭해진다. 요한은 우리가 앞에서 인용했던 말에서 이 제3단계를 표현한다. "또 아는 것은 하나님의 아들이 이르러 우리에게 지각을 주사 우리로 참된 자를 알게 하신 것과…"(요일 5:20).

이제 여러분은 이 과정의 제2단계, 성경의 영감이 절대적으로 중대하다는 것을 알았을 것이다. 칼빈은 항상 성경을 로마서 3:2에 나오는 성경적인 어구인 "oracle of God"(한글개역에는 "하나님의 말씀")으로 언급했다. 이 어구를 NIV는 "the very words of God"(바로 하나님의 말씀)이라고 번역했다. 칼빈은 우리가 성경에서 보는 바가 하나님의 구원의 역사에 대한 하나님 자신의 증거라는 사상을 표현하기 위해 이 어구를 채택하여 반복적으로 사용한다. 성령을 통해 성경이 죄로 눈먼 죄인들인 우리와 관련된 이중적인 기능을 갖고 있다는 것이 칼빈의 견해이다. 성경은 우리에게 진리를 가르치고 우리가 가르치고 말하는 것의 척도로 활동하는 우리의 교사의 기능을 갖고 있을 뿐만 아니라, 우리로 하나님을 분명하게 볼 수 있게 하는 안경의 기능도 갖고 있다는 것이다.

나는 근시이기 때문에 칼빈의 예는 나에게 많은 것을 말해 준다. 안경을 벗으면 나는 사람이나 사물을 명확하게 볼 수 없다. 나에게 보이는 것은 일련의 얼룩들일 뿐이다. 역시 근시였던 칼빈이 말하는 바는 요컨대, 성경을 모르는 육에 속한 인간은 신적인 무엇인가 또는 누군가가 있다는 막연한 인식밖에 할 수 없다. 그는 그것이 무엇인지 또는 누구인지 알지 못한다. 그러나 근시인 사람이 안경을 쓸 때, 그는 전에 얼룩에 불과했던 것을 확실하게 볼 수 있다. 마찬가지로 성경을 공부하기 시작할 때, 우리는 전에 불명확하게 인식하고 있었던 분을 명확하게 볼 수 있게 되기 시작한다고 칼빈은 말한다. 성경은 우리를 위하여 우리의 하나님 인식의 초점을 맞추어 주고 정확하게 이 하나님이 누구이시고 어떤 분이신가를 보여 주는 우리의 안경으로 기여한다.

그러므로 칼빈은 성경과 별도로 활동하려고 하는 어떤 형태의 신학에도 반대한다. 그는 그런 신학을 불경건한 공론이라고 비난하고 우리의 부족을 인정하고 기록된 말씀으로부터 기꺼이 가르침을 받고자 하는 겸손을 우리에게 권유한다. 불행하게도 오늘날의 많은 신학이 칼빈이 비난한 의미에 있어 공론이다. 오늘날의 신학은 성경에 냉담하면서, 마지못해 선심을 쓰는 식으로 성경을 취급하고, 성경 위에 올라서고, 성경을 넘어가고, 성경으로부터 멀리 빗나간다. 이런 신학은 아무리 학문적일지라도 쓰레기라고 칼빈은 말한다. 많은 시간을 성경을 읽는 데 사용할 의무가 있는 직책의 소유자로서 나는 이 견해에 찬성할 수밖에 없다. 성경에서 떠난 모든 신학은 근본적으로 쓰레기이다. 그리고 현대 교회의 불행들 중의 하나는 교회의 문헌과 설교와 사고 중 많은 것이 이 점에 있어 쓰레기라는 것이다.

칼빈의 시대와 마찬가지로 지금도 요구되는 바는 성경 앞에 굴복하고 성경을 하나님의 교훈으로 받아들이는 겸손이다. 성경은 하나님께서 설교하시는 것이며, 하나님께서 말씀하시는 것이며, 하나님께서 이야기하시는 것이며, 하나님께서 우리 앞에 하나님 자신에 대해 생각하고 말하는 바른 길을 제시하시는 것이다. 성경은 하나님께서 우리에게 자신을 보여 주시는 것이다. 성경은 우리가 믿음의 응답 가운데 하나님을 참되게 알고 하나님과의 교제 가운데 살도록 하기 위하여 하나님께서 우리에게 자신이 누구이며 무엇을 행하셨는지 전달하시는 것이다. 성경을 해석하는 것은 종종 문제가 된다고 말한다. 그러나 성경을 인간의 가르침을 통해 인간의 가르침의 형태로 주어진 하나님의 가르치심으로 읽는 사람들은 성경의 메시지가 항상 명확하게 종종 충분한 정도 이상으로 명확하게 전달되는 것을 발견할 것이다. 따라서 우리가 성경을 이해하는가가 문제인 것이 아니라, 우리가 성경을 믿고 순종하려고 하는가가 문제인 것이다.

감리교 창시자 존 웨슬레(John Wesley)는 이 사실을 다음과 같은 식으로 말한다. "나는 영원무궁 속으로 빠질 때까지 큰 심연 위를 떠도는 하루살이입니다. 나는 한 가지를 알기 원하니, 곧 하늘로 가는 길입니다. 그런데 하나님께서 그 길을 한 책에 기록하셨습니다. 오, 나에게 그 책을 주십시오! 어떤 값이라도 치를테니 나에게 하나님의 책을 주십시오. 이제 나는 그 책을 소유하고 있습니다. 여기 나를 위해 충분한 지식이 있습니다. 나는 홀로 앉아 있습니다. 하나님만이 여기에 계십니다. 하나님의 임재 가운데 나는 하나님의 책을 읽고…하늘로 가는 길을 발견합니다…나는 빛의 아버지께 나의 심령을 높입니다. '주여…나로 주님의 뜻을 알게 하소서.'" 여러분은 이 말에 동의하는가? 하나님의 은혜의 선물로 성경을 대하는 웨슬레의 태도에 공감하는가? 만일 세상이 하나님을 알고자 한다면 반드시 이 말씀을 소유해야 한다고 생각하는가? 그렇다면 이 성경을 인하여 하나님께 감사하고, 성경을 귀하고 소중하게 여기라.

영국 국왕의 대관식에 스코틀랜드 교회의 총회장은 성경을 선사하며 성경에 대해 이렇게 말한다. 나는 그의 말을 정확하게 인용한다: "이 세상에서 줄 수 있는 가장 귀한 것, 여기에 지혜가 있습니다. 이것은 왕의 율법이요, 하나님의 살아 있는 신탁입니다." 이 말은 완전히 진실이다. 그러므로 우리는 그리스도와 성경이 하나님께서 은혜로 주시는 쌍둥이 선물이라고 말해도 좋다. 진정한 신학은 여기에서, 곧 이 진리를 인정하고 우리에게 우리 구주와 영생의 길에 대하여 가르쳐 주는 성경의 가르침에 기쁘게 복종하는 데서 시작한다. 그리고 하나님을 아는 진정한 지식도 여기에서 시작한다. 본서의 다음 장들은 하나님을 아는 진정한 지식의 일부 내용을 성경이 제시하는 대로 자세히 설명할 것이다.

제 2 장
계시와 권위

권위의 원리는 기독교 신앙에 의거하며 하나님의 말씀을 통해 하나님을 안다는 사상과 밀접한 관계가 있다. 우리가 앞에서 본 바대로 기독교는 계시의 종교이다. 기독교는 하나님께서 자신의 생각과 뜻을 알리려고 활동하셨고, 하나님의 계시는 우리의 삶에 있어 권위를 갖고 있다고 주장한다. 성경적 신앙은 믿는 내용들과 의무들에 대한 확신으로 특징지어진다. 스스로 겸손으로 생각하는 자신 없고 불분명한 신념은 성경에 존재하지 않으며 성경에 근거한 것이 아니다. 왜냐하면 성경에서 겸손은 여러 가지 일들에 대한 하나님의 말씀을 말하는 것으로 시작하기 때문이다. 성경 전체를 통해 하나님의 종들은 하나님께서 그들에게 말씀하신 바를 알고 그 지식으로 살아가는 사람들로 등장한다. 족장들, 예언자들, 시편 기자들, 사도들, 그리고 보다 작은 빛을 비춘 사람들이 그러했고, 특별히 주 예수 그리스도 자신도 그러하셨다.

1. 그리스도의 삶에 나타난 권위

잠시 동안 그리스도에게 초점을 맞추어 보기로 하자. 그리스도께서는 성육하신 하나님의 아들이셨고, 그러므로 자기 자신의 뜻을 나타내지 않으셨다. 모든 일에 아버지의 뜻을 행하시는 것은 그리스도의 의무요, 기쁨이었을 뿐만 아니라 그리스도의 본성이기도 했다. 그리스도께서는 다음과 같이 말씀하셨다고 기록되어 있다: "너희는…내가 스스로 아무것도 하지 아니하고 오직 아버지께서 가르치신 대로 이런 것을 말하는 줄을 알리라…내가 항상 그의 기뻐하시는 일을 행하므로…"(요 8:28-29; 참조. 4:34; 5:30; 6:38; 8:26; 12:49-50; 14:31; 17:4). 예수님께서는 아버지의 대행자 메시야로서 자신의 권위가 이렇게 아버지에게 항상 복종하는 데에 있다는 것을 알고 계셨다(예수님께서는 마태복음 8:10에서 백부장이 이것을 알고 있음으로 인해 그를 칭찬하셨다).

자신이 아버지의 뜻 안에 있다는 사실은 예수님에게 있어 놀라운 힘의 원천이었다. 이것은 예수님의 지상 생활 마지막 주간에 매우 명확하게 나타난다. 어느 날 예수님께서는 환호하는 군중의 앞에서 마치 대관식을 하려고 가는 왕처럼 나귀를 타고 예루살렘으로 들어가셨다. 그리고 그 다음날 예수님께서는 혼자 마치 폭풍처럼 성전으로 돌입하사, 이방인의 뜰에 차려진 시장을 부수시고, 좌판 상인들을 내어쫓으시고, 돈 바꾸는 자들의 상을 둘러엎으심으로 일상적인 상행위를 중단시키고, 격렬하게 이러한 작태를 비난하심으로 방관자들을 놀라게 하셨다. 그러자 성전의 관원들이 몰려들었다. 이틀 간의 대혼란이었다! 예수님께서는 왜 이렇게 하신 것일까? 그리고 다음날에는 또 무슨 일이 일어났을까? 그 다음날 "예수께서 성전에서 걸어다니실 때에 대제사장들과 서기관들과 장로들이 나아와 가로되 무슨 권세로 이런 일을 하느뇨 누가 이런 일할 이 권세를 주었느뇨"라고 질문했다(막 11:27-28). 예수님께서는 자신의 권세가 세례 요한의 권세와 같은 것이라는 대답을 하셨다. 즉 하나님께로부터 온 권세라는 말씀이었다. 예수님께서는 아버지의 뜻을 행하고 계셨고 그 사실을 알고 계셨다. 예수님께서는 이틀 뒤에 겟세마네에서 이 사실을 다시 나타내셨다. "나의 원대로 마옵시고 아버지의 원대로 하옵소서…아버지의 원대로 되기를 원하나이다"(마 26:39, 42). 하나님 아버지의 뜻은 예수님의 삶 전체를 모양 짓는 것이었다.

예수님은 신이시다. 우리는 신이 아니다. 그러므로 예수님께서 아버지의 생각과 뜻을 확실하게 아셨던 것보다 예수님을 따르는 사람들은 덜 확실할 것이라고 예상할지 모른다. 그러나 오늘날의 자칭 그리스도인들 중 일부가 하나님의 생각과 뜻에 대해 불확실한 것이 아무리 사실일지라도, 이 예상은 틀리다. "알라"는 말은 신약성경의 열쇠가 되는 말이고, "우리가 안다"는 말은 신약성경의 후렴이다. 신약성경의 기자들은 그리스도인들이 하나님에게서 계시를 받았기 때문에 하나님을 알고, 하나님의 역사와 하나님의 뜻과 하나님의 길을 안다고 주장한다. 신약성경의 기자들은 하나님의 자기 계시가 행동의 형태만을 취하는 것이 아니라 교훈의 형태도 취한다고 우리에게 말한다. 하나님께서는 예수님의 말씀에서, 그리고 예수님의 말씀을 통해 말씀하신다고 그들은 주장한다 (히 1:1-4; 2:3). 하나님께서는 사도들과 선지자들에게 자신의 영원한 계획의 비밀을 알리셨다(엡 1:9-10; 3:3-11; 참조. 롬 16:25-26; 고전 2:6-11). 사도의 설교들은 예수님의 메시지를 중계하는데, "사람의 지혜의 가르친 말로 아니하고 오직 성령의 가르친 것으로"한다(고전 2:13). 우리는 이 중계된 예수님의 메시지를 "바른 교훈"으로 (딤후 4:3; 딛 1:9; 2:1), "진리"로(살후 2:10, 12-13 등), "하나님의 말씀"으로(살전 2:13 등) 받는다. 이렇게 하여 우리는 하나님의 생각에 대한 확실하고 정확한 지식을 얻는다. 현대 신학은 그리스도의 권위를 성경의 권위와 대립시키려고 한다. 그러나 신약성경에서 그리스도의 주권에 굴복하는 것과 하나님의 교훈을 믿는 것은 함께 동행한다.

2. 믿음과 순종

믿음은 반드시 순종으로 이어져야 한다. 그리스도인들은 인간의 권위들에 반항하고 여론의 합의에 도전함으로 인하여 끊임없이 환난을 받아왔다. 베드로는 복음전도를 그만두라는 명령을 받고도 복음 전도를 그만두지 않았고(행 4:19-20; 5:27 이하), 그 결과 옥에 갇혔다가 탈출했다. 초대 교회의 그리스도인들은 로마의 국가 종교의 형식적 절차들을 거부함으로 박해를 받았다. 이와 마찬가지로 후시대에 아프리카의 그리스도인들은 부족 의식들을 거부함으로 순교를 당했다. 4세기에 아다나시우스는 아리안 세계에 맞섬으로 유형을 자초했다. 16세기에 독일의 루터는 보름스의 법정에서 자신의 주장을 철회하기를 거부함으로 생명의 위협을 받았다. 오늘날의 그리스도인들은 음란물 매매와 같은 사회적 현실들이나 낙태의 요구와 같은 사회적 편의에 반대함으로 스스로 인기를 잃고 있다. 이상은 그리스도인들이 여러 시대에 걸쳐 큰 희생을 감수하며 행해온 일반 사회의 규범 거부들의 몇 가지 실례이다.

왜 그리스도인들은 그처럼 무법하고 터무니없어 보이는 행동을 하는 것일까? 그 이유는 그들이 하나님의 권위 아래에 거하면서 하나님의 계시가 자신들에게 어떤 개인적 희생이라도 무릅쓰고 그들이 행하는 그 행동을 할 것을 요구한다고 확신하기 때문이다. 보름스에서 루터는 이렇게 말했다: "나의 양심은 하나님의 말씀에 사로잡혀 있다. 양심에 거역하는 것은 옳지도 않고 안전하지도 않다. 나는 여기에 선다. 내가 달리 할 수 있는 일은 없다. 하나님이시여, 나를 도우소서, 아멘." 하나님의 진리를 확실하고 정확하게 아는 특권에는 역시 정확하게 그 진리에 순종하는 책임이 동반한다. 기독교는 흔들의자에 앉아 있는 믿음이 아니라 행동하라는 소명이다.

3. 권위의 문제

그러나 한 가지 어려운 문제가 일어난다. 누구의 계시된 진리 해석을 받아들여야 할 것인가 하는 문제이다. 바울이 "그리스도의 복음을 변하려"(갈 1:7) 하는 어떤 사람들에 대해 말하는 통렬한 비판을 갈라디아의 그리스도인들이 처음 읽었을 때 그들의 혼란을 상상해 보라. "너희를 어지럽게 하는 자들이 스스로 베어 버리기를 (즉 스스로 할례를 하기를) 원하노라"(갈 5:12). 또한 "일부러 겸손함과 천사 숭배함"을 즐겨 행하고 "헛되이 과장"하는 교사들을 깎아내리는(만난 적이 전혀 없는) 바울의 말(골 2:18)을 처음 들었을 때 골로새의 그리스도인들이 얼마나 기가 막혔을지 상상해 보라. 이 두 경우에서 모두 바울은 그때까지 믿음과 의무에 대해 진리로 인정을 받으며 가르쳐왔던 인물들을 형편없이 만들었다. 이럴 때에 그곳의 그리스도인들은 누구를 따라야 했을까? 바울일까? 아니면 자신들의 지역의 학자들일까?

이 문제는 지금도 우리에게 존재한다. 예를 들어 로마 카톨릭은 그리스도인들이 교황을 기독교계 전체의 최고 지도자로 대접해야 하고, 교황의 공포(성좌선언, *ex cathedral*)는 교회 회의의 공포와 함께 무오하다고 말한다. 또한 로마 카톨릭은 그리스도인들이 마리아에게 기도를 드려야 하고 성찬식을 교회의 죄를 위한 교회의 제사로 보아야 한다고 말한다. 개신교는 여기에 동의하지 않는다. 또한 개신교의 급진파들은 예수님의 신성, 죄를 감당하심, 육체적인 부활, 그리고 인격적인 재림을 부정한다. 여기에 대해 대부분의 개신교와 천주교는 동의하지 않는다. 이제 이웃의 그리스도인들이 서로 다른 말을 하며 다투고 있는 것을 보면서 평범한 그리스도인은 어떻게 해야 할까? 자신의 신앙과 행동을 결정하기 위해 어떤 절차를 따라야 할 것인가? 여기에 있어서 세 가지 대안이 우리에게 제시될 수 있다.

1) **궁극적 권위로서의 교회.** 어떤 사람들은 교회의 합의를 결정적인 권위로 보고 교회의 전통과 합의를 하나님의 권위 있는 뜻에 대한 권위 있는 지침으로 삼는다. 로마 카톨릭과 동방 정교회, 그리고 성공회의 일부가 우리에게 요구하는 바가 바로 이것이다. 이 절차에 내포된 내용들은 각각의 파들이 "교회"(로마 교회, 초대 교회, 자신들의 교파, 등)라는 말로 무엇을 의미하는가에 따라 다를 것이지만, 그 원칙은 명백하다. 그 원칙은 우리가 성경을 교회의 산물로 다루어야 하고 주류 교회의 가르침을 성경의 믿음과 동일하게 생각해야 한다는 것이다. 그리고 성경을 교회의 가르침에 맞추어야 한다는 것이다. 교회가 의견을 표명한 적이 없는 성경 부분은 자유롭게 사색할 수 있으나, 교회가 제시하는 모든 명확한 가르침은 하나님으로부터 오는 가르침으로 받아들여야 한다. 즉 교회가 말하는 것은 하나님의 말씀이라는 것이다. 그러므로 성령이 우리를 가르치시는 첫번째 단계는 우리를 교회의 권위에 복종하게 하는 것이라는 주장이다.

2) **궁극적 권위로서의 개인.** 위와는 대조적으로 자신의 생각을 (그 생각이 관련된 성경과 역사적 교회와 아무리 다를지라도) 결정적인 권위로 받아들이는 사람들이 있다. 그들은 이 견해와 함께 성경과 교회의 가르침이 우리의 생각을 구성하도록 돕는 필수적인 자료로, 두 가지를 모두 알아야 한다고 주장한다. 그러나 이 견해에 있어 성경과 교회의 가르침은 모두 완전한 인정을 받을 수 없다. 왜냐하면 모두 무오한 것이 아니고, 모두 알곡만이 아니라 가

라지도 포함하고 있기 때문이라는 것이다. 성경과 기독교의 역사에서 발견되는 신학들은 종교적인 인식을 여러 가지 다른 문화들이 규정한 용어들로 나타내려는 일관되지 못한 시도들이고, 성경과 기독교 역사는 모두 사실과 공상, 통찰과 오류의 혼합이라는 것이다. 따라서 우리의 과제는 영원히 타당해 보이는 것을 가려내어 이 시대의 용어로 표현하는 것이라고 그들은 주장한다. 이 견해에 암시되는 원칙은 우리 자신의 정신이 말하는 것 — 즉 우리의 이성, 양심, 상상이 교회의 역사적 사상들과 성경에 부응하는 것 — 이 바로 하나님의 말씀이라는 것이다. 따라서 성령의 역사는 우리가 옳다고 생각하는 방법으로 성경과 교회 전통의 증거를 가려내고, 선택하고, 바로잡고 수정하는 이 과제에 맞도록 우리의 정신을 예민하게 하는 것이다.

3) **궁극적 권위로서의 성경.** 세번째 관점은 "모든 종교적 논쟁이나 모든 회의의 결론이나 옛날 성경 해석자들의 의견이나 사람들의 교훈이나 영들을 검토하여 시험하는 데 있어서, 최고의 심판자는 성경으로 말씀하시는 성령이시다. 그의 판결에는 누구든지 순종해야 된다"고 한 웨스트민스터 신앙 고백의 언명(I. x)에 따라, 그리스도인은 성경을 결정적인 권위로 받아들여야 한다는 견해이다. 이 노선을 취하는 사람은 성경을 언제나 하나님의 권위 있는 교훈으로 받아들임으로 두번째 견해를 거부하고, 교회의 가르침과 해석을 스스로 해석하는 완전체인 성경 자체의 판단에 종속시킴으로 첫번째 견해를 거부한다. 그는 성경을 주시고 성경의 내용을 하나님의 백성에게 하나님의 진리로 입증하시고 이 진리를 삶에 적용하는 법을 보여 주시는 성령께 의지할 것이다(참조. 요일 2:20, 27). 이 신자의 부단한 목표는 성경을 판단자로 삼고 자신의 생각을 포함한 모든 사람의 생각들을 교정하는 것이 될 것이다.

이 신자의 심령은 "하나님의 성경이 말하는 바가 하나님의 말씀이니이다"라고 하나님을 향해 말한 어거스틴의 엄숙한 말을 되풀이할 것이다. 이 신자는 성령의 가르치시는 역할을 무엇보다도 우리의 생각을 신령한 교과서인 성경에 겸손하고 간절하게 조율시킴으로, 성경이 우리에게서 발견하는 그릇된 생각들을 변화시키는 것을 우리로 기뻐하게 하는 것이라고 볼 것이다.

이 세 가지 대안들이 어떻게 작용하는가 하는 예화로 낙태의 요구에 대한 논쟁을 생각해 보기로 하자. 첫번째 견해의 지지자(그를 전통주의자 또는 교회주의자로 칭하자)는 교회가 항상 낙태를 금해 왔기 때문에 낙태 행위에 반대할 것이다. 세번째 견해의 지지자(그를 성경주의자 또는 복음주의자로 칭하자)는 성경이 사람을 살해하는 것을 금하고 있고, 또한 성경이 태아를 생존의 삶을 향해 나아가는 인간 이하로 보는 것을 허용치 않을 것이기 때문에 반대할 것이다. 그러나 두번째 견해의 지지자(그를 주관론자 또는 상대주의자로 칭하자)는 당연히 태아에 대한 성경의 견해와 교회의 견해를 비과학적인 견해로 일축하고, 또한 이러한 비과학적인 견해에 기초한 금지를 근거 없고 부적절한 금지로 일축할 것이다. 그는 낙태 요구를 여자들에 대한 특별한 배려라고 지지하며, 원치 않은 아기들은 악한 것이고, 현대의 의술은 낙태 수술을 상당히 안전하게 했다고 역설할 것이다. 이렇게 그는 자신의 생각을 성경이나 교회에서 취하는 것이 아니라 자신의 주변 세상에서 취한다.

여러분과 나는 하나님의 뜻을 결정하는 이 세 가지 대안적 방법들 중에서 한 가지를 선택해야 한다. 이 세 가지 대안적 방법들은 특별한 사항들에 대해(말하자면 국가의 바람직한 민주주의의 형태에 대해, 또는 교회 목회의 필요성에 대해) 일치하는 신념을 밝힐 때조차도 조화를 이루지 못한다. 성경을 영존하는 계시된 진리로 보는 첫번째와 세번째 견해는 성경의 사상을 일시적인 문화적 산물로 다루는 두번째 견해에 비하면 서로 밀접하다. 그러나 로마 카톨릭과 복음주의 개신교 간의 역사적 긴장이 보여주는 바와 같이, 심지어 이 두 가지 견해 간의 간격도 광대하다. 개인들은 이 세 가지 견해 사이를 뚜렷한 견해 없이 오락가락할 수 있으나, 실제에 있어 각각의 견해는 본질적으로 다른 두 견해를 배척한다.

그렇다면 어떤 견해가 옳은가? 어떤 견해가 진정한 기독교의 견해일까? 어떤 견해가 그리스도와 그리스도의 사도들의 가르침과 목적에 일치할까? 만일 예수님과 바울과 요한과 베드로가 오늘 돌아와 우리를 인도한다면 그들은 어떤 견해에 찬성할까? 내가 생각할 때 그 대답은 명백하다.

4. 그리스도의 권위관

먼저 예수님을 보자. 복음서들이 예수님에 대하여 말하는 바의 진정성을 의심할 이유는 전혀 없다. 복음서들은 분명히 믿음이 좋고 식견이 있는 사람들에 의해 매우 신중하게 쓰여졌고(참조. 눅 1:1-4; 요 19:35; 21:24), 사람들이 예수님을 아직 기억하고 있었기 때문에 그릇된 진술을 하면 금방 드러날 수 있었던 때에 기록되었다. 그리고 초대 그리스도인들은 쉽게 속는 사람들이 아니었고 거짓 복음들을 예민하게 간파하는 사람들이었음에도 불구하고 복음서들은 알려지자마자 곧 어디에서나 인정을 받았던 것으로 보인다. 여러 세기에 걸친 합의는 예수님에 대한 이 네 가지의 묘사가 진실이라는 것이었다. 스스로 신으로 인식하고 또 그렇게 주장했던 예수님처럼 위엄 있으면서 인습에 얽매이지 않는 인물이 오래 기억되는 것은 당연한 일이라고 생각할 수 있다. 진실로 예수님께서는 잊을 수 없는 분이었을 것이다. 반대로 이러한 인물이 과장된 상상의 산물이라는 주장은 믿기 어렵다. 따라서 우리는 복음서들을 읽을 때 예수님을 만난다고 확신할 수 있다. 이제 우리는 그 복음서들에서 다음과 같은 사실들을 배울 수 있다.

1) **예수님 자신의 권위.** 예수님께서는 모든 가르치심에서 자신의 절대적인 권위를 주장하셨다. "옛 사람에게 말한바…하였다는 것을 너희가 들었으나 나는 너희에게 이르노니…"(마 5:21 이하), "그 가르치시는 것이 권세 있는 자와 같고 저희 서기관들과 같지 아니함일러라"(마 7:29), "천지는 없어지겠으나 내 말은 없어지지 아니하리라"(막 13:31).

예수님께서는 우리가 예수님의 말씀을 들을 때 그 말씀을 마음에 두느냐 두지 않느냐에 따라 우리의 운명이 좌우된다고 말씀하셨다(마 7:24-27; 눅 6:47-49). "나를 저버리고 내 말을 받지 아니하는 자를 심판할 이가 있으니 곧 나의 한 그 말이 마지막날에 저를 심판하리라 내가 내 자의로 말한 것이 아니요 나를 보내신 아버지께서 나의 말할 것과 이를 것을 친히 명령하여 주셨으니…그러므로 나의 이르는 것은 내 아버지께서 내게 말씀하신 것을 그대로 이르노라"(요 12:48-50).

2) **구약성경의 권위.** 예수님께서는 유대인의 성경의 절대적인 신적 권위를 가르치셨다. 복음서들에 나오는 2백여 인용들은 우리의 구약성경에 대한 예수님의 견해를 명백하게 나타낸다. 예수님께서는 구약성경의 책들이 인간 저자와 신적 저자에 의해 함께 기록된 것으로 보셨고, 그러므로 예를 들어 모세가 하나님의 말씀으로 제시한 계명들이 진실로 하나님의 말씀이며(막 7:8-13), 창세기 2:24에 나오는 해설적인 말을 "사람들을 지으신 이가…말씀하시기를"(마 19:4-5)이라고 인용할 수 있는 것으로 보신 것이다.

예수님의 진리와 목적과 명령을 나타내고 있는 하나님의 말씀으로서의 구약성경은 영원한 권위를 갖고 있다(마 5:18-20; 요 10:35).

예수님께서 과거의 랍비 해석자들의 권위와 대조하여 자신의 권위를 제시하셨던 반면에(예수님께서 "옛 사람에게 말한바…하였다는 것을 너희가 들었으나"라는 말을 "나는 너희에게 이르노니"라는 말과 대조하시는 것), 항상 성경에 복종하며 다른 사람들에게도 성경에 복종하라고 가르치셨다는 사실은 인상적이다. 예수님께서는 "내가 율법이나 선지자나 폐하러 온 줄로 생각지 말라 폐하러 온 것이 아니요 완전케 하려 함이로라"(마 5:17)고 말씀하심으로 자신의 사역 전체에 대한 해답을 제시하셨다. 즉 구약성경("율법과 선지자들")은 예수님 자신을 나타내는 것이므로 구약성경에 완전히 복종해야 한다는 것이다. 예수님께서는 성경으로 교리 문제들과(부활의 확실성, 막 12:24-27; 결혼의 영속성, 마 19:5-6) 윤리 문제들(위급한 경우에 안식일의 제한들을 무시하는 것의 정당성, 마 12:2-8; 제4계명의 의무들로부터의 회피로 율법을 이용하는 율법주의의 사악성, 막 7:10-13)을 푸셨다. 예수님께서는 성경으로 자신의 사역 활동들을 정당화하셨고(성전 정화, 막 11:15-17), 죽음과 부활의 길을 통해 자신의 통치 시대로 들어가야 하는 자신의 소명을 성경으로 확인하셨다(마 26:53-56; 막 12:10-11; 14:21; 눅 18:31; 22:37; 24:25-27, 44-49; 참조. 4:4, 7, 10). 그러므로 예수님께서는 자신의 사역 전체에 걸쳐 성경을 가르치시고 성경을 강조하신 다음, 예루살렘에서 죽음을 당하심으로 성경에 순종하시기 위해 예루살렘으로 올라가셨다. 이보다 더 강력한 성경의 권위에 대한 증거는 있을 수 없을 것이다. 예수님에게 있어서 구약성경은 모두 하나님의 말씀이었고, 구약성경이 예언한 것은 무엇이나 다 성취되어야 했다.

예수님의 부활은 그의 정당화이며 입증이었다. 즉 성부께서 성자가 말하고 행한 모든 것, 예수님의 성경에 대한 모든 말씀과 성경에 대한 순종으로 죽기 위해 예루살렘으로 가신 것을 포함한 모든 것을 공적으로 승인하신 인치심이었다. 부활의 날에 예수님께서 두 무리의 제자들에게 나타나셔서 자신이 죽었다가 살아나심으로 성경이 성취되었음을 설명하셨다는 것은 실로 의미심장하다 (눅 24:25-27, 44-47). 또한 누가가 이 기사 전체를 주의 깊게 완전하게 설명하고 있다는 것도 역시 의미심장하다. 누가는 독자들이 이 기사의 요점을 발견하기를 간절히 바라고 있다.

3) 신약성경의 권위. 예수님께서는 자신의 권위를 사도들에게 주시고 나아가 증거자이며 대변자로 자신의 이름으로 말하도록 하셨다. 그들을 자신의 전달자로 임명하실 때, 예수님께서는 성령께서 그들로 하여금 그들의 임무를 성취할 수 있게 해 주실 것이라고 약속하셨고(막 13:11; 눅 24:47-48; 요 14:25-26; 15:26-27; 16:7-15; 20:21-23; 행 1:8), 현재와 미래의 모든 자신의 백성들을 위해 두 부분으로 기도를 드리셨으니, 첫째는 사도들을 위한 기도요, 두번째는 "저희(사도들)의 말을 인하여 나(예수님)를 믿는 사람들"(요 17:20)을 위한 기도였다. 이렇게 예수님께서는 사도들의 증거가 끝날까지 모든 그리스도인들의 믿음의 규범과 수단이 될 것임을 나타내셨다. 지속적인 유효성은 기록을 요구한다. 따라서 이 약속은 사실상 신약성경이 나타나게 될 것이라는 약속이었다.

5. 사도의 권위

신약성경의 나머지 부분은 우리가 위의 사실들에 비추어 예상할 수 있는 그대로이다. 사도들은 그리스도의 위임을 받은 대표자들로서의 자신들의 역할을 알고 있었고, 또한 자신들의 가르침이 하나님께서 주신 것이고 신적 권위가 있다는 것을 알고 있었다. 이 인식은 특별히 바울과 요한에게 명확하였다. 이들은 모두 자신들의 권위가 도전받았던 상황들을 이야기하고 있다. 고린도전서 2:12 이하에서 바울은 자신의 메시지의 내적 조명과 문자적 영감을 주장하고, 고린도전서 14:47과 데살로니가후서 3:6에서는 자신의 지시들을 자신이 대표하는 주님의 명령으로 받아들여야 한다고 주장한다. 그리고 갈라디아서 1:8-9에서는 자신이 전한 말씀과 다른 말을 전하는 모든 자를 엄중하게 정죄한다.

요한은 잔잔하면서도 통렬하게 다음과 같은 흑백 논리를 편다: "우리(사도적 증거자들)는 하나님께 속하였으니 하나님을 아는 자는 우리의 말을 듣고 하나님께 속하지 아니한 자는 우리의 말을 듣지 아니하나니 진리의 영과 미혹의 영을 이로써 아느니라"(요일 4:6). 이보다 더 대담한 권위 주장은 없을 것이다. 자신들의 메시지가 하나님께로부터 왔다고 확신하였던 구약성경의 예언자들보다 사도들의 확신은 못하지 않았다.

그러나 다른 한편으로, 사도들은 유대인의 성경이 그리스도인들을 위하여 그리스도와 복음과 제자 훈련의 실재를 교회에 예언적으로 선포하는 하나님의 교훈이라고 자신들의 사도적 권위에 대한 강조와 동일한 강조로 주장하였다. "성경은 능히 너로 하여금 그리스도 예수 안에 있는 믿음으로 말미암아 구원에 이르는 지혜가 있게 하느니라 모든 성경은 하나님의 감동으로 된 것으로 교훈과 책망과 바르게 함과 의로 교육하기에 유익하니 이는 하나님의 사람으로 온전케 하며 모든 선한 일을 행하기에 온전케 하려 함이니라"(딤후 3:15-17). 바울은 그가 "예언" 또는 "하나님의 말씀"이라고 칭하는 바에 대해 다음과 같이 선언한다: "무엇이든지 전에 기록한 바는 우리의 교훈을 위하여 기록된 것이니 우리로 하여금 인내로 또는 성경의 안위로 소망을 가지게 함이니라"(롬 15:4; 참조. 고전 10:11). 사도행전과 히브리서에 구약성경의 구절들은 하나님 자신의 발언으로 인용된다(행 4:25 이하; 28:25-27; 히 3:7-11; 10:15-17). 더 나아가서 바울의 "성경이 바로에게 이르시되"(롬 9:17)와 "성경이 미리 알고 아브라함에게 복음을 전하되"(갈 3:8) 라는 어구들은 바울이 성경을 하나님의 말씀—또는 하나님의 전도—과 완전하게 동일시하였다는 것을 보여 준다. 유대인의 성경이 예수님에 대한 하나님의 계획을 주요 주제로 삼고 있다는 사실은 어디에서나 당연시되고 있다. 히브리서에서는 그리스도의 신성과 인성과 중재가 교리적인 주제들을 이루고 있고, 13장까지 모든 요점은 구약성경을 해석하고 적용하고 있다. 신약성경의 구약성경관은 일관되고 분명하다.

구약성경에서 하는 말이나 사도들이 한 말이 모두 동등하게 중요한 것은 아니었으나, 모두 하나님께로부터 온 것이기 때문에 믿음과 생활의 규칙의 일부분이었다.

유대인의 성경과 사도의 전도는 동등했기 때문에, 베드로가 독자들에게 구약성경이 "성령의 감동하심을 입은 사람들이 하나님께 받아 말한 것"임을 명심시키고(벧후 1:21), 그 다음에 바울의 기록된 설교들(바울의 편지들)을 "다른 성경"과 동일시하고(3:16) 독자들에게 이 두 가지 모두에 유념을 하고 어떤 것도 그릇되게 취급하지 말라고 권고했던 것은 중요한 일이었을 뿐만 아니라 당연한 일이었다. 여기에서 기독교의 권위 원칙이 명백해진다. 즉 구약성경을 그리스도에 대한 사도의 진술과 관련하여 해석한다는 것이다. 또는 이 점을 다른 식으로 표현한다면, 구약성경과 관련된 사도의 그리스도에 대한 진술이 예수님의 제자들을 위한 믿음의 법칙이라는 것이다. 이제 하나님께서는 이 두 성경에 함께 기록된 것으로 가르치시고, 책망하시고, 바르게 하시고 교훈하신다.

신약성경은 새로운 것이었지만, 하나님의 기록된 말씀이 믿음과 생활을 형성해야 한다는 원칙은 새로운 것이 아니었다. 구약성경 신앙의 기초는 하나님께서 인간의 언어로 말씀하셨고 항상 자신의 가르치심을 기록하게 하셨다는 것과, 그 기록된 책에 따라 행동하는 것이 하나님을 기쁘시게 해드리는 길이라는 것이었다. 예수님의 가르치심과 사역은 이 구약성경 신앙의 기초를 받아들였다. 그렇다면 결론은 무엇인가? 우리는 예수님께서 허위 위에 기독교를 세우셨다고 말해야 할까? 아니면 이 유대인의 기본적 교리를 인정하심으로 기독교가 진리임을 나타내셨다고 말해야 할까?

여기에서 우리는 우리 자신들의 믿음에 있어 중대한 지점에 이른다. 지금까지 우리는 성경을 기독교의 창건자들이 가르친 바를 확실하게 배울 수 있는 훌륭한 역사적 자료로만 다루어 왔다. 그러나 만일 예수님께서 성육신하신 하나님이시고 신적 권위로 말씀하셨다면, 그리고 만일 예수님께서 성령을 보내 주심으로 자신의 사도들로 하여금 완전히 일관되게 말할 수 있게 하셨다면, 우리가 두 가지의 성경을 모두(예수님께서 아셨고 인증하신 성경뿐만 아니라 예수님의 성령이 작성하신 성경도) "하나님의 말씀"으로 그리고 "하나님의 감동으로 된 것으로…유익하고 하나님의 사람으로 온전케" 하는 것으로(롬 3:2; 딤후 3:16-17) 받아들여야 한다는 결론에 이른다. 우리는 이 두 성경을 함께 받아들여 이 두 성경이 말씀하는 바를 믿고 행하려고 하기만 하면, 스스로 예수님의 제자라고 칭할 수 있는 자격을 갖는다. "너희는 나를 불러 주여 주여 하면서도 어찌하여 나의 말하는 것을 행치 아니하느냐"(눅 6:46). 성경은 이렇게 예수님에게서 우리에게로 왔으며, 성경의 권위와 예수님의 권위는 이렇게 하나로 맞물려 있다. 그러므로 살아 계신 주님께 순종하는 것은 기록된 말씀에 마음과 생각을 복종시키는 것을 수반한다. 제자들은 개인적으로, 그리고 교회들은 연합적으로 성경의 권위 아래 있다. 왜냐하면 제자들과 교회들은 모두 성경으로 통치하시는 그리스도의 주권 아래 있기 때문이다. 이것은 성경 숭배가 아니라 가장 진정한 형태의 기독교 신앙이다.

6. 성경의 권위

이와 같이 우리는 성경을 하나님의 권위 있는 말씀으로 배우는 법을 그리스도에게서 배운다. 우리는 이 교훈에 대한 신학을 다음과 같이 설명할 수 있다.

1) 자신을 전달하시는 창조주. 하나님께서는 우리와 교제 생활을 할 수 있도록 하기 위하여 자신의 형상으로 우리를(이성적으로 응답하도록) 지으셨다. 이 때문에 하나님께서는 우리에게 자신을 알리신다. 하나님께서는 친교를 기대하시며 자신의 뜻을 전하신다. 하나님께서는 항상 자신의 창조와 섭리의 역사를 통해 자신의 실재와 의와 영광을 이 세상에 살고 있는 모든 사람에게(그들이 아무리 이것을 환영하지 않을지라도) 전달하신다. "창세로부터 그의 보이지 아니하는 것들 곧 그의 영원하신 능력과 신성이 그 만드신 만물에 분명히 보여 알게 되나니 그러므로 저희가 핑계치 못할지니라"(롬 1:20). 또한 하나님께서는 우리에게 자신에 대해 말씀하시는데 언어라는, 인간에 대한 자신의 선물을 사용하여 말씀하신다.

우리는 구두적 계시가 인간이 타락하기 전에 에덴 동산에서 시작되었다는 사실과(창 2:16-17) 하나님께서 구원에 대해 알리신 모든 내용이 족장들, 예언자들, 사도들, 그리고 예수 그리스도에게, 또 이들을 통해 구두적으로 계시되었고, 이 구두적 계시에 따라 성경에 구체화되었다는 사실을 본다(롬 15:4; 갈 3:8; 엡 3:4 이하; 히 2:3; 벧전 1:10 이하).

2) 구원을 계시하시는 하나님. 일반 신조는 하나님께서 자신을 계시하심으로 사람들이 하나님 자신에 대해 알도록 하신다는 것이다. 그리고 특별 신조는 하나님께서 자신을 구원자로 계시하심으로 죄인들이 하나님을 알아 구원을 받도록 하신다는 것이다. 우리가 앞에서 부분적으로 본 바와 같이 구원의 계시는 다음과 같은 4중의 신적 활동이다.

첫번째, 그리고 가장 기본적인 신적 계시 활동은 구속의 행동이 선행되고 설명의 말씀이 이어지는 하나님의 역사적인 자기 발표이다. 이 활동의 순서는 족장들과 출애굽에서 시작되어 메시야의 사역과 대속의 죽음과 승리의 부활에서 그 절정에 이르는 것이다. 이 계시 활동에서 하나님께서는, 사가랴가 찬송했던 것처럼, "우리를 위하여 구원의 뿔을 그 종 다윗의 집에 일으키셨다"(눅 1:69). 하나님의 이 활동들에 대한 기쁜 소식이 곧 복음이다.

두번째 그리고 위의 활동과 구별되는 신적 계시 활동은 자신의 말씀과 행동을 해설하고 찬양하고 적용하는 기록들을 영감하심으로 모든 사람들이 하나님께서 행하신 바와 행하실 바, 그리고 그들이 어떻게 응답해야 할지를 알도록 하시는 하나님의 역사이다. 이 기록들의 수집이 성경이다.

하나님의 계시 역사의 세번째 요소는 성경이 공적으로 알리고 항상 이용할 수 있게 해놓은 바를 각 개인에게 알게 하는 섭리의 활동이다. 하나님께서는 복음을 전하는 전달자들을 통해 이 활동을 하신다. 모든 형태의 공표와 교육을 포함하고, 하나님의 모든 백성이 포함되는 이 활동을 나타내는 포괄적인 명칭은 선포(proclamation), 또는 전도이다.

네번째, 그리고 세번째에서 이어지는 하나님의 계시 활동은 통찰력을 주심으로 교훈을 받은 사람들이 전달된 말씀을 믿고 전달문의 주제이신 구주께 자신들을 맡기게 하시는 것이다. 앞에서 본 바와 같이 이 내적 교화는 마태복음 11:27, 16:17, 그리고 갈라디아서 1:16의 영역에 계시(revelation)로 칭해진다(역자주, 한글개역에는 마태복음 11:27에는 "계시"로, 마태복음 16:17에는 "알게 함"으로, 갈라디아서 1:16에는 "나타내시기"로 번역되었다). 그러나 이 하나님의 활동에 대한 통상적인 명칭은 고린도후서 4:6과 에베소서 1:17-21의 표현을 따라 조명(illumination)으로 칭해진다.

만일 우리가 그리스도를 통해 하나님을 구원자로 알려고 한다면, 이 신적 활동의 네 가지 형식 — 역사에 나타내시는 구속의 계시, 성경에 나타내시는 교훈적 계시, 교회의 전도와 교육으로 나타내시는 중계된 계시, 그리고 듣는 자의 심령에 나타내시는 조명의 계시 — 을 모두 필요로 한다. 첫번째와 두번째 신적 활동은 주후 1세기에 종결되었다. 그러나 세번째와 네번째 신적 활동은 존속한다. 네번째 신적 활동이 필요한 이유는 비록 성경의 메시지가 하나님의 진리에 따르는 빛과 권능에 의해 스스로 진리를 입증하기는 하지만, 타락한 인간들은 이 진리에 응답하지 않을 뿐만 아니라 사실상 저항을 하기 때문에 조명이 없을 때 복음은 의심되고 평가절하되고 마침내 무시될 수밖에 없는 것이다(눅 14:15-24; 고후 4:3 이하). 그러므로 하나님께서 예수 그리스도 안에서 세상을 향해 계시하신 바를 우리가 볼 수 있게 하시지 않으면 안된다. 그렇지 않으면 우리는 그 계시에 눈이 먼 채로 있을 수밖에 없다.

3) 성경을 통해 가르치시는 하나님의 성령. 그리스도인들에게 내주하시는 그리스도의 성령께서는 절대로 성경의 가르침을 의심하거나 비평하거나 어기거나 그 가르침에 이르지 못하게 하지 않는다. 그렇게 하는 영이 있다면 그것은 그리스도의 성령이 아니다(요일 4:1-6). 성령께서는 그렇게 하시기는커녕 우리로 하여금 성경의 권위를 인정하게 하심으로 우리가 성경의 신령한 사실들의

기록을 받아들이고 성경이 우리에게 행하라고 요구하는 대로 살게 하신다. 성령께서는 성경의 인간 기자들을 감동하시고 교회를 인도하사 성경의 책들을 신앙과 행동을 위한 규범으로 인정하게 하심으로 하나님의 말씀을 주셨던 것처럼, 지금은 성경의 권위 있는 해설자가 되시사 성경이 우리의 삶에 어떤 영향을 주는지 우리에게 보여 주신다. 분명히 성경의 책들이 최초의 독자들에게 전하려고 의도했던 바는 주석들에서 어느 정도 얻어낼 수 있다. 그러나 성경의 책들이 오늘날의 우리의 생활을 위해 목적하는 바는 성령께서 우리의 무감각한 양심을 각성시키실 때만 우리가 배울 수 있는 것이다.

성령께서는 살아 계신 말씀(예수 그리스도)으로부터 우리가 멀어지게 하지 않는 것과 마찬가지로 기록된 말씀으로부터도 우리가 멀어지는 것을 용납하지 않는다. 오히려 성령께서는 우리로 부단히, 의식적으로, 그리고 기쁘게 살아 계신 말씀과 기록된 말씀 모두에 순종하게 하신다. 성령께서는 그리스도의 권위와 성경의 권위―더 정확하게 말해서 성경을 통한 그리스도의 권위―를 우리가 실감하게 하심으로 자신의 권위를 행사하신다. 성령의 인도를 받는다는 말이 의미하는 바가 바로 이것이다.

4) 도덕성을 증진시키는 성경. 성경의 권위를 완전하게 수용하면 율법주의적인 생활 방식이 될 것이라고 우려하는 사람들이 있다. 그들의 우려의 근원은 성경에 나오는 하나님의 율법이, 하라, 하지 말라 하는 기계적이고 비인격적인 명령 사항들로 이루어진 법전이라는, 다른 말로 이야기해서 바리새인들의 율법관이 본질적으로 옳았다는 신념인 것 같다.

그러나 바리새인들에 대한 신랄한 비평은 이 견해가 틀렸다는 것을 보여준다. 진실은 성경의 도덕적인 가르침이 예수 그리스도께서 실제로 생활하셨던 창조적인 선의 이상에 초점을 맞추고 있다는 것이다. 성경은 우리에게 단지 특별한 명령들과 금지들의 범위 가운데 머물러 있으라고 요구하는 것이 아니라 우리가 하나님의 영광과 다른 사람들의 유익을 위하여 모든 상황과 관계를 가장 선하게 할 수 있기 위하여 그 범위 가운데 머무르기를 요구하는 것이다.

율법의 준수는 반드시 사랑의 활동이 되어야 한다. 그러나 이 진리는 잘못하면 성경의 제시된 율법을 하나님의 가르치심으로 인정하기를 거부하는 "상황 윤리"라는 그릇된 책략의 온상이 된다.

항상 우리가 할 수 있는 가장 선한 일이 무엇인가를 묻는 도덕적 창조성은 우리가 소명을 받은 그리스도와 닮은 성결의 한 차원이다. 그러므로 성경의 권위를 가장 공고하게 믿는 사람들은 이 자질을 다른 누구보다 더 많이 나타내야 한다.

5) **그리스도인의 양심을 지배하는 성경.** 하나님의 말씀에 의해 지배되지 않는 양심은 그리스도인의 양심이 아니다. "하나님만이 양심의 주님이시다. 그러므로 사람의 양심은 신앙과 예배의 문제에 있어서 하나님의 말씀에 위배되거나 거기서 이탈된 인간적인 교리나 계명에서는 벗어날 자유가 있다"라고 웨스트민스터 신앙고백은 말한다(ⅩⅩ. ⅱ).

우리는 보름스에서의 루터의 발언을 다시 생각하게 된다: "나의 양심은 하나님의 말씀에 사로잡혀 있다: 양심에 거역하는 것은 옳지도 않고 안전하지도 않다." 만일 교회의 요구, 정부의 요구, 부부의 요구, 또는 부모의 요구를 따르는 것이 성경에 위반하는 행동을 수반한다면, 우리는 그 요구를 따르지 않고 하나님을 섬길 수밖에 없다. 이러한 행동으로 인해 우리는 다른 사람들과 멀어지고 값비싼 희생을 치르게 될지도 모른다. 그러나 그 행동은 바로 하나님을 기쁘시게 해드리는 것이다.

반대로 성경이 우리에게 세상의 길과 다른 목표와 기준들을 요구하는 것을 발견할 때(십리를 동행하라, 왼쪽 뺨을 돌려 대라, 원수를 사랑하라), 우리는 아무도 그렇게 행동하지 않는 것을 생각하고 우리도 그렇게 하지 않아도 될 것이라고 스스로 변명해서는 안 된다.

"너희는 이 세대를 본받지 말고 오직 마음을 새롭게 함으로 변화를 받아 하나님의 선하시고 기뻐하시고 온전하신 뜻이 무엇인지 분별하도록 하라"고 바울은 기록했다(롬 12:2). "분별하라"는 말은 하나님의 말씀의 일반적 원칙들을 자신의 개인적 삶의 상세한 점들에 적용하는 성별된 양심의 분별력을 나타내는 헬라어이다.

7. 성경과 자유

우리는 앞에서 참된 자유는 하나님의 권위 아래에서만 발견된다는 사실을 보았다. 이제 우리는 참된 자유가 성경의 권위 아래에서만 발견된다는 사실을 알게 된다. 성경을 통해 하나님의 권위가 사람들에게 중계되고, 그리스도께서는 성령으로 자기 백성들의 삶을 다스리신다.

성경의 권위는 종종 진리에 대한 해이한 견해들에 반하는 것으로 해설된다. 그러나 성경의 권위는 진실로 자유하게 하고, 완전하게 하고 활기를 주는 것임에도 불구하고 자주 그렇게 제시되지 않는다. 성경에 대한 무조건적인 신뢰는 우리의 생각과 행동에 편협한 금지들과 불건강한 억제들을 가져오게 된다고 흔히 생각하고 있다. 그러나 진실은 성경을 절대적으로 신뢰할 때 다른 곳에서는 발견할 수 없는 자유한 삶—불확실성, 의심, 그리고 절망으로부터 자유로운 삶—을 영위할 수 있는 것이다. 성경을 신뢰하는 사람은 하나님께서 과거에 행하신 일, 현재 행하시는 일, 그리고 앞으로 행하실 일, 하나님의 명령, 그리고 하나님의 약속을 알고 있다.

    성경을 믿는 사람은 골로새인들과 같이 "참으로 하나님의 은혜"를 깨닫는다(골 1:6). 왜냐하면 성경의 그리스도께서 그의 구원자이시며, 주님이시며, 친구이시기 때문이다.

제 3 장
하나님은 누구신가?

"하나님"을 말한다는 것은 무엇을 의미하는가? 어거스틴이 시간의 정의에 대해 질문을 받았을 때 "질문을 받지 않을 때 나는 잘 아나, 질문을 받을 때는 전혀 알지 못한다"라고 대답했던 것처럼 오늘날의 많은 사람들도 이 질문에 답해야 할 것이다.

서양 신학에서 하나님에 대한 교리는 혼란한 상태에 있다. 하나님에 대한 교리의 세 가지 분야—하나님의 속성, 삼위일체, 하나님의 세상과의 관계—가 각각 논란되고 있다. 그 이유는 근본적으로 이 교리가 어떻게 구성되고 변호되어야 하는가에 대해 일치가 안되고 있기 때문이다. 이를 행하는 다른 지적 방법들은 당연히 다른 신학적 결과들을 만들어 낸다.

우리는 이 논의에 착수하기에 앞서 일부 신학 용어들을 배울 필요가 있다. 유신론(theism)은 자신이 만든 세상을 섭리로 충만하게 하시고 인도하시는 창조주를 믿는 신앙을 의미한다. 이신론(deism)은 창조주가 자신의 세상에서 철수했다는 신앙이다. 범신론(pantheism)은 하나님과 우주를 동일시하는 신앙인데, 결국 하나님 빼기 우주는 무(無)가 된다. 만유내재신설(panentheism)은

신이 만물에 충만하다는 신앙으로, 그 신의 생활은 전능하지 못하고 때로는 비성공적인 방법으로 그 자신이 아닌 것과 상호작용하는 것이다. 성경은 우리를 유신론으로 인도하고 다른 사상으로부터 떠나게 한다.

잡종은 불안정하고 변하기가 쉽다는 것이 종종 증명되었다. 그런데 서양의 유신론 유산은 잡종으로 시작하였다. 서양의 유신론은 세기초의 변증 신학에서 자라났는데, 그 가운데 그리스-로마 철학이 복음을 위해 하나님께서 섭리로 예비하신 것이라는 사고가 이루어졌다. 토마스 아퀴나스(Thomas Aquinas, 1225-1274)가 아리스토텔레스의 용어로 공식화함으로 가장 완전하게 진술되었던 이러한 유신론 해석은 철학과 성경에서 나온 이론의 혼합인데, 여기에 있어 철학이 골격을 제공하여 억지로 성경을 그 골격에 맞춘 것으로 보인다. 이 유신론을 공식화하는 방법이 성경을 불가피하게 왜곡시키느냐 아니냐에 따라 견해가 달라진다.

금세기에 전통적인 형태의 유신론의 몇 가지 국면들이 주류 신학자들 중에서 크게 의문시되었다. 분명히 어떤 형태의 다른 사고는 요청되는 것이다. 그러나 우리가 필요로 하는 것은 작은 수정이지 전통적인 유신론의 폐기가 아니다. 이 사실은 우리가 앞으로 나아가면서 명확하게 밝혀질 것이라고 생각한다.

1. 유신론의 상세한 분석

유신론의 상세한 분석은 역사적인 기독교 유신론을 구성하는 요인들을 재검토하는 데 우리에게 도움을 줄 것이다. 다음은 가능한 한 단순하게 표현한 통상적인 항목들의 대조표이다.

1) 하나님께서는 인격이시고 삼위일체이시다. 하나님께서는 언

제나 삼위일체이시다. 이 삼위께서는 모두 능력과 영광에 있어 동등하시고, 모든 신적 활동에는 이 삼위가 함께 관여하신다. 진정한 삼위의 하나님께서는 단일 인격의 신으로 상호 사랑의 교제 관계에 집중하신다. "그분"(He)이라는 말을 하나님께 대해 사용할 때는 "그분들"(They) ― 성부, 성자, 성령 ― 이라는 의미이다.

2) 하나님께서는 자존(自存)하시고 자족(自足)하신다. 하나님에게는 목적에 있어서나 권능에 있어서나 존재의 끝이 존재하지 않는다. 하나님께서는 반드시 존재하신다. "누가 하나님을 만들었나?"라는 어린이의 질문에 대한 답은 하나님께서는 언제나 존재하셨기 때문에 만들어질 필요가 없었다는 것이다. 하나님께서는 자신 외에 아무것에도 의존하지 않으시고, 모든 점에 있어 자급자족하신다.

3) 하나님께서는 순전하시고 완전하시고 불변하시다. 이 말은 하나님께서 존재하시고 행하시는 모든 일에 있어 온전하고 완전하게 관계하신다는 의미이다. 하나님의 본성과 목적과 계획과 행동하시는 방법은 더 선하게(하나님께서는 완전하시기 때문에 더 선해지실 수 없다) 또는 더 악하게 변하지 않는다.

4) 하나님께서는 무한하시고, 육체가 없으시고, 편재(偏在)하시고, 전지(全知)하시고, 영원하시다. 하나님께서는 하나님의 피조물인 우리의 몸이 존재에 고정되어 있기 때문에 우리에게 적용되는 공간과 시간의 어떤 제한에도 구속을 받지 않으신다. 반대로 하나님께서는 비록 보이지 않고 감지되지 않으시지만 항상 모든 곳에 존재하신다. 또한 하나님께서는 항상 과거에 있었던, 현재에 있는, 그리고 미래에 있을 모든 일을 인식하신다.

5) 하나님께서는 목적을 갖고 계시며 전능하시다. 하나님께서는 우주의 역사를 위한 계획을 갖고 계시며, 이 계획을 실행하시며, 창조된 모든 실체들을 지배하시고 통제하신다. 하나님께서는 만물의 본성을 침해하심이 없이, 또한 어떤 경우에도 인간의 자유 의지를 침해하심이 없이, 자신의 피조물들 가운데에서, 자신의 피조물들과 더불어, 자신의 피조물들을 통해, 자신이 행하고자 하시는 모든 일을 정확하게 자신이 바라시는 대로 행하시기 위해 활동하신다. 이 주권에 의해 자신의 행동을 지배하시며 하나님께서는 자신의 목적들을 이루신다.

6) 하나님께서는 자신의 세상을 초월하시기도 하시고 자신의 세상에 내재하시기도 하신다. 한편으로 하나님께서는 세상과 구별되시며, 세상을 필요로 하지 않으시며, 세상에 속한 어떠한 창조된 지성의 이해도 초월하신다. 그러나 다른 한편으로 하나님께서는 창조적이며 유지시키는 능력으로 세상에 충만하심으로 세상이 계획된 길로 나아가도록 세상을 모양짓고 조정하신다.

7) 하나님께서는 고통을 당하시지 않으신다. 이 말은 아무도 하나님께 고통이나 근심이나, 어떤 종류의 재난을 끼칠 수 없다는 의미이다. 하나님께서 고통의 경험에 관여하실 때, 그것은 하나님 자신의 의도적인 결정에 따른, 자신의 피조물들을 위한 감정 이입(empathy)을 통한 것이다. 하나님께서는 절대로 자신의 피조물들의 피해자가 아니시다. 기독교의 주류는 무고통(impassibility)이라는 말이 하나님께서 기쁨과 환희를 모르는 분이라는 의미를 나타내는 것이 아니라, 어떠한 고통(그 고통이 아무리 실재적이라 하더라도)에 의해서도 희석될 수 없는 하나님의 기쁨의 영원성을 단언하는 것으로 받아들여 왔다.

8) 하나님께서는 사랑이시다. 받는 자의 유익을 위해 선의로 주시는 사랑은 삼위일체 내의 교제에 있어서나, 피조물과 하나님의 교제에 있어서나 영속적인 속성이다. 이 사랑은 도덕적 악에 대한 하나님의 혐오와 거부로 표현되는 하나님의 특성인 거룩(성결)에 의해 제한을 받는다.

9) 하나님께서는 우리의 찬송과 충성과 사랑을 영원히 받으시기에 합당하시다. 성경에 제시되는 이 인류와 관련된 하나님의 방법들은 하나님의 진실하심, 신실하심, 은혜, 긍휼하심, 오래 참으심, 변치 않으심, 지혜, 고의, 선하심, 관대하심으로 인해 하나님을 두려우면서도 사랑할 수 있는 분이시라는 사실을 보여 준다. 인생의 궁극적인 목적은 하나님을 예배하고 섬기는 것이며, 이 예배와 섬김에서 하나님께서는 기쁨을 얻으시고 우리도 기쁨을 얻는다. 이것이 우리가 창조된 목적이고 구원을 받은 목적이다. 그리고 이것이 하나님을 알고 하나님께 알려진 바 되고 하나님을 영광스럽게 하는 것이 의미하는 바이다.

10) 하나님께서는 자신의 피조물들에게 의사를 전달하신다. 하나님께서는 자신의 대변자들—예언자들, 사도들, 성육하신 성자, 성경의 기자들, 그리고 성경을 설교하는 사람들—의 말을 통해 우리에게 직접 여러 가지 일들을 말씀하실 때, 인류에게 주신 언어라는 선물을 사용하신다. 하나님의 모든 전언들은 은혜의 기쁜 소식으로 우리에게 이른다. 이 전언들은 특별한 명령들을 담고 있을 수도 있고, 심지어 위협이나 경고들을 담고 있을 수도 있다. 그러나 하나님께서 우리에게 이야기를 하신다는 사실은 하나님의 선의의 표현이며 교제로의 초청인 것이다. 수레바퀴와 비교할 때 성경이 가르치는 하나님에 대한 진리들이 바퀴살들의 중심에 있는 바퀴통

인 성경의 중심 메시지는 예수 그리스도 안에서 예수 그리스도로 말미암아 받을 공로가 없는 우리에게 값없이 주시는 하나님의 구원의 선물이다.

2. 포화를 받고 있는 전통적 유신론

그러면 하나님에 대한 이 장엄한 이해와 관련된 오늘날의 문제들은 무엇인가? 이 문제들은 하나님에 대한 이해의 자료들과 방법들에 관한 것들이다.

앞에서 말한 바와 같이 입장 자체들은 분명히 성경적이다. 그러나 철학적 유신론의 플라톤식-어거스틴식-토마스 아퀴나스식 전통은 하나님의 실재를 아는 지식, 그리고 위에 말한 하나님에 대한 몇 가지 사실들을 아는 지식이 성경의 증거와는 별개의 합리적 분석에 의해 수집될 수 있고, 또한 그렇게 수집되어야 한다고 끊임없이 주장해 왔다. 바로 여기가 불확실성이 중심을 이루고 있는 곳이다.

유력한 20세기 신학자 칼 바르트(Karl Barth, 1886-1968)는 그의 저서 『교회 교의학』(Church Dogmatics)에서 삼위일체 신학을 성경에 기초하여 강력하게 재단언함으로 "자연" 신학의 조력을 일축했다.

바르트의 신학은 신학을 철학과 혼인시키려는 시도들에 반하는 세력을 일으키는 데 있어 어떤 다른 20세기의 기여들보다 더 많은 기여를 했다. 철학이 이 혼인에 있어 우위를 점하는 배우자가 되지 않도록 하려는 노력은 옳고 정당한 것이다. 그러나 바르트는 더 나아가 신학 및 철학과 결별을 하기 원했다—즉 완전히 다른 교의를 원했던 것이다.

바르트도 성경의 가르침을 연구하는 보조 도구로 철학적 개념들을 사용했다. 그러나 그는 이 개념들이 성경을 통해 하나님께서 자유롭게 말씀하시는 것을 앞질러 제한하는 쇠창살이 되는 것을 허용하지 않았다. 비록 적당히 변명되었음에도 불구하고 바르트의 이의는 하나님에 대한 교리를 큰 혼란에 빠뜨렸다. 그의 이의는 성경을 선택적으로 골라서 읽고, 자유롭게 합리적인 통제를 가하고, 전통적으로 고정된 어떠한 사항도 개의치 않고 작업하고 결정하는 길을 열어 놓았다. 오늘날 우리는 이런 경향을 여러 방면으로 마주하고 있다. 세력의 추는 지금도 토마스 아퀴나스와 바르트라는 양극단 사이에서 흔들리면서 정지할 기미를 보이지 않는다.

3. 칼 바르트의 유신론

바르트의 기여는 방금 설명한 식으로 다른 사람들의 손에 의해 파괴되긴 했지만 우리가 극히 필요로 하는 하나님에 대한 교리를 어느 정도 명료하게 하는 길을 닦았다.

그건 그렇다고 할지라도 자연 신학—즉 우리의 존재와 하나님의 존재에 어떤 공통점이 있다는 인정—에 대한 그의 공격은 분명히 지나쳤다. 또한 그것을 간과할지라도 창조된 질서를 통한 일반 계시에 대한 바르트의 부정은 실책이었다(로마서 1:18-32과 2:9-16에 나오는 복음을 제쳐놓고 일반 계시를 인정하지 않은 그의 거부는 거의 외고집에 가까운 것으로 보인다).

그럼에도 불구하고 계시를 위한 일종의 탈주로 하나님에 대한 근본 진리들을 확립한 바르트의 자연 신학의 주장에 대한 논박은 하나님을 길들이려고 한 19세기의 시도들에 반한 상당히 정당한 공격으로 보인다(바르트의 자유주의 신학과의 결별은 저명한 독일의 신학자들이 제1차 세계대전을 "수행하기 위해 기독교 신앙을 사용할 것"에 대해 경솔한 발언을 하고 있었던 1915년경에 시작되었다). 그리고 하나님에 대한 우리의 모든 교리가 성경으로부터 나와야 한다는 바르트의 주장은 건전하고 옳은 것이었다.

그러므로 바르트를 괴짜로 처리해 버리고 전통적인 자세와 앵무새 같은 모방에 다시 빠져드는 것은 충분하지 못할 것이다. 만일 바르트의 성경주의 유형이 충분한 것이 아니었다면 우리는 우리의 성경주의를 더 낫게 하기 위해 노력해야 할 것이다. 이러한 목적으로 이제 나는 오늘날의 복음주의자들이 받아들이는 하나님에 대한 교리에 대해 약간의 비평을 과감히 해보고자 한다.

4. 세 가지 중요한 정화

전통 교리에 정화가 필요한 세 가지 중요한 사항이 있다. 전통 교리는 자연 신학의 요소들, 신비화의 요소들 그리고 합리주의의 요소들을 정화할 필요가 있다. 이제 설명을 해 보겠다.

1) 자연 신학의 요소들은 추방되어야 한다. 바르트에 반하여 나는 일반 계시가 사실이고 그 영향은 언제나 하나님에 대한 바른 사상을 만들어 낼 것이라고 단언한다. 예를 들어 바울은 사도행전 17:28에서 비기독교 시인들인 에피메니데스(Epimenides)와 아라투스(Aratus)를 인용한다. 합리적 변증론(자연 신학의 한 형태)이 하나님 아래에서 이러한 사고들과 통찰력을 유발하고 명료화할 수 있다고 많은 사람들이 확신하고 있다. 바르트와는 달리 그들의 확신을 의심할 이유를 보지 못한다. 그렇지만 나는 자연 신학이 우리의 신학을 구성하는 시도들에서 배제될 필요가 있다고 주장한다. 그 이유는 다섯 가지이다.

첫째로, 우리는 정보를 얻는 데 자연 신학을 필요로 하지 않는다. 일반 계시 위에서 운영되는 자연 신학이 하나님과 하나님의 방법들에 대해 식별할 수 있는 모든 것은 이런 일반 계시를 언급하는 성경에 발표되어 있다(시 19편; 행 14:17; 17:27-28; 롬 1:18-32; 2:9-16을 보라). 그리고 우리가 하나님 자신의 증거의 말씀이고 율법이라는 이유로 분명하게 받아들이고 있는 성경은 자연 신학보다 하나님에 대한 지식의 더 나은 자료이다.

둘째로, 우리는 자연 신학에 호소함으로 우리의 입장을 강화하지 않는다. 반대로, 철학적 근거들에 의지하는 성경의 진리는 하나님의 구속에 대한 메시지가 신의 실재에 대한 철학적 단언보다 덜 확실하다는 인상을 줄 뿐이라고 우리는 주장한다. 따라서 이 각본에 있어서 하나님의 실재는 계시의 도움을 받는 것이 아니라 이성에 의해 입증되어야 한다. 그리하여 계시는 명백하게 철학에 의존하게 된다.

셋째로, "존재의 유추"(analogy of being, 인간과 하나님 간의 부분적 일치에 대한 기술적 개념)에 대한 모든 설명과, 유신론의 당연성―다른 말로 나타내면, 하나님의 존재와 선하심에 대한 모든 "증명들"―을 나타내려는 모든 시도들이 논리적으로 허술하다. 이런 설명과 시도들은 가능성 외에는 말하는 것이 없고(왜냐하면 개연성은 가능성의 한 종류에 불과하기 때문이다) 무한히 반증될 수 있다. 그리고 이렇게 반증을 받을 때 반증된 논거들에 의지하고 있는 것으로 보이는 신학은 그 신뢰성에 손상을 입을 것이다.

넷째로, 신학을 수립하는 사변적(思辨的) 방법이 부적절하다. 루이스 벌코프(Louis Berkhof)가 진술한 바와 같이 이러한 방법은 사람을 출발점으로 이해하고 사람에게서 발견하는 것을 하나님에게서 발견되는 것에 적용한다. "그러므로 이런 식으로 해나가는 한 이 방법은 인간을 하나님의 척도로 만든다"고 벌코프는 기술한다. 따라서 물론 이 방법은 "계시 신학에 합당하지 않다."

다섯째로, 자연 신학이 쌓아 올린 기초들은 너무 편협하여 성경의 모든 강조들을 그 위에 수립할 수 없다는 것이 드러날 위험이 항상 존재한다. 예를 들어, 토마스 아퀴나스의 『신학대전』(*Summa Theologica*)에는 자연 신학이 만물의 제1원인이신 한 분의 하나님이 존재하신다는 사실을 입증한다고 주장한다. 그러나 하나님의 존재의 인격적인 국면들에 대해서는 아무것도 말하지 않는다. 성경의 하나님에 대한 계시에 있어서는 이 인격적 차원이 중심으로, (예를 들어) 힌두교 사고의 신 원리와 완전히 대조적으로 제시되는 것이다. 아퀴나스의 접근법은 신학자가 하나님을 인격적 주체로 생각하지 않고 비인격적적 객체로 생각하도록 조장하였고, 또한 자신이 하나님 아래에서 하나님께 순종하기보다는 하나님 위에서 하나님을 연구하는 것으로 생각하도록 조장했다.

자연 신학을 지원적인 변증론의 영역(성경의 믿음이 정당하다고 증명하는 것)에서 발전시키고 실재적인 성경의 믿음을 말하려는 우리의 시도에 자연 신학에 아무런 자리도 내주지 않는 것은 합당해 보인다.

2) **신비화의 요소들은 추방되어야 한다.** 오늘날을 위하여 전통적 유신론을 재정비할 때 우리는 신비화를 향한 경향을 다룰 필요가 있다. "신비화"(mystification)라는 말로 나는 하나님에 대한 일부 성경의 진술들이 우리를 오도하고 있으므로 피하여 설명되어져야 한다는 생각을 의미한다.

예를 들어, 때때로 성경은 하나님께서 사람들의 행동에 반응을 나타내어 마음을 바꾸시고 새로운 결정을 하신다고 말한다. 정통 신학자들은 하나님께서는 후회하지 않으시고 절대로 자신의 피조물의 "피해자"가 되지 않으시기 때문에 사실은 마음을 바꾸시는 것이 아니라고 주장해 왔다. 이 견해의 대표자인 루이스 벌코프는 "변화는 하나님에게 있는 것이 아니라 인간에게, 그리고 인간의 하나님과의 관계에 있는 것이다"라고 기술한다. 우리에게 마치 하나님께서 변하시는 것처럼 보이기 때문에 성경이 그렇게 말한다는 것이다.

그러나 그렇게 말하는 것은, 성경이 하나님에 대해 확언하는 일부 사항들은 우리에게 성경이 나타내고 있는 것으로 보이는 바를 의미하는 것이 아니고, 우리에게 성경이 나타내고 있는 것으로 보이지 않는 바를 의미하는 것이라고 말하는 것이다. 이러한 설명은 "이 성경의 진술들이 사실상 하나님을 그릇되게 나타내고, 또한 하나님을 숨기고 있는데 어떻게 하나님의 계시의 일부분이 될 수 있는가?"라는 질문을 일으킨다. 따라서 우리는 회피하면서 설명하는 것처럼 보이지 않고 하나님의 비탄과 후회에 대한 성경의 진술들을 설명할 수 있을지 자문해 보아야 한다.

분명히 우리는 하나님께서 자신을 드러내시는 모든 사항에 있어 자신을 신비화하심이 없이 자신의 본질을 그대로 계시하신다는 바르트의 주장을 받아들여야 한다. 그리고 분명히 우리는 실제의 하나님이 어떤 점에 있어서는 성경이 나타내는 하나님과 다르다고 하는 어떠한 제안도 용납할 수 없는 것으로 거부해야 한다. 성경은 신비화하기 위해 쓰여진 것이 아니다. 그러므로 우리는 전통적이며 정통적인 노선의 설명이 남기는 용납할 수 없는 인상을 어떻게 지워버릴 수 있을지 질문할 필요가 있다. 이 목적을 위한 수단으로 세 가지 사항이 요구된다고 생각된다.

첫째로, 우리는 성경의 신인동형동성론(神人同形同性論, anthropomorphism, 하나님을 묘사하는 데 인간의 형상들을 사용하는 어구들)을 다룰 때 주석적인 자제를 필요로 한다. 신인동형동성론은 성경 전체에 있어 하나님을 나타내는 특징이다. 이것은 하나님께서 인간의 형상을 지니셨기 때문이 아니라 인간이 하나님의 형상을 지녔으므로 하나님의 증거를 인간 자신의 행동들에 비추어 이해할 수 있기 때문이다. 신인동형동성론은 하나님께서 성경의 역사에 나타나는 행동을 하신 이유를 우리에게 보여주며, 또한 우리의 개인적인 역사에서는 우리를 향하여 어떻게 행하실 수 있는지도 보여준다. 그러나 하나님의 자신의 피조물에 대한 부정적인 또는 긍정적인 반응들에 대한 성경의 말씀 중 어떤 것도 우리가 하나님과 같다고 느끼고, 그 느낌에 근거하여 하나님께서 무엇을 할 수 있고 무엇을 할 수 없다고 말할 수 있는 자리에 우리를 두려고 하려는 것이 아니다. 우리는 성경을 해석할 때 반드시 이것을 기억해야 한다.

둘째로, 우리는 하나님의 불변성에 대한 오해를 경계할 필요가 있다. 성경 그대로, 우리는 하나님의 불변성을 영원히 고정된 석상의 자세로 이해해서는 안되고, 창조주의 도덕적 항구성, 하나님의 흔들리지 않는 신실성과 미쁘심으로 이해해야 한다. 하나님의 불변성은 본질적인 부동성의 문제가 아니라, 도덕적 일관성의 문제이다. 하나님께서는 항상 활동하고 계신다. 하나님께서는 변함없이 자신의 피조물들의 삶 속으로 들어가신다. 하나님의 주위에는 변화가 있고, 하나님께 대한 사람들의 관계에도 변화가 있다. 따라서 하나님의 사람들을 다루심에도 변화가 있는 것이다. 그러나 루이스 벌코프의 말을 다시 사용해서, "하나님의 존재와 하나님의 속성과 하나님의 목적과 하나님의 행동 동기와 하나님의 약속들에는 변화가 없다." 우리가 하나님의 불변성을 성경의 방식대로 느낄 때, 곧 하나님께서 도덕적인 이유로 사람들을 다루시는 방법을 바꾸실 때마다 표현되는 도덕적 속성으로 느낄 때, 이러한 변화에 대한 성경의 언급들은 신비하지 않게 될 것이다.

셋째로, 우리는 하나님의, 고통을 느낄 수 없으심(impassibility)을 다시 생각해 볼 필요가 있다. 하나님에 대한 이 개념은 성경에 한 개의 용어로 나타나는 것이 아니고, 2세기에 기독교 신학에 도입된 것이다. 이 개념으로 의미하려고 한 것은 무엇이었을까? 역사적인 답은 무감동, 무관심, 피조물을 아랑곳하지 않는 비인격적 초연성이 아니며, 또한 인간의 고통과 슬픔에 공감할 수 없는 무능이나 공감하려고 하지 않는 무의지가 아니다. 이 개념이 의미하는 바는 우리가 앞에서 잠깐 보았던 바와 같이 단순히 하나님의 경험들은 우리의 경험들이 우리에게 다가오는 것같이 하나님께 다가오는 것이 아니라는 것이다. 하나님께서는 자신의 경험들을 미리 아시고, 의지로 결정하시고, 스스로 선택하신다. 그러므로 하나님의 경험들은 우리의 경험들이 보통 그러한 것처럼 하나님 자신의 결정과는 무관하게 강제적으로 다가오는 뜻밖의 일들이 아니다.

정리를 해보자. 완전히 무감각한 하나님은 공포일 뿐이고, 절대로 갈보리의 하나님이 아니실 것이다. 그런 하나님은 이슬람교에는 있을지 모르지만, 기독교에는 있을 곳이 없다. 따라서 만일 우리가 하나님이 고통을 느낄 수 없으시다는 개념의 본질로 하나님의 슬픔과 고통의 선택에 대해 생각하는 것을 배울 수 있다면 유익할 것이다.

3) **합리주의의 요소들은 추방되어야 한다.** 전통적 유신론에 수정할 필요가 있는 마지막 단계는 침입해 들어오는 합리주의 경향들을 추방하는 것이다. 두 살된 아기가 아무리 아인슈타인과 같은 두뇌를 갖고 있고, 아버지가 설명을 해줄지라도 아버지의 마음속에 있는 모든 것을 다 이해할 수 없는 것처럼, 전지하시고 절대로 시간에 속박을 받지 않으시는 하나님의 마음에 진행되는 모든 것을 이해한다는 것은 우리의 능력에 미치지 않는 일이다.

그러나 자신의 자녀를 사랑하는 아버지(재능이 있는 아버지)가 자녀의 수준으로 말하려고 주의를 기울이는 것과 같이, 하나님께서도 성경에서 자신의 생각과 심정을 우리에게 개방하실 때 이렇게 하시는 것이다. 아기는 비록 아버지가 지금 말하고 있는 것보다 훨씬 더 많은 것을 알고 있다는 것을 느끼지만, 그럼에도 불구하고 아버지와 완전하고 행복한 관계를 갖기 위해 알아야 할 필요가 있는 모든 것을 아버지에게서 배울 수 있는 것이다. 이와 유사하게 토라(아버지 하나님의 율법)로 볼 때, 성경은 믿음과 경건을 위해 우리가 알아야 할 필요가 있는 모든 것을 우리에게 말해 준다.

우리는 우리가 어린아이의 입장에 있다는 사실을 절대로 망각해서는 안된다. 우리는 절대로 성경이 우리에게 가르쳐 주는 하나님에 대한 사상들이 하나님의 실체를 완전하게 나타낸다고 감히 상상하지 말아야 한다. 하나님께서 자신의 계시에서 자신을 낮추어 우리에게 자신을 적응시키신다는 사실에서 우리는 분명히 우리의 이해가 명확하고 확실하다고 확신할 수 있다. 그러나 또한 분명히 이 사실에는 계시 자체에 제한이 있음을 의미하기도 한다.

그런데 우리는 이 점을 망각하고 있다. 또는 망각한 것처럼 보인다. 그래서 내가 이제 말하고자 하는 합리주의가 나타나는 것이다. 내가 생각하기에 합리주의는 어떤 집단주의라기보다는 시대의 경향이다. 그러나 합리주의는 한 특수한 언어 형태를 만들어 내는데, 그것은 요컨대 하나님에 대해 우리가 알지 못하는 것은 무엇이나 거부하는 언어 형태이다. 그리하여 우리는 하나님께서 계시하신 범위를 넘어서는 하나님의 불가해성을 인정하려고 하지 않고, 우리의 생각에서 하나님을 우리 수준으로 끌어내려 축소시키는 것이다. 이 과정을 "하나님을 상자 안에 집어넣기"라고 묘사하기도 한다.

잠자고 있는 세상의 이성과 어리석은 교회의 주관주의에 대비하여 성경의 계시가 합리적이라는 사실을 강조하는 것은 정당하다. 그러나 가장 철저하게 성경적인 신자는 욥과 같이 하나님께서 무엇을 행하시고 계신지, 그리고 하나님께서 그 일을 왜 행하시고 계신지를 이해하지 못할 때에도 계속 하나님을 찬양하라는 요구를 받는다.

우리는 하나님을 우리의 호위병으로 삼았다거나 하나님을 손아귀에 넣었다는 식의 말은 마치 전염병을 피하는 것처럼 피해야 한다. 그리고 하나님의 기록된 말씀의 가르침에 대한 확신을 항상 유지해야 한다. 그러나 이 신학적 승리주의(triumphalism, 자신들의 교리가 다른 교리보다 우월하다는 주장)는 전혀 다른 것이고, 피해야 하는 것이다.

5. 형상 창조자이신 하나님

이 전통적 유신론을 재고찰하고, 또한 전통적 유신론을 다듬기 위한 제안들을 하는 일은 심히 어려운 과정이었다. 어떻게 하면 이 과정 전체를 합할 수 있을까? 우리는 우리의 유신론을 하나의 어구로 집약시킬 수 있을까? 나는 할 수 있다고 생각한다. 나는 하나님을 형상 창조자(image maker)라고 말해야 한다는 제안을 기꺼이 받아들인다.

이 어구는 우리의 세속 세상이 직면할 필요가 있는 유신론의 중요한 요점들을 요약하고 있다. "하나님"이라고 말해 보라. 그러면 여러분은 무한하시고, 영원하시고, 자존하시고, 자신을 계시하시는 성부, 성자, 성령을 나타내는 것이다. "창조자"라고 말해 보라. 그러면 여러분은 하나님과 우리 사이의 근본적인 관계를 나타내는 것이다. 하나님께서는 창조주이시고 우리는 하나님의 피조물들이다. "형상 창조자"라고 말해보라. 그러면 여러분은 하나님에 대한 우리의 지식의 근거와 전제 조건 ― 즉 하나님께서 우리를 하나님 자신과 같이 지으셨다는 사실 ― 을 나타내는 것이다. 이 형상에는 합리성, 하나님과의 관계, 그리고 하나님의 계시를 받아들이고 응답하는 능력이 포함된다. 우리는 하나님과 같이 다른 존재들을 생각하고, 느끼고, 관계하고, 사랑하고 있기 때문에 하나님을 알 수 있다. 하나님의 형상에 그 밖에 더 무엇을 포함하든지 거기에는 분명히 하나님을 아는 지식이 수반된다. 나는 예언자도 아니고, 예언자의 자손도 아니다. 그러나 보수 신학에 대한 압박이 종교적 상대주의와 다원주의의 옹호자들로부터 끊임없이 증강하고 있는 것이 나에게 매우 분명하게 보인다. 이것은 교회 외부에서만 그러한 것이 아니라(신학들이 많으면 많을수록 우리가 더 행복하고 건강해진다고 생각하는 사람들이 있는) 교회 내부에서도 그러하다.

나는 앞으로 몇 십년 동안 세계 종교들의 통합을 위한 요구가 기독교를 다른 신앙들에 동화시키려는 부단한 시도들과 함께 추진력을 얻는 것을 볼 것으로 예상한다. 우리는 제설혼합주의(諸設混合主義, syncretism)를 지나 더 나아가서 지금까지 존재했던 어떤 종교보다 더 고상한 종교를 지향하는 계획을 놓고 토론하는 세대를 예상할 수 있다. 자유주의 진영에서 한두 번 떠올랐던 것이 아닌 이 생각은, 인간적으로 이야기해서 제때를 만난 사상처럼 보인다. 이에 대항하는 것이 복음을 수호하고 전파하는 끝없는 교회의 과제에 있어 다음 승부의 한판이라고 나는 예언한다. 만일 이 추측이 맞다면, 그리고 우리가 우리의 유신론을 새롭게 연구하는 고통을 겪지 않는다면, 우리는 극히 불리한 입장에 놓일 것이다. 왜냐하면 유신론의 문제—우리가 하나님에 대해 기독교 방식으로 생각할 것인가 아니면 다른 방식으로 생각할 것인가—가 논쟁의 핵심이 될 것이기 때문이다. 그러므로 우리는 만일에 대비하여 위에 시사된 노선을 따라 스스로를 준비시키는 데 시간을 바쳐야 할 것이다.

제 4 장
그리스도의 인격

고(故) 그리피트 토마스(W. H. Griffith Thomas)는 그의 저서들 중의 한 권의 제목을 『기독교는 그리스도이다』(Christianity Is Christ)라고 붙였는데, 그는 옳았고, 지금도 옳다.

기독교를 신조 더하기 규율로 묘사하는 것은 보다 통상적일지 모르나, 깊이 들어간 것은 아니다. 기독교가 신조와 규율을 모두 포함한다는 것은 아무도 의심할 수 없는 진실이다. 그러나 예수 그리스도 자신께서 신조와 규율, 이 두 가지 모두의 중심이시라는 사실을 분명히 할 필요가 있다.

예수님에 대한 기본 신조들이 부인되고 예수님께서 가르치신 그리스도인의 행동이 실천되지 않는 곳에는 아무리 기독교라고 주장할지라도, 기독교는 존재하지 않는다.

1. 그리스도를 아는 것

그러나 토마스가 주장하는 점은 우리가 신조와 규율을 알면서도 여전히 기독교에 이방인일 수 있다는 것인데, 그의 주장은 옳다.

마틴 루터, 조지 휫필드 그리고 존 웨슬레(세 사람의 이름만 말하자)는 겸손의 경험을 통해 이 사실을 배워야 했다. 그리고 나도 그러하였고, 또 많은 사람이 그러하다. 기독교의 본질은 신조도 아니고 생활 방식도 아니다. 기독교의 본질은 기독교의 살아 계신 창시자이시며 하나님과 사람 사이의 중개자이신 예수 그리스도와 지금 이 세상에서 나누고 있는 교제라는 현실이다.

기독교는 갈릴리의 전도자, 나사렛 예수를 신인(神人), 하나님의 성육하신 아들이라고 선포한다. 기독교는 그분을 "그리스도"라고 부른다. 왜냐하면 그리스도가 그분의 공적 호칭이기 때문이다. 이 호칭은 그분을 오랫동안 고대했던 메시야, 하나님께 기름부음을 받으신 모든 인류의 구원자-왕으로 확인하는 것이다.

기독교는 예수님께서 당하신 범죄자의 죽음을 하나님의 목적 즉 죄인들의 구원을 성취하신 것으로 해석한다. 그리고 기독교는 예수님께서 죽으신 다음에 신비하게 변화된 인간의 육체로 다시 살아나셨고, 그때부터 우주의 질서 전체에 완전한 주권을 행사하고 계시다고 단언한다.

우리가 예수님을 신뢰하고 사랑하고 순종할 때 보이지 않게 임하셔서 우리를 도우시는 예수님께서는 자신의 인격을 모범으로 하여 우리의 인격을 개조하시고, 끊임없이 우리에게 힘을 주셔서 우리로 자신을 대신하여 다른 사람들을 섬기고 교육하게 하심으로 우리의 자연적인 존재 양식을 초자연적인 존재 양식으로 만드신다. 우리의 심장이 멎는 날이 이를 때, 또는 심판으로 역사를 끝맺음하기 위한 예수님의 공적 재림의 때, 예수님께서는 우리를 자신과 같이 있게 하시게 위해 데려가실 것이다. 그때에 우리는 지금 우리가 느낄 수 있는 어떠한 환희도 비교할 수 없고, 말 그대로 영원히 지속될 기쁨을 가지고 예수님의 낯을 뵈올 것이며, 예수님의 삶을 나눌 것이며, 예수님의 이름을 찬송할 것이다.

이것이 복음이요, 진실로 아름다운 소식이다.

그러므로 그리스도인이 된다는 것은 다음의 세 가지를 표현하는 말과 행동으로 보이지 않게 임하시는 구주와 부단히 교통을 하는 것이다. 그 세 가지란 첫째, 십자가에서 우리의 죄 사함을 얻으셨고 이제 우리에게 죄 사함을 베푸시고 우리를 본유적으로 자신의 아버지이시고, 양자 관계로 우리의 아버지가 되시는 하나님과 우리의 관계를 바르게 하시는 분으로 예수 그리스도를 믿는 믿음이고, 두번째는 상상할 수 없이 무서운 죽음을 견디실 정도로 우리를 사랑하신 예수 그리스도에 대한 사랑이고, 세번째는 예수 그리스도께서 주시는 은혜를 통해 고통으로 가득한 이 세상의 삶에서 무한히 풍성하게 경험하고, 저 세상에서는 더 무한히 풍성히 경험하게 될 주권자에 대한 소망이다.

그러므로 기독교는 그리스도와 관계가 있다. 그리스도인이 된다는 것은 그리스도를 아는 것이다. 이 지식은 단지 그에 대하여 아는 것 이상이다. "우리의 사귐은 아버지와 그 아들 예수 그리스도와 함께함이라"라고 사도 요한은 설명했다(요일 1:3). 교제가 없는 신임은 기독교로 가는 도중에 불과하다. 궁극적으로 중요한 것은 개인적인 충성과 신뢰와 순종이다.

2천년에 이르는 기독교의 세월 동안 이 사실을 잘 이해하고 있음을 증명한 엄청난 무리의 신자들이 있었다. 심지어 그들의 공적 스승들이 이 사실을 바로 설명하지 않았을 때도 그들은 이 사실을 잘 이해하고 있음을 증명했다. 이 그리스도를 아는 지식이 콘스탄틴 이전의 250년의 박해 동안 그리스도인들을 카타콤에서, 그리고 모래 경기장에서 지탱시켰다. 이 동일한 지식이 16세기에 영국과 서유럽의 개신교 순교자들을, 그리고 17세기에 박해당하던 청교도들, 스코틀랜드의 종교개혁당원들(Covenanters), 위그노파를 유지해주었다. 또한 이 지식이 예수회 선구자들의 시대부터 그리스도를 위해 목숨을 내던진 선교사들과, 우리 시대에 아프리카, 아시아, 중국, 중동 그리고 과거의 소련에서 그리스도를 위해 고난을 당한 셀 수 없이 많은 사람들을 지지해 주었다.

우리는 모든 고난들을 겪으면서도 여전히 그렇게 평안하고, 인내하고, 다정하였던 이 영웅적인 신자들에 대하여 어떻게 생각해야 하고, 또한 세상에게 그들을 어떻게 생각하라고 요구해야 할까? 그들의 비밀은 공개된 것이었다. 그것은 사실상 전혀 비밀이 아니다. 그들은 우리 주 그리스도 예수 안에 있는 하나님의 사랑에서 끊을 수 있는 것이 아무것도 없다고 한 바울의 확신을 받아들였던 것이다(롬 8:38). 그들은 그리스도께서 서머나 교회에게, "네가 죽도록 충성하라 그리하면 내가 생명의 면류관을 네게 주리라"(계 2:10)고 하신 말씀을 자신들에게 하신 말씀으로 받아들였던 것이다. 이 확신들을 가지고 그들은 살았고, 또한 이 확신들을 가지고 기쁨과 승리 가운데 죽었다. 그들의 신령하신 구주에 대한 믿음과 사랑, 그리고 구주의 소명에 따라 현재의 삶을 기꺼이 버리고 더 나은 삶을 취하겠다는 그들의 의지는 성경적인 믿음의 진정한 표적들이다.

만일 여러분이 오늘날의 교회들의 많은 사람들이 예수 그리스도의 신성과 유일한 구세주의 자격을 축소하고, 심지어 부인까지 하게 되었다는 말을 들었다면, 여러분은 기독교 신앙의 진실성을 그처럼 완전하게 증명하였던 이 초자연적이고 충성된 영웅적 행위의 배경에 대해 그들이 일종의 영적 황홀 상태에 있었다는 결론을 내릴지도 모른다. 그리고 나도 그렇게 믿는다. 사람들이 사람들로 하여금 잠꼬대 같은 말을 하게 하는 영의 수면병이 이 비극적인 상황의 원인이라는 것이 나의 진단이다. 내가 보고 있는 바를 더 정확하게 설명해 보고자 한다.

오늘날까지 한 세기 동안에 걸쳐, 외부인들만이 아니라 개신교

집단들 중에까지도 예수님을 전능하신 구세주라기보다는 단순히 감동을 주는 하나의 예에 불과한, 선하고 경건한 사람으로 보는 열등한 예수관을 향한 대이동이 진행되어 왔다.

이 동향은 큰 혼란과 연약성을 야기시켰다. 오늘날 사람들은 예수님에 대한 진리가 무엇인지 모른다. 그리고 그들 중의 많은 사람들이, 비록 교회에 다니고 있을지라도(대부분은 교회에 다니지 않는다), 그리스도에 대해 믿기 위해 그들에게 기대되는 것이 무엇인지 모른다. 그들은 목사가 종종 주제에 대해 혼란을 일으키는 것을 본다. 그리고 그들은 자신들의 교회가 고백하는 것과 상당히 다른 예수님의 견해를 주장하는 많은 교인들을 알고 있다.

그들 모두가 가지고 있는 것으로 보이는 가설은 예수님에 대해 훌륭한 사람이었다고 말하는 것보다 더 많은 말을 하면 헛된 공론의 자리로 들어가게 되는데, 여기에는 사고의 기준이 존재하지 않고, 아무도 자신의 견해를 강요할 권리도 없다는 것이다.

슬픈 정경이라고 생각하는가? 그렇다. 매우 슬픈 정경이다. 그러면 이런 슬픈 정경이 어떻게 존재하게 되었을까? 다음과 같은 단계들을 거쳐 존재하게 된 것이다.

2. 이 슬픈 정경의 근원

3백년 전, 개신교의 지적 문화―철학적, 과학적, 문학적, 미학적 문화―는 기독교 신앙의 역사적 지주들로부터 이탈하여 나아가기 시작했다. 재기 있는 사상가들이 하나님에 대한 개념을 점점 더 작게 축소시키고 왜곡시켰고, 이와 함께 예수님에 대한 신앙까지 왜곡시켰다. 오늘날 보통 사람이 성부와 성자에 대해, 마치 불량한 망원경을 통해 보는 형상같이, 비뚤어진 생각을 갖고 있는 이유가 바로 이 때문이다.

특별히 종교개혁자들은 성경적인 믿음의 주권적인 주님, 성경이 말하는 바를 말씀하시고 은혜로 그리스도를 통해 죄인들을 구원하시는 하나님을 선포하였다. 그러나 17세기의 무신론자들은 기적들을 배제했고 하나님께서 세계를 지배하시는 주님이시라는 사실을 부인하는 유행을 만들어 냈다. 그 다음 18세기에 철학자 칸트는 언어적 계시를 부인하는 유행을 만들어 냈고, 19세기의 사상가들은 계속 전진하여 하나님을 그들이 긍정적으로 가정했던 우주의 진화 과정 배후의 한 세력으로 순화시켰다.

이제 우리 자신의 20세기는 유한하고 상냥하고 무력한 하나님, 그의 선의가 아무것도 다르게 하지 못하는 일종의 하늘에 계신 아저씨, 존재한다고 생각하는 것이 좋지만 골치를 썩일 가치는 없는 존재로 만족하게 되었다. 여러분은 이 다소 애처로운 모습의 하나님을 만났을 것이다. 이 하나님이 오늘날 북미의 보통 사람들이 믿는 하나님이다.

예수님에 대한 사상들도 유사하게 축소되었다. 17세기의 기적들에 대한 회의론은 성육신을 거북스러운 것으로 만들었고, 18세기의 계시에 대한 회의론은 예수님의 말씀을 신령한 계시에서 훨씬 못한 것으로 영락시켰다. 19세기 이후부터 예수님은 인간의 종교 발전에 있어 최고의 실례로 간주되었고, 아마 죽음에서 다시 살아난 것이 아닐 것이고, 현재 분명히 세상을 다스리지 않고 있지만 그에 대한 기억은 소크라테스나 윈스턴 처칠에 대한 기억과 마찬가지로 아직 영향력을 갖고 있는 인물로 보게 되었다. 이 견해는 예수님의 계속적인 인격적 사역을 긍정하지 않고 부정하는 것이다. 이 견해가 말하는 바는 예수님이 성육하신 하나님이 아니라 하나님이 거했던 사람이고, 예수님이 죄책과 죄의 권세로부터의 구원자로 우리에게 중요한 것이 아니라 성인의 모범으로 중요하다는 것이다.

3. 이 견해가 지속되는 이유

이 견해는 매우 악한 것이었다. 그러나 세계 개신교의 네 가지 요인들이 이 견해가 이 시대에 계속적으로 전파되는 것을 보장함으로 더욱 악화시켰다. 첫째로, 신학 대학들과 신학교들, 그리고 특별히 평생 동안 각 세대의 성직자들을 공부시키는 독일 대학들의 신학 교수들이 대체로 예수님에 대한 이 회의론에 빠졌다. 그들은 이 회의론을 학생들에게 가르쳤고, 학생들은 자연스럽게 이 회의론을 받아들이고 자신들이 섬기는 교회들에 퍼뜨렸다.

둘째로, 소위 "고등" 성서 비평(고등 성서 비평이란 언제, 어디에서, 어떻게, 누가, 왜 성경의 각 책들을 썼는지 알고자 하는 시도일 뿐이다)이 한 세기 이상 동안 우리가 위에서 말한 바 있는 하나님의 기적에 반대하는 가정들에 의해 지배되어 왔다. 결과적으로 과학이 성경의(예수님에 대한 초자연적인 구세주라는 묘사를 포함하여) 많은 믿을 수 없는 사실들을 밝혀주었고, 따라서 성경과 성경의 예수님을 믿는 믿음도 학술적으로 판단되어야 한다는 매우 그릇된 생각을 하게 되었다.

셋째로, 어린이들에게 기독교 교리를 진술하는 요리문답과 신조들을 외우게 하는 관습이 폐지되었다. 현대의 주일학교들은 대부분 성경 이야기들을 가르치는 것이 고작이다. 그리하여 어린이들은 교회의 신조들을 교육받지 않고 자라난다. 그들은 예수님께서 삼위일체의 제2위라는 사실을 전혀 듣지 못하고 예수님을 친구와 조력자로만 배움으로, 이 사실이 전혀 낯선 성인들이 되는 것이다.

넷째로, 인간의 죄악성에 대한 서양인들의 의식이 감소되고, 다른 종교들에 대한 인식이 증대됨으로, 기독교가 어떤 믿음을 가지고 있든지 또는 믿음이 없더라도 선한 모든 사람들에게서 볼 수 있는 사고 방식과 행동 양식에 불과하다는 생각이 뿌리를 내렸다. 또한 이러한 생각과 함께 기독교는 교육에 의해 습득되는 것이 아니라 직관과 서서히 몸에 배게 함으로 습득되는 것이라는 사상이 나타났다.

교육이 없이는 아무도 예수님에 대해 알 수 없기 때문에, 이 견해는 예수님이 기독교에 필수적이 아니라고 암시하는 것으로 보인다. 이러한 암시를 감히 큰소리로 말하는 사람은 거의 없지만 많은 사람들이 속으로 이렇게 믿고 있다고 나는 느낀다.

위에서 말한 슬픈 정황의 부분인 이 모든 요인들을 볼 때 오늘날 교회를 다니는 사람들 다수가 하나님을 삼위일체로 인정하지 않는 단일신론자(unitarian)식으로 생각하고, 그리스도를 성육하신 신으로가 아니라 하나님이 거했던 인간으로 생각하고, 구원을 실제로 행한 악에 대한 그리스도의 대속을 통해 용서를 받는 것이라기보다는 바르게 행하고자 애쓰기 때문에 하나님이 관대하게 받아 주는 것으로 생각하는 것은 이상한 일이 아니다. 그러나 과거와 현재에 참으로 귀한 진정한 믿음의 유산을 물려받은 우리가 근본적인 사항들에 그처럼 멀리 빗나가 타락했다는 것은 비극이 아닐 수 없다. 물론 이 사실은 하나님께서 손자를 두지 않는다는 사실, 즉 은혜와 지혜는 혈통으로 이어지는 것이 아니라는 사실을 증명하는 것이다. 분명히 마귀는 우리의 타락에 웃고 있다. 그러나 나는 그 외에 다른 사람은 웃지 않기를 바란다. 이 문제는 너무 심각하여 웃을 수 있는 일이 아니기 때문이다.

이 모든 결과는 오늘날의 교회에서 예수 그리스도에 대한 역사적 기독교 신앙이 크게 타락하여 우리 앞에서 산산조각으로 깨어져 놓여 있게 된 것이다. 모두 몇 조각씩은 주위 들었지만 전체를 갖고 있는 사람이나 자신들이 갖고 있는 것들로 어떻게 해야 할지를 알고 있는 사람은 거의 없다.

여기 정말로 심각한 난국이 있다. 그리스도인이 되고자 하는 선한 뜻을 가진 사람들이 성직자나 신학자들에게 도움을 기대했다가 그들이 예수님의 인격과 위치에 대해 혼란에 빠져 있다는 것을 발견하고 안타까움과 혐오감을 느끼고, 그들에게서 돌이켜 갈릴리의 인자에 대한 자신들 나름대로의 생각에 만족한다는 것이다. 그렇지만 그들은 자신들의 생각이 전문적이 아닌 서투른 상상과 추측이라는 것을 알고 있다. 따라서 만일 그들에게 보다 확실하고 보다 정확한 무엇인가가 주어진다면 그들은 크게 기뻐할 것이다.

4. 진정한 신자가 할 수 있는 일

더 지혜로운 길을 찾는 사람들을 위하여 우리는 절박하게 다음과 같은 질문들을 한다. 예수 그리스도에 대한 기독교의 확실성이 복구될 수 있을까? 깨어진 것을 다시 한데 모을 수 있을까? 나는 그 대답이 "그렇다"라고 생각한다. 그리고 이제 나는 이 일을 하기 위한 지침들을 제시하고자 한다.

1) 예수님의 인격을 예수님의 사역과 연결시키라. 예수 그리스도에 대한 모든 기술들은 사실상 두 가지 질문에 답하는 것이다. 곧 예수님의 인격(예수님은 누구셨고 지금은 누구이신가)에 대한 질문과 예수님의 사역(예수님은 무엇을 행하셨고 지금은 무엇을 하시는가)에 대한 질문이다. 첫번째 질문은 존재론적인 것이고 두번째 질문은 기능적인 것으로 이 두 질문은 별개의 것이다. 그럼에도 불구하고, 이 두 질문은 연결된다. 왜냐하면 두번째 질문에 대한 답은 첫번째 질문에 대한 답에 영향을 줄 것이기 때문이다.

만일 성경에 대한 회의론의 영향을 받아 어떤 사람이 예수님의 사역을 교육(하나님의 뜻을 가르치심)과 증거(하나님의 사랑에 대한 증거와 경건에 대한 증거)로 한정하고 예수님의 지배(현재 예수님의 통치와 미래에 인류를 심판하기 위해 재림하심)를 가볍게 취급하고, 예수님과의 교제를 예수님의 모범에 감동을 받는 것으로 축소한다면, 이러한 비초자연적인 예수관은 단순하고, 충분하고, 매력 있어 보일 것이지만, 그는 예수님을 독특하게 교화된 인간, 하나님을 특별히 명확한 방법으로 반영한 사람의 위치로 떨어뜨림으로 모든 것을 잃게 될 것이다.

그러나 하나님과 우리 사이의 유일하신 중재자, 십자가에서 우리를 대신하여 죄를 감당하신 분, 지금 현재 우리의 부활하신 구속주, 그리고 우리가 그의 안에서, 그리고 그를 통하여 영생을 얻는 분으로 이해한 사도들의 예수님에 대한 이해, 그리고 성경에 기록된 예수님 자신의 자기 이해를 필요로 하는 정신이 올바른 그리스도인들에게 있어서는 전혀 다른 내용이 전개된다. 이러한 그리스도인들은 구원에 대한 신약성경의 기록들을 현재와 미래에 그리스도의 말 그대로의 연합과 교제의 문제로 중시한다. 그들은 신약성경이 예수님께 대한 기도와 찬양을 성부에 대한 기도와 찬양 못지않게 합당하게 여기고 있다는 사실을 주목한다. 그들은 신약성경이 예수님을 사실상 성부와 함께하시는 인격적인 하나님이시며 살아 계신 주님으로 찬양한다는 사실을 분별한다. 그러므로 정신이 올바른 그리스도인들은 신약성경과 마찬가지로 기독교 공동체에서도 부활하신 주님과의 인격적 교제가 실재적인 경험이라고 선언한다.

이러한 그리스도인들은 예수님을 하나님이 거하셨고 지금은 죽은 사람으로 분류하는 것은 극도로 빗나가는 것이라는 결론을 내린다. 왜냐하면 그런 그리스도는 신약성경이 선포하는 구원을 우리에게 가져다 줄 수 없기 때문이다.

구원의 중요성이 축소되거나 희미해지는 곳에서 구속주로서의 예수님에 대한 신약성경의 설명도 같이 축소될 것이다. 그 외에 무슨 다른 기대를 하겠는가? 거기에는 우리 시대에 세상이 보고 있는 비천한 기독론 설명이 존재할 뿐이다. 그러나 예수님의 구원의 역사의 위대성과 영광을 인식하는 사람들은 그런 식으로 타락하지 않을 것이다.

2) 삼위일체의 관계에서 예수님의 정체성을 이해하라. 우리의 한 하나님께서는 그의 인격적인 삶에 있어 하나와 셋이 동등하게 기본적인 복잡한 통일체이시다. 이 독특하고 비할 데가 없는 사실에 대해 신약성경은 전문적인 용어를 갖고 있지 않다. 그리고 이 사실은 그리스도인을 3백년 동안의 논쟁에 몰아넣었고, 그 후 그리스도인들은 세 인격의 한 하나님을 고백하고, 성자와 성령이 본질적으로 성부와 하나이시라고 선언함으로 이 사실을 표현하고 보호하는 법을 터득했다.

그러나 하나님에 대한 삼위일체 사상은 신약성경 전체에서 부단히 발견되며, 예수님께서 아버지께로 가신 다음, 자신을 대신하기 위해 "다른 보혜사", 곧 성령을 보내 주실 것이고, 성령 강림을 통해 예수님 자신도 제자들에게 오실 것이라고 설명하실 때 가장 두드러지게 발견된다. 성령이 강림하실 때 제자들은 예수님께서 자신들 안에 살고 계시고 자신들이 예수님 안에 살고 있다는 것을 알 것이다(요 14:12-23; 16:5-28). 분명히 그때에 예수님께서 자신과 성부께서 하나이시라고 증거하셨던 것과 똑같이 예수님과 성령께서는 서로 동등하게 연결된다. 삼위일체의 진리는 여기에서 뚜렷하게 드러난다.

신약성경의 기자들은 일관되게 구원을 성부, 성자, 성령의 공동 역사로 본다. 즉 성부께서 결정하시고, 성자께서 성취와 집행을 하시고, 성령께서 적용을 하시는 것이다. 삼위일체를 부정하면 구원에 대한 진리도 필연적으로 상실될 것이다. 그러므로 하나님에 대해 항상 삼위일체의 관계로 생각하는 것은 다른 모든 세계 종교들과는 달리 기독교의 기본이다.

마치 단일신론(unitarianism)이 진리이고 "예수님"은 영원한 성부가 담당한 역할에 종속한 것처럼 예수님을 "성육하신 하나님"으로 부정확하게 언급하지 말고, 우리는 항상 예수님을 "하나님의 성육하신 아들"로 묘사해야 한다. 왜냐하면 스스로 인성을 취하신 분은 영원하신 삼위 중 제1위나 제3위가 아니라 정확하게 제2위이시기 때문이다.

요한복음 1:1-14, 빌립보서 2:5-7, 골로새서 1:15-17, 히브리서 1-2장과 같은 구절들이 확인해 주는 바는 성자가 성육신 전에는 성부와 구별되는 영원한 인격으로 존재한 것이 아니라 단지 성부의 마음속의 한 생각으로 존재했을 뿐이라는 주장이 오늘날 일부 신약성경 학자들 중에 유행하고 있다. 그들의 견해가 영원하신 삼위일체를 부정하는 것임을 그들이 알고 있는지 모르는지 나로서는 알 수가 없지만 그 견해는 분명히 영원하신 삼위일체를 부정하는 것이다. 그러나 이런 기괴하고 억지적인 해석을 가지고 우리가 여기서 시간을 들여 논할 필요가 없다.

3) 예수님의 인성을 약화시키지 말라. 말씀이 육신이 되셨다는 요한의 진술(요 1:14)은 성자께서 자신을 인간의 육신에 넣었다는 의미 이상을 나타낸다. 이 구절의 의미는 성자께서 인간의 경험에 속하는 모든 것을 스스로 취하시고 그 안으로 들어가셨다는 것이다. 성자께서 마리아의 태에서 태아가 되신 그 순간부터 현재까지 인간의 경험은 하나님의 성자의 한 면이 되었다. 그리고 이 경험은 영원히 지속될 것이다.

예수님께서는 33세로 죽기 전까지 제1세기의 건강한 유대인 남성으로 경험하셨던 바로 인해 지금 모든 인간의 경험, 즉 자신과 같은 젊은 남성의 경험뿐만 아니라 (예를 들어) 소녀와 여인들의 경험, 병든 사람들의 경험, 노인들의 경험, 그리고 중독자들의 경험까지도 공감하실 수 있으시다(히 2:18; 4:15-16). 이것은 놀라운 일이다. 그러나 사실이다. 그러므로 예수님께서는 우리 모두가 필요로 하는 바른 삶을 위한 도움을 모든 사람에게 주실 수 있다.

교회는 항상 이 사실을 알고 있었다. 예수님이 단지 인간으로 나타나셨을 뿐이고 사실은 인간이 아니었다거나, 성육하신 성자가 인간의 생각이나 의지를 갖고 있지 않았다는 사상들이 항상 이단으로 규탄되어온 이유가 바로 교회가 이 사실을 알고 있었기 때문이었다. 그리고 사도들의 시대부터 끊임없이 그리스도인들이 고통 중에서 예수님께 도움을 요청해온 것이—그리고 끊임 없이 예수님께서 도와주심을 간증해온 것이—바로 교회가 이 사실을 알고 있었기 때문이었다.

백년 이상 동안 예수님의 인성이 그의 신성에 "부수적"(adjectival)이라고 믿는 사람은 그의 인성을 진지하게 받아들일 수 없다고 주장되어 왔다. 진실로 우리는 예수님의 정체성의 가장 깊은 비밀이 예수님께서 "인간 더하기" 인성(즉 독특하게 그의 하나님이 거했고 풍성하게 해준 인성)이 아니라, "하나님 더하기" 신령한 인성(그의 인간되심에 의해 존재론적으로, 그리고 경험적으로 확대된 신령한 인성)이라고 믿는다. 그러나 이 말은 예수님의 삶이 우리와 같은 완전히 인간적인 삶이었다고 의미하는 것은 아니다.

성육신을 믿는 신자들이 마치 예수님께서 "신성으로"가 아니라 "인성으로" 겪은 경험들(예를 들어 갈보리의 수난)이 있었던 것처럼 말함으로 종종 이 사항에 도전적인 태도를 보여온 것은 분명히 사실이다. 그러나 그러한 생각은 예수님께서 모든 일을 신인(神人)의 통일체 가운데 경험하셨다는 생각으로 바뀌어야 한다.

이 사항에 대한 진정한 기독교의 주장은 성육신이 하나님의 성자로 하여금 인간의 좌절과 고통 속에 직접 참여하는 것을 가능하게 했고, 그 후 하나님의 성자께서는 인간으로 사랑 가운데 우리 죄를 지시고 우리를 속량하기 위하여 십자가의 고통, 그리고 하나님의 버림을 받는 더 큰 고통을 경험하셨다는 것이다(마가복음 15:34를 보라). 우리는 절대로 이 주장을 가볍게 다루지 말아야 할 것이다.

4) 예수님의 신성을 축소하지 말라. 지난 세기 동안 많은 사람을 홀려온 불행한 이론은 소위 "겸비설"(kenosis theory, 그리스도의 신성포기설)이라는 것이다. 이 이론은 하나님의 성자가 성육신에서 인간의 제한이라는 경험을 완전히 경험하기 위해 자신의 본유적인 능력인 전능과 전지를 포기하였다고 암시하는 것이다. 결과적으로 그가 하고 싶었던 일들을 할 수 없었다는 것이고, 무지로 인한 실책을 그의 가르침으로 막을 수 없었다는 것이다. 이 이론을 네 가지로 반박할 수 있다.

첫째로, 성경에 그러한 포기에 대한 암시가 전혀 없다.

둘째로, 이 이론은 분명히 예수님의 교사로서의 권위를 음흉하게 훼손시킴으로 예수님을 모욕하고 우리에게 문제들을 야기시키려고 하는 것으로 보인다.

셋째로, 이 이론은 현재 예수님의 천국 생활에 대한 혼란을 야기시킨다. 만일 앞에서 언급된 예수님의 두 가지 능력(성자께서 행하고자 하시고 알고자 하시는 것은 무엇이나 행하시고 아실 수 있는 성자의 본유적 능력)의 행사가 완전한 인간의 경험과 모순된다면, 다음과 같은 결과가 이어질 것으로 생각된다. 즉 만일 천국에서 예수님께서 이 능력들을 되찾았다면, 그의 천국에서의 경험은 이제 완전한 인간이 아니다. 또는 반대로, 만일 그의 천국에서의 경험이 여전히 완전한 인간의 경험이라면, 그는 이 능력들을 다시 얻지 못한 것이고 또한 앞으로도 절대로 다시 얻지 못할 것이다. 나는 이 진퇴양난에서 허우적거리는 일은 겸비론의 옹호자들에게 맡긴다. 왜냐하면 이것은 나의 문제가 아니기 때문이다. 또한 나는 이 진퇴양난이 여러분의 문제가 되지 않기를 바란다.

넷째로, 이 이론을 뒷받침하는 것으로 복음서에서 인용되는 조그만 증거 — 예수님의 재림의 시기에 대해 무지를 인정하심(막 13:32) — 의 자연스러운 해설은 성자의 본성이 주도권을 잡는 것이 아니라(요 5:19를 보라), 성부의 촉구에 따라가는 것이기 때문에, 특정한 일을 하지 않으시는, 또는 특정한 사실들에 대해 알고 있는 지식을 전달하지 않으시는 것에 대한 예수님의 변명은 단순히 성부께서 그것을 원치 않으신다는 것을 예수님께서 알고 계셨다는 것일 뿐이다.

다른 말로 이야기해서, 예수님께서 전능과 전지의 능력을 뚜렷하게 행사하지 않으셨던 때는 성육신의 특별한 상황들로 설명되어야 하는 것이 아니라, 완전히 성부의 뜻에 따라 인도를 받는 것이 성자의 본성으로 되어 있는 삼위일체의 내적 생활로 설명되어야 한다는 것이다. 이 사고 노선을 따라가는 것이 우리 시대에 성육신 사상을 위협하고 있는 함정들을 피하는 길이라고 나는 믿는다. 그래야 우리는 혼란에서 벗어나 예수 그리스도를 믿는 진정한 성경적 믿음을 되찾을 수 있다. 오늘날 우리는 이 진정한 성경적 믿음을 얼마나 필요로 하고 있는가! 우리가 우리의 성육하신 주님, 예수 그리스도의 영광을 보는 법을 다시 터득하기 전에는 우리의 교회들에 하나님께로부터 오는 생명과 능력의 회복은 절대로 없을 것이다. 하나님께서 이 모든 교훈을 우리에게 빨리 가르치시기를 기원하나이다.

— 예수님의 인격과 사역에 대한 주요 성경구절들 —

하나님과 인간 간의 유일하신 중재자: 요한복음 14:6; 디모데전서 2:4

죄의 대속자: 마태복음 26:28; 마가복음 10:45; 갈라디아서 2:20-3:13; 골로새서 2:13-14

생명을 주시는 부활의 주님: 요한복음 15:1-7; 에베소서 1:19-2:10

신령한 주님: 요한복음 1:1-14; 20:28-30; 로마서 9:5; 히브리서 1:8

부활하신 주님과의 개인적 교제: 사도행전 9:4-6, 10-17; 고린도후서 12:9; 디모데후서 4:17; 요한일서 1:3; 참조. 요한복음 14:21-23; 요한계시록 1:17-18; 22:17

부활하신 주님과의 연합과 교통: 요한복음 14:1-6; 로마서 6:3-11; 고린도후서 5:6-9; 빌립보서 1:20-23; 요한계시록 7:14-17

예수님께 대한 기도와 찬양: 사도행전 7:59; 로마서 10:8-17; 고린도후서 12:7-10; 요한계시록 5:12-13

제 5 장
왜 십자가를 자랑하는가?

"우리는 십자가에 못박힌 그리스도를 전하니 유대인에게는 거리 끼는 것이요 이방인에게는 미련한 것이로되"(고전 1:23)라고 바울은 기술했다. 우리는 이러한 반응들을 이해할 수 있다. 바울의 메시지는 마치 한 현대 미국인이 이미 전기 의자에서 사형을 당한 인디언 혼혈인 대통령 후보에게 영원한 충성을 선언하는 것같이 충격적인 것이었다. 그러나 바울이 이 괴기하게 들리는 사건을 묵상하며 느끼는 열애와 기쁨은 완전하고 절대적인 것이었다. "내게는 우리 주 예수 그리스도의 십자가 외에 결코 자랑할 것이 없으니"(갈 6:14)라고 그는 말한다. 왜 그럴까? 그 이유를 바울은 다른 곳에서 말하고 있다: "우리가 아직 죄인되었을 때에 그리스도께서 우리를 위하여 죽으심으로 하나님께서 우리에게 대한 자기의 사랑을 확증하셨느니라"(롬 5:8), "내가 그리스도와 함께 십자가에 못박혔나니 그런즉 이제는 내가 산 것이 아니요 오직 내 안에 그리스도께서 사신 것이라 이제 내가 육체 가운데 사는 것은 나를 사랑하사 나를 위하여 자기 몸을 버리신 하나님의 아들을 믿는 믿음 안에서 사는 것이라"(갈 2:20), "그리스도께서 우리를 위하여 저주를 받은 바 되사 율법의 저주에서 우리를 속량하셨으니 기록된 바 나무에 달린 자마다 저주 아래 있는 자라 하였음이라"(갈 3:13). 이제 우리는 문제의 중심에 있는데, 곧 그리스도의 십자가는 하나님의 사랑을 계시한다는 것이다. 왜냐하면 그리스도의 십자가는 하나님의 사랑이 사랑하는 자를 위하여 기꺼이 고난을 받고자 하는 것임을 보여 주기 때문이다.

나는 바울과 입장을 같이한다는 사실에 대해 오해가 없기 바란다. 나는 바울과 마찬가지로 그리스도의 죽으심이 하나님의 사랑을 풍성하게, 완전하게, 뜨겁게, 그리고 영광스럽게 나타낸다고 믿는다. 바울이 그리스도의 죽으심이 바울 자신의 죄를 속량했다고 믿었던 것과 똑같이, 나도 그리스도의 죽으심이 나의 죄를 속량했다고 믿는다. 그리고 특히 나는 십자가를 하나님의 율법 아래에서의 대리 형벌로 보는 옛날 식의 견해가 신약성경에 실려 있는 어떤 다른 묘사보다 십자가의 의미의 핵심에 우리를 가장 가깝게 해 준다고 믿는다. 이에 대한 나의 논거는 다음과 같다.

1. 십자가를 이해하는 법

로마서에서 바울은 십자가의 역사를 다음과 같이 묘사한다: "이제는 율법 외에 하나님의 한 의가 나타났으니 율법과 선지자들에게 증거를 받은 것이라 곧 예수 그리스도를 믿음으로 말미암아 모든 믿는 자에게 미치는 하나님의 의니 차별이 없느니라 모든 사람이 죄를 범하였으매 하나님의 영광에 이르지 못하더니 그리스도 예수 안에 있는 구속으로 말미암아 하나님의 은혜로 값없이 의롭다 하심을 얻은 자 되었느니라 이 예수를 하나님이 그의 피로 인하여 믿음으로 말미암는 화목 제물로 세우셨으니 이는 하나님께서 길이 참으시는 중에 전에 지은 죄를 간과하심으로 자기의 의로우심을 나타내려 하심이니 곧 이때에 자기의 의로우심을 나타내사 자기도 의로우시며 또한 예수 믿는 자를 의롭다 하려 하심이니라" (롬 3:21-26). 여기에서 우리는 즉각 세 가지 사항을 본다.

1) 첫째로, 속죄는 하나님의 역사이다. 위에서 인용한 구절은 바울이 모든 인간의 심판자이신 하나님의 유죄 판결에 대해 논한 긴 단락(롬 1:18-3:20)의 결론에 나오는 구절이다. 바울의 사상은 "다만 네 고집과 회개치 아니한 마음을 따라 진노의 날 곧 하나님의 의로우신 판단이 나타나는 그날에 임할 진노를 네게 쌓는도다" (롬 2:5)라는 말로 구체화된다. 우리는 두 개의 어구를 주목한다. 곧 "진노의 날"과 "의로우신 판단이 나타나는"이라는 어구이다. 하나님의 진노는 변덕스럽고, 성마르고, 유치하고, 부도덕한 것이 아니다. 하나님의 진노는 의로우신 심판으로 표현되는 도덕적이고 사법적인 속성이다. 하나님의 진노는 죄를 거부하는 성결이다.

이 첫번째 대 교리적 단락의 끝에서 바울은 하나님의 율법이 모든 죄악과 범죄를 드러내고 모든 인간을 정죄한다는 결론에 이른다. 온 세상이 하나님께 설명할 책임이 있는데 율법의 행위로 (즉 인간의 최선의 행위로) 하나님 앞에서 의롭다 함을 얻을 자는 아무도 없다. 왜냐하면 율법을 통해 죄를 알게 되기 때문이다. 이것은 보편적인 사실이며, 보편적인 문제이다.

그러나 이제 바울은 새로운 주제를 시작하며 하나님의 의가 악행에 대한 심판의 방법과 다른 방법으로 나타난다고 말한다. 로마서 3:21의 맨 처음에 나오는 "하나님의 한 의"라는 어구는 여전히 모든 일을 바르게 행하시는 하나님의 특성을 의미한다. 그러나 이 하나님의 의가 나타나는 결과는 우리의 정죄가 아니라 그 반대로 우리의 칭의(justification)이다. 이 말은 환상처럼 들린다. 너무 좋아 진실로 들리지가 않는 것이다. 그러나 바울은 계속하여 우리의 칭의 바로 그것이 정확하게 자신이 의미하는 바라고 설명한다. 이 하나님의 의의 나타남은 죄인들을 바로잡아 자신과 동행하게 하시고 그들을 의롭다고 하시는 활동을 하시는 하나님을 나타내는 것이다. "의롭다 하심"은 죄인들에 대한 고소를 취하하시고 그들이 실상은 여전히 불완전하고 죄가 있음에도 불구하고 이제부터는 마치 무죄한 것처럼 용납하고 대우해 주시는 것을 의미한다. 어떻게 이런 일이 있을 수 있을까? 절대적인 기준들에 의해 "경건치 아니한 자"(롬 4:5)로 심판받아야 할 자들에 대한 이 용서와 평안의 기적이 어떻게 있을 수 있을까? "그리스도 예수 안에 있는 구속으로 말미암아 하나님의 은혜로…이 예수를 하나님이…화목제물로 삼으셨으니"(롬 3:24-25)라고 바울은 대답한다. 우리의 다음 논점이 바로 이것이다.

2) 둘째로, 속죄는 희생 제사의 특성을 갖고 있다. 다시 로마서 3:25을 보라. 로마서 3:25은 하나님께서 자신의 성자를 "그의 피로 인하여 믿음으로 말미암는 화목의 제물"로 세우셨다고 말한다. "피"는 그리스도의 희생의 죽음의 예표인 짐승의 희생 제사를 나타내는 신약성경의 속기이다. "피"는 우리에게 희생의 제사가 대속의 본질을 해석하는 데 필요한 열쇠임을 말해 준다. 피의 광경을 볼 때 여러분은 어떠한가? 어떤 사람들은 피의 광경을 볼 때 속이 뒤집히고 메스꺼움을 느낀다. 만일 여러분이 그렇다면 여러분은 옛 이스라엘의 성전과 성막 예배에 참여하기가 어려웠을 것이다. 왜냐하면 예배를 드릴 때 많은 피가 흘렀기 때문이다. 하나님께 드리는 제사들 중에는 곡식을 드리는 제사(소제)와 액체를 드리는 제사(전제)도 있었다. 그러나 대부분의 제물은 의식에 따라 도살되는 짐승들이었다. 예배자는 그가 가지고 온 온전한 희생물과 함께 가까이 나아와서 짐승의 머리에 손을 얹은 다음 그 짐승을 죽였다.

그 다음에 제사장이 다가와서 피를 모아서 하나님의 제단들, 주로 번제단 위에 부었다. 그러나 속죄일에는 향단 위에도 피를 뿌려야 했다(출 30:9-10). 속죄제와 속건제가 반드시 이런 형태를 취해야 한다는 것은 레위기의 앞 장들에 기록된 구약의 의식들에 특별하게 진술되었다. 속죄제와 속건제의 형태는 짐승을 죽여 피를 뺀 다음에 규정된 대로 제단 옆에서 뿌리는 것이었다.

바울이 로마서 3:25에서만 이러한 제사 용어로 그리스도의 죽으심에 대해 말하는 것은 아니다. 로마서 5:9에서 그는 "이제 우리가 그 피를 인하여 의롭다 하심을 얻었은즉"이라고 말하며, 에베소서 1:7에서는 "우리가 그리스도 안에서 그의 은혜의 풍성함을 따라 그의 피로 말미암아 구속 곧 죄 사함을 받았으니"라고 말하고, 골로새서 1:20에서는 화목(화목은 "속죄"가 실제로 의도하는 바이다)에 대해 말하면서, 주 예수 그리스도께서 "그의 십자가의 피로" 화평을 이루셨다고 말한다. "피"라는 말이 나오는 때마다, 이 말은 죄로 인한 제사를 표현하는 신학적 속기이다.

다른 신약성경 기자들도 똑같은 방식으로 그리스도의 피에 대해 말한다. 베드로전서 1:19은 우리가 "흠 없고 점 없는 어린양 같은 그리스도의 보배로운 피"로 속죄를 받았다는 사실을 깨우친다. 요한일서 1:7은 "그(하나님의) 아들 예수의 피가 우리를 깨끗하게 하실 것이요"라고 말한다. 물론 문자적인 개념으로 이 표현은 우리의 상상을 어렵게 한다. 붉은 피가 흠이 없고 정결하게 하고 깨끗하게 한다는 것이다! 그러나 신학적인 의미는 정확하다. 그리스도의 피, 즉 그리스도의 속죄의 제사는 분명히 우리를 죄에서 정결하게 한다. 또한 요한계시록에서도 그리스도의 피는 역시 희생 제사의 의미로 언급된다. "우리를 사랑하사 그의 피로 우리 죄에서 우리를 해방하시고 그 아버지 하나님을 위하여 우리를 나라와 제사장으로 삼으신 그에게 영광과 능력이 세세토록 있기를 원하노라 아멘"(1:5-6), "책을 가지시고 그 인봉을 떼기에 합당하도다 일찍 죽임을 당하사 각 족속과 방언과 백성과 나라 가운데서 사람들을 피로 사서 하나님께 드리시고"(5:8). 이상의 모든 본문들에서 그리스도의 대속은 희생 제사의 본질을 갖고 있는 것으로 묘사되고 있다.

3) 셋째로, 속죄는 하나님의 의를 나타낸다. 의(righteousness)는 하나님의 속성으로, 이 속성에 의해 하나님께서는 항상 옳은 일만 행하시고, 과거의 요구들을 현재에 지속시키시고 그 요구들을 충족시키시며, 모든 사람에게 맹세하신 바를 주신다. 이것은 아리스토텔레스의 의에 대한 정의인데, 하나님의 의에 대한 근본적인 성경적 견해이기도 하다. 곧 하나님께서는 자신의 말씀을 지키시고, 자신의 약속들을 성취하시고, 우리에게 정당한 보답을 하신다.

이것은 놀랍고 기쁜 소식이다. 그러나 바울이 사실상 로마서 4:5에서 말하는 바와 같이, 우리는 공의로운 심판자이신 하나님께서 불경건한 자들을 의롭다고 하시는 것이 의롭지 않다고 말한다. 하나님께서 이런 식으로 행동하시는 것이 의로울 수 있을까? 이것이 바울이 로마서 3:25-26의 압축된 말로 스스로에게 하고 있는 질문이다. 바울은 그곳에서 우리에게 하나님의 행동은 진실로 의롭다고 말한다. 그 행동은 의롭게 되었다. 왜냐하면 하나님 자신께서 의롭게 하셨기 때문이다. 그 행동은 유일한 의로운 일이 되었다. 왜냐하면 하나님께서 자신의 아들을 우리의 죄를 감당하게 하시기 위해 십자가로 보내심으로 의롭게 하셨기 때문이다.

요구들을 충족시키는 의의 이 국면은 로마법에 만족(satisfactio)으로 묘사되었다. 이 말은 "필요한 요구들을 충족시키기에 충분하게 행하는 것(satis facere)"을 의미한다. 바울은 하나님께서 필요한 요구들을 완전하게 충족시키는 방법으로 우리를 의롭다고 하신다고 말하고 있다. 18세기의 위대한 인물 안셀름(Anselm)의 시대부터, 기독교회는 이 만족이라는 단어를 그리스도의 희생의 실제적인 의미를 표현하는 용어로 사용하는 기쁨을 누려 왔다. 안셀름이 만족을 해설한 바와 같이, 만족은 하나님의 더럽혀진 명예를 회복하는 문제이고, 따라서 진실로 진리의 한 부분이다. 그러나 그로부터 5백년 후, 루터는 성경에 비추어 만족의 개념을 확대하고 정확하고 바른 지적을 하였다. 그의 지적은 하나님 자신께서 선언하신 죄에 대한 형벌적 응보를 예수 그리스도께서 받으심으로 하나님의 영광이 회복되었다는 것이다. 그리스도의 수난은 하나님의 공의를 만족시킴으로 하나님을 영광스럽게 했고 죄인들을 위한 구원을 확보했다. 이것이 바울이 로마서 3:25-26에서 표현하고 있는 생각이다.

바울은 하나님께서 자신의 아들을 피에 의한 "화목 제물"로—즉 NIV가 난외주에 정확하게 바울의 말을 번역하는 바와 같이 "죄를 제거하고 하나님의 진노를 가라앉히실 자로"(이것이 KJV가 "propitiation"〈화목〉이라는 번역으로 나타낸 의미이다)—세우셨다고 말한다. "이는 하나님께서 길이 참으시는 중에 전에 지은 죄를 간과하심으로 자기의 의로우심을 나타내려 하심이니"라고 바울은 말한다(25절). 사실상 이전에도 하나님께서는 죄인들을 의롭다고 하셨다. 하나님께서는 구약 시대 전체에 걸쳐 이 일을 행하고 계셨다. 그러나 하나님께서는 짐승의 제사에 근거하여 죄인들을 의롭다고 하셨던 것이 아니었다. 구약 시대의 이 일들에 대해 생각해 본 사람은 당연히 "어떻게 짐승의 죽음이 인간의 죄를 처리할 수 있을까?"라는 질문을 했을 것이다. 그러나 그때에는 이 질문에 대한 답이 없었다. 주 예수님께서 죽으실 때까지 이 큰 의문 부호는 죄를 용서하시는 하나님의 은혜에 따라다녔다. 사람들은 자비의 현실을 인해 하나님을 찬양하였지만 의에 있어서는 그 근거를 알 수 없었다. "이제 너희는 그 근거를 알 수 있다. 이제 하나님께서 그 근거를 명백하게 나타내셨다"고 바울은 말한다. 그리스도 예수 안에 있는 구속은 "전에 지은 죄"를 포함하는 것이었다. 그리스도 안에 있는 구속은 현재에, 그리고 미래에도 효력을 가지고 있을 뿐만 아니라, 소급의 효력까지 갖고 있었던 것이다. 그러므로 이제 바울은 다음과 같이 말할 수 있는 것이다: "곧 이때에 자기의 의로우심을 나타내사 자기도 의로우시며 또한 예수 믿는 자를 의롭다 하려 하심이니라"(26절). 바로 칭의―의롭게 우리 죄를 사면하심과 우리 인격을 용납하심의 보장―가 십자가의 결과인 것이다.

다른 말로 이야기해서, 그리스도 안에 있는 구속으로 말미암아 공의가 이루어진 것이다. 죄는 마땅하게 처벌되었다. 그러나 대리인으로 처벌되었다. 이제 우리는 하나님의 의롭다 하심이 얼마나 공의로운지를 알 수 있다. 이제 우리는 하나님께서 죄인들을 의롭다 하심이 그 자체에 있어 얼마나 의로운지를 알 수 있다. 하나님께서는 자신의 의로우심을 나타내셨다. 성부께서는 사랑하는 아들을 통하여 하나님의 거룩하심에 합당한 만족을 마련하심으로 만족하셨다. 그리하여 인간은 자유의 몸이 될 수 있었다. 우리는 "하나님께서 스스로 자신을 달래셨다"고 말할 수 있다. 하나님께서는 예수 그리스도의 죽음을 통해 만족을 주기도 하고 받기도 하셨다.

이상이 만족이라는 단어가 여러 세기를 내려오면서 하나님의 백성에게 소중한 단어가 되어 온 이유이다. 예를 들어 이 단어는 나의 성공회 기도서에 다음과 같이 나온다: "전능하신 하나님, 하늘에 계신 우리 아버지시여, 하나님께서는 자비와 긍휼로 독생자 예수 그리스도를 주사 우리의 구원을 위해 십자가 위에서 죽게 하셨나이다. 그리고 예수 그리스도께서는 십자가 위에서 단번에 자신을 드리신 봉헌으로 온 세상의 죄를 위한 충만하고, 완전하고, 충분한 제사, 봉헌, 만족을 이루셨나이다…." 하이델베르그 요리문

답서(The Heidelberg Catechism)도 만족의 실재를 그리스도를 믿는 참된 믿음의 중심으로 다음과 같이 찬양한다: "삶과 죽음에서 나의 유일한 위로는 내가 신실하신 나의 구주 예수 그리스도에게 속한 것이니, 그는 자신의 보혈로 나의 모든 죄를 완전히 대속하셨다(has fully satisfied for all my sins)." 오늘날 만족이라는 말은 거의 들을 수 없다. 그러나 우리가 대속을 더 잘 이해하려면 이 말을 더 많이 사용해야 한다고 나는 생각한다.

희생 제사와 만족의 실상에 대한 바울의 표현은 우리가 이제 조금 더 깊이 연구해야 할 속죄에 대한 기본적인 사고 노선을 제시한다.

2. 구약의 의식들

학자들은 하나님께서 구약성경 시대에 자신의 백성에게 주셨던 제사 의식들에 존재하는 가장 깊은 사상이 (1) 하나님께 대한 예물인가, 또는 (2) 하나님과의 교제인가, 또는 (3) 하나님 앞에서 속죄를 하는 것인가에 대해 논란을 벌이고 있다. 이 세 가지 사상은 확실히 모두 존재하고 있다. 번제를 하나님께 드려 전체를 불사를 때, 거기에는 분명히 예물의 사상이 나타난다. 또한 화목제를 드려 성소에 음식을 차릴 때, 거기에는 분명히 하나님과의 교제의 사상이 나타난다. 그러나 나는 가장 깊고 가장 근본적인 사상이 속죄의 사상이라는 사실에 의심의 여지가 있을 수 없다고 생각한다

구약성경 시대에 자신의 백성에게 제사 체계를 설명하시면서, 하나님께서는 이 사실을 매우 분명하게 나타내셨다. 레위기 17:11에서 우리는 하나님께서 방금 피를 먹는 것을 금지하시는 말씀을 하셨던 것에 대한 설명으로 다음과 같이 말씀하시는 것을 발견한다: "육체의 생명은 피에 있음이라 내가 이 피를 너희에게 주어 단

에 뿌려 너희의 생명을 위하여 속하게 하였나니 생명이 피에 있으므로 피가 죄를 속하느니라." 중심 사상은 죄가 일어난 곳에 반드시 죽음이 따른다는 것이다. "범죄하는 그 영혼이 죽으리라"(겔 18:4)는 것이 이 법칙의 기본 형태이다. 그러나 제사 체계에서 우리는 하나님께서 이 법칙에 수정을 가하시는 것을 본다. 왜냐하면 이스라엘의 영혼이 범죄하였는데 짐승이 대신 죽는 것이다.

어떤 학자들은 죄로 깨어진 하나님과 죄인이 교제에 다시 생기를 주고 다시 힘을 주는 창조적 생명력을 여하튼지 간에 피가 방출함으로 죄를 속량한다는 식으로 이 의미를 받아들인다. 그러나 이 생각은 완전한 망상이다. 왜냐하면 이런 생각을 뒷받침하는 증거가 없기 때문이다. 구약성경 전체를 통해 짐승 제사에 대한 모든 성경의 유추와 태도는 피를 흘리는 것이 생명을 쏟아 버려 끝낸다는 것을 의미함을 나타낸다. 흘려진 피는 짐승의 죽음을 나타내는 증거이다. 피를 제단에 바치는 것은 바로 죽음을 전시하는 것이다. 오직 이 근거에 따라 구약의 백성들이 범죄하였을 때 하나님께서 죄의 용서를 약속하셨다. 죽음 가운데 생명의 버림을 의미하는 피 흘림의 제사가 곧 속량인 것이다.

3. 대속

방금 우리가 본 바와 같이 속죄제의 핵심은 죄를 지어 마땅히 죽임을 당해야 할 사람을 대신하여 생명을 바치는 것이다. 이것이 제사 의식에서 일어나고 있었던 바의 핵심이며, 2천년 전에 우리 주 예수 그리스도께서 갈보리에서 죽으셨을 때 일어난 일의 핵심이다.

대속(substitution)은 교회가 사랑하는 단어이다. 이 단어도 만족이라는 단어와 마찬가지로 성경에 나오지 않지만, 적절한 단어이기 때문에 즐겨 사용된다. 대속이라는 단어는 제사 전말의 핵심을 묘사해 주는 단어이다. 구약의 제사 의식들에 대해 생각해 보라. 그러면 여러분은 이 사실을 명백하게 알게 될 것이다. 앞에서 본 바와 같이, 죄인은 자신의 제물을 가지고 온다. 그리고 그는 어떻게 하는가? 그는 짐승의 머리에 안수를 한 다음 그것을 죽인다. 이것이 대속의 죽음이라는 사실, 그 짐승이 그 짐승의 소유자(그 짐승을 끌고 와서 그 짐승과 자신의 관계를 수립하기 위해 안수를 하는 소유자)를 대신하여 죽는다는 사실을 이보다 더 명백하게 나타낼 수 있는 행동이 어디 있겠는가? 대속의 진리는 계속 부정되어 왔다. 그러나 진실로 대속은 의심할 수 없는 너무나 명백한 사실인 것이다.

연례적인 속죄 염소 의식은 이 동일한 교훈을 훨씬 더 생생하게 가르쳤다. 이 의식은 지난해 동안 지은 백성의 모든 죄에 대한 포괄적인 화목 의식을 행했던 속죄일의 의식이었다. 이 의식의 과정은 레위기 16장에서 우리에게 제시된다. 이 의식에서 먼저 자신을 속죄하기 위해 속죄제를 드린 대제사장은 두 마리의 염소를 취하여, 그중 한 마리의 "머리에 안수하여 이스라엘의 모든 불의와 그 범한 모든 죄를 고하고 그 죄를 염소의 머리에 두어 미리 정한 사람에게 맡겨 광야로 보낼지니 염소가 그들의 그 모든 불의를 지고 무인 지경에 이르거든 그는 그 염소를 광야에 놓을지니라"(레 16:21-22)고 했다. 이 의식의 의미는 무엇인가? 이 의식은 그 자체에 있어서 화목이 아니라, 화목의 상징이다. 즉 생명이 끊어졌다는 표시로 희생 제물 짐승을 죽여 그 피를 제단 밑에 쏟을 때 일어나는 일의 상징이라는 것이다. 속죄 염소는 죄의 제거를 나타내는 상징이다.

이 사실은 두번째의 염소에게 일어나는 일로 명백하게 나타난다. 실제로 중요한 염소는 바로 두번째 염소이다. 속죄와 관련된 행동은 죽여서 통상적인 방식에 따라 속죄제로 드려지는 두번째 염소에게 일어나는 일을 나타내는 것이다. 광야로 속죄 염소를 추방하는 것은 죄가 제거된 하나님의 백성에게 분명하게 나타내기 위한 예화적인 방책이었다.

히브리서 기자는 속죄일이 예표했던 바—즉 우리의 죄로부터의 완전하고 영구적인 정화—를 성취하신 그리스도에 대해 말하며 광야로 쫓겨난 염소에 초점을 맞추는 것이 아니라, 일년에 한 번씩 대제사장에 의해 희생 제물로 드려졌던 짐승에 초점을 맞춘다. "그리스도께서 장래 좋은 일의 대제사장으로 오사 손으로 짓지 아니한, 곧 이 창조에 속하지 아니한 더 크고 온전한 장막으로 말미암아 염소와 송아지의 피로 아니하고 오직 자기 피로 영원한 속죄를 이루사 단번에 성소에 들어가셨느니라 염소와 황소의 피와 및 암송아지의 재로 부정한 자에게 뿌려 그 육체를 정결케 하여 거룩케 하거든 하물며 영원하신 성령으로 말미암아 흠 없는 자기를 하나님께 드린 그리스도의 피가 어찌 너희 양심으로 죽은 행실에서 깨끗하게 하고 살아 계신 하나님을 섬기게 못하겠느뇨"(히 9:11-14). 바로 그리스도의 피가 속죄일 의식의 모든 형태의 완성이다.

이 사실에 대해 더 확인할 필요가 있는가? 만일 그렇다면 우리는 이사야 53장에서 그 확인을 발견할 수 있다. 10절은 하나님께서 자신의 종의 생명을 죄에 대한 제물로 삼고 계시다고 분명하게 말한다. 4-6절에서 "우리는 생각하기를 그는 징벌을 받아서 하나님에게 맞으며 고난을 당한다 하였노라"는 말을 본다. 그러나 "그가 찔림은 우리의 허물을 인함이요 그가 상함은 우리의 죄악을 인함이라 그가 징계를 받음으로 우리가 평화를 누리고 그가 채찍에 맞음으로 우리가 나음을 입었도다 우리는 다 양 같아서 그릇 행하여 각기 제 길로 갔거늘 여호와께서는 우리 무리의 죄악을 그에게 담당시키셨도다." 이것이 대속이다.

속량에 대한 바울의 많은 단언들에서 나는 하나의 분명한 개념 체계를 발견한다. 우리가 앞에서 보았던 바와 같이 바울은 "내게는 우리 주 예수 그리스도의 십자가 외에 결코 자랑할 것이 없으니"(갈 6:14)라고 말했다. 우리는 바울에게 "당신은 왜 예수님의 수치스러운 사형을 그렇게 영광스러워하고 기뻐하는가?"라고 질문해 볼 수 있다. 그러면 바울은 이렇게 대답할 것이다. "왜냐하면 십자가는 죄를 제거하는 희생의 제사이고, 그 제사가 구속을 우리에게 가져오기 때문이다. 또한 십자가는 화목, 즉 하나님과의 평화 관계의 회복을 이룸으로, 값을 치르고 우리를 비참한 노예 상태로부터 해방시키기 때문이다. 그리고 십자가는 죄를 속함으로 화목을 이루기 때문이다(즉 그리스도께서 자신의 죽음으로 하나님의 진노를 가라앉히시고, 평화를 이루셨다). 십자가가 속죄의 역사라는 것은 대신 심판을 받는 대속의 역사이기 때문이다. 그리하여 십자가는 죄를 덮고, 진노를 진정시키고, 화평을 이루고 우리를 우리의 마땅한 운명인 형벌의 속박과 영원한 위험으로부터 자유롭게 할 수 있었다."

바울의 다른 기록들에서 대속은 십자가에 대한 설명의 핵심으로 제시된다. 예를 들어, 이전에 인용된 바 있는 구절인 갈라디아서 3:13에서 바울은 "그리스도께서…율법의 저주(저주의 위협에 나타나는 하나님의 거룩하심의 표현)에서 우리를 속량하셨으니…"라고 기술한다. 그리스도께서 어떻게 우리를 율법의 저주에서 속량하셨는가? 바로 그 다음 구절이 설명해 준다. NIV만이 이 구절을 마땅히 번역되어야 하는 식으로 번역하고 있다: "Christ redeemed us from the curse of the law by becoming a curse for us… that the blessing given to Abraham might come to the Gentiles through Christ Jesus"(14절, 한글개역: "그리스도께서 우리를 위하여 저주를 받은 바 되사 율법의 저주에서 우리를 속량하셨으니…이는 그리스도 예수 안에서 아브라함의 복이 이방인에게 미치게…하려 하심이라"). 바울이 이 단락의 앞(6절)에서 말한 바와 같이, 아브라함의 복은 의의 선물이다. 그리스도께서는 우리를 대신하여 율법의 저주의 대상이 되심으로 그 저주에서 우리를 속량하셨으니, 그 목적은 우리 죄인들이 용서를 받고 하나님과 바른 관계를 맺게 하시기 위함이었다.

마틴 루터는 그의 갈라디아서 주석에서 이 구절을 다른 누구의 설명보다 가장 생생하게 설명했다. 그는 갈라디아서 3:13을 다음과 같이 주석한다. "모든 선지자들은 그리스도께서 온 세상에 존재하였고 또한 존재할 수 있는 가장 큰 범죄자, 살인자, 간음자, 도둑, 반역자, 신성모독자 등이 되실 것이라는 사실을 성령 안에서 예시하였다. 그리스도에게 있어 온 세상의 죄인들을 대신하여 희생 제물이 된다는 것은 그가 이제 결백하고 죄가 없는 사람이 아니라…죄인이라는 것이다." 물론 루터는 우리의 대리자로서의 그리스도에게 우리의 악행을 전가하는 것을 말하고 있는 것이다. 그는 계속하여 말한다. "우리의 가장 긍휼하신 아버지께서는 자신의 독생자를 세상에 보내사 그에게 모든 인간의 죄를 지우시면서 이렇게 말씀하셨다. '너는 부인을 한 베드로이다. 너는 박해자요 신성모독자요, 잔인한 압제자인 바울이다. 너는 간음자인 다윗이다. 너는 낙원에서 선악과를 먹은 죄인이다. 너는 십자가에 달린 도둑이다. 간단하게 말해서 너는 모든 사람의 모든 죄를 범한 자이다. 그러므로 보라, 너는 그들을 대신하여 값을 치르고 대속을 하는 것이다.' 여기에 율법(검사와 심판자라는 특성에 있어서의 하나님)이 등장하여 말한다. '나는 그를 죄인으로 판결한다. 그러므로 그를 십자가에 매달아 죽이도록 하라. 그렇게 해야 온 세상이 모든 죄악으로부터 깨끗해진다'…." 루터는 대속을 이해하고 있었다!

골로새서 2:14은 하나님께서 우리의 모든 범죄를 용서하셨다는 사실을 바울이 어떻게 그렇게 확신있게 단언할 수 있는가를 설명하는, 비유적 표현으로 가득한, 또 하나의 강렬한 구절이다. 바울은 하나님께서 행하신 일을 이렇게 말한다: "우리를 거스리고 우리를 대적하는 의문에 쓴 증서를 도말하시고 제하여 버리사 십자가에 못박으시고." 이 말을 잘 생각해 보자. 의문증서란, 말하자면 하나님께서 우리에게 권리를 갖고 계시는 약속증서인데, 다름아닌 우리가 반드시 정죄의 고통을 받으며 충족시켜야 하는 하나님의 율법의 요구이다. 이 증서의 요구를 청산하지 못하는 사람은 누구나 곤경에 처하는데, 바로 이 곤경이 우리 모두가 처해 있는 곤경이다. 우리는 하나님의 율법에 대해 완전한 순종을 하나님께 맹세했다. 그러나 우리는 율법에 순종하는 데 실패했다. 그리하여 그 증서는 우리의 죽음의 증서가 되었다. 우리는 율법의 저주 아래 있다. 그러나 이제 바울은 하나님께서 "우리를 거스리고 우리를 대적하는 의문의 증서를 도말하시고 제하여 버리사 십자가에 못박으시고"라고 말한다.

바울은 우리에게 믿음의 눈으로 십자가를 바라보면, 구세주의 십자가에 새긴 패가 "이는 유대인의 왕이라"고 쓰여지지 않았다는 것을 볼 것이라고 말한다. 감각의 눈은 그렇게밖에 볼 수 없다. 왜냐하면 사복음서들에 기록된 바와 같이 그것이 빌라도가 쓴 말이기 때문이다. 그러나 믿음의 눈은 그곳에 쓰여진 다른 죄과를 본다. 믿음의 눈이 보는 이 사형 선고와 집행의 이유는 우리의 영적 죽음의 증서에 의해 판단된 우리의 과오와 단점들을 기록한 긴 목록이다. 이 목록은 그리스도께서 십자가에 달려 하나님의 버림을 받는 진실로 지옥과 같은 경험을 당해야 하셨던 이유를 우리에게 보여준다. 그리스도께서는 우리의 도덕적 불이행과 불순종으로 인해 초래된 형벌을 우리를 대신하여 받으신 우리의 대리자이셨다.

골로새서 2:15에서 바울은 계속하여 우리가 믿음으로 갈보리를 바라보며 보아야 하는 더 많은 것을 우리에게 말해 준다. 우리는 십자가에서 그리스도께서 "정사와 권세를 벗어버려(마치 필요 없는 옷을 훌훌 벗어버리듯이 그것들을 벗어버리셨다; 또는 아마 이곳의 뉘앙스는 그것들을 열등하게 하시고 치욕스럽게 하셨다는 것일 수도 있다) 밝히 드러내시고 십자가로 승리하셨느니라"라고 바울이 말하는 것을 깨닫는다. 정사와 권세, 즉 사단과 그의 무리들은 우리의 죄를 없이 하시는 예수님의 역사가 실패하는 것을 어떤 희생을 치르고라도 반드시 보기 위해 애를 썼다. 그들은 십자가의 길을 포기하라고 예수님을 유혹하였고(마 4:5-10; 16:23; 26:37-44) 예수님께서 십자가에 달리셨을 때 우리의 상상을 초월하는 방법들로 예수님을 공격하였다.

감각의 눈으로 십자가를 볼 때 여러분은 한 비참한 실패, 곧 그릇된 정의의 결과로 한 선한 사람이 세상에서 사라지는 것을 보고 있다고 생각할 수 있다. 여러분은 이 일을 충격적인 의혹의 사건, 예수라는 인물이 했던 선한 일의 슬픈 종말, 따라서 완전한 비극으로 볼지 모른다. 그러나 믿음의 눈으로 십자가를 볼 때 우리가 보는 것은 승리라고 바울은 말한다. 우리는 구세주께서 대적들을 물리치시고 승리하심으로 사단의 지배로부터 우리의 궁극적인 해방을 보장하시는 것을 본다. "승리"는 정확한 의미를 가지고 있다. 이 말은 포로를 끌고가는 것을 나타낸다. 즉 로마의 장군이 성공적인 종군 후에 로마를 행진할 때 사로잡힌 포로들을 거느리고 가는 것을 말하는 것이다. 예수님께서는 우리의 처벌을 감당하심으로 자신과 우리의 원수들이 이제 예수님을 대적할 힘이 없게 되었음을 나타내셨다. 이렇게 하여 형벌의 대속은 개인적인 승리를 가져왔다.

다음은 바울이 고린도후서 5:21에서 말하는 것을 보자. "하나님이 죄를 알지도 못하신 자로 우리를 대신하여 죄를 삼으신 것은

(죄를 범하심으로가 아니라 우리의 죄를 그의 죄로 간주하심으로) 우리로 하여금 저의 안에서 하나님의 의가 되게 하려 하심이니라." 바울은 바로 앞에서(19절) 하나님께서 그리스도 안에서 세상을 자기와 화목하게 하시고 있다고 말했다. "어떻게 하나님께서 그 일을 하시는가?"라고 우리는 질문한다. 그리고 그 대답은 "우리의 범죄를 우리에게 돌리지 아니하심으로 하신다"는 것이다. 그러면 하나님께서 어떻게 우리의 죄를 우리에게 돌리지 아니하시는가? 하나님께서 우리의 죄를 주 예수님에게 돌리시고 예수님께서 우리를 대신하여 우리의 죄를 갚으심으로 하신다. 대속, 곧 칭의(하나님 앞에서의 의)를 가져오는 대속, 그것이 이 절의 메시지이다.

우리는 글을 쓰거나 설교를 할 때 이 진리의 예화를 찾느라고 궁리를 하는데 그것은 좋은 일이다. 그러나 어떤 예화도 완벽한 것은 없고 다만 도움이 될 뿐이다. 예화를 한 가지 들면 타타르 군대의 장군 샤말의 이야기가 있다. 그는 자기 군사들 중 몇몇이 적에게 군사 기밀을 누설하고 있다는 것을 알고 범인이 발견되면 무수히 채찍질을 하겠다고 위협했다. 그런데 샤말은 출정 길에 자기 가족을 데리고 다녔는데, 기밀을 누설하는 사람이 그의 어머니라는 사실이 드러났다. 샤말은 자기 장막에 틀어박혀 나오지 않았다. 아무도 이틀 동안 샤말을 보지 못했다. 이틀이 지난 후 한 군사가 용기를 내어 샤말의 장막으로 가서 어떤 일이 일어나고 있는지 들여다 보았다. 그는 샤말이 자기 자신을 채찍질하고 있는 것을 발견했다.

다음으로 어네스트 고든(Ernest Gorden)이 『크와이 골짜기를 지나』(Through the Valley of the Kwai)라는 책에 기록한 스코틀랜드 병사의 이야기를 들어 보자. 고든은 2차대전 말에 크와이 강 너머에서 일본군이 철도를 건설하기 위해 포로들을 늪 지대에서 야간 작업을 시켰던 일을 이야기한다. 매일 일이 끝나면 삽들을 세웠다고 고든은 말한다. 하루는 일본군 감시병이 삽 한 자루가 부족한 것을 발견했는데 이것은 분명히 작업대의 누군가가 태국인들에게 삽을 판 것이라고 그는 생각했다. 일본군 감시병은 격노하여 "모두 죽여 버릴거다" 하고 고함을 질러대기 시작했다. 그리고 그는 실제로 자신의 라이플 총을 줄을 지어 서 있는 포로들에게 겨누었다. 그러자 한 병사가 앞으로 나서며 "내가 그랬소" 하고 말했다. 일본군 보초는 그에게로 다가가서 라이플 총을 들어 그의 머리를 내려쳤고, 그 포로는 그 자리에서 죽었다. 삽을 들고 막사로 돌아온 다음 그들은 다시 삽의 수를 세어 보았다. 삽의 수는 정확했다. 없어진 것이 아니었다. 아까 잘못 센 것이었다. 그런데 한 사람이 동료들을 위해 자신의 목숨을 내놓았던 것이다.

이런 이야기들은 방금 우리가 살펴본 구절들에서 신약성경이 자세히 설명하는 대속의 진리를 예화함으로 우리가 그 진리를 이해하는 데 조금 도움을 준다.

4. 우리를 이처럼 사랑하신 하나님

루터는 확고한 기쁨을 가지고 십자가를 바라보며, 누구든지 그리스도를 믿는 사람은 그리스도의 사랑을 보장받을 수 있다는 사실로 즐거워했다. 한번 그는 한 괴로움을 당하는 친구에게 다음과 같은 편지를 썼다: "그리스도, 곧 십자가에 달리신 그리스도를 아는 법을 배우게. 그리스도를 찬양하며 이렇게 말하는 법을 배우게: '주 예수님이시여, 주님께서는 저의 의이시고, 저는 주님의 죄입니다. 주님께서는 저의 것을 가져 가시고 주님의 것을 저에게 주셨습니다. 주님께서는 저로 제가 아닌 것이 되게 하시려고 주님이 아니신 것이 되셨습니다.'" 교환, 곧 크고 놀라운 교환이 있었다(실제로 루터는 "놀라운 교환"이라는 말을 사용했다). 하나님의 성자께서는 우리에게 자신의 모든 의를 쏟아 주시기 위해 이 교환으로 우리의 모든 죄책을 가져 가셨다.

백년 이상 전에 에딘버러에 있는 뉴칼리지(New College)에 랍비 던칸(Duncan)이라는 한 위대한 노교수가 있었다. 그는 히브리어를 가르치며 이런 저런 신학적 숙고를 하는 수업을 맡았는데, 간혹 본 수업에서 이탈을 하곤 했다. 그의 유명한 이탈들 중의 하나로, 하루는 다음과 같은 질문을 학생들에게 던졌다: "제군은 갈보리가 무엇인지 아는가? 갈보리가 무엇인가? 도대체 갈보리가 무엇인가? 갈보리가 무엇인지 제군은 알고 있는가?" 그 다음 잠시 동안 아무 말 없이 학생들의 앞을 왔다 갔다 걷고 있다가, 그는 다시 학생들을 바라보며 말했다. "내가 제군들에게 갈보리가 무엇인지 말해 주지. 갈보리는 천벌이었네. 그리고 주님께서 사랑으로 그 천벌을 받으신 걸세!" 그 수업 시간에 있던 학생들은 랍비 던칸이 그 말을 할 때 그의 얼굴이 눈물로 젖었다고 기록한다. 그렇다. 당연히 눈물이 얼굴을 적셨을 것이다. "천벌, 그런데 주님께서는 사랑으로 그 천벌을 받으셨다." 진실로 놀라운 사랑이 아닌가!

"그(그리스도)가 지옥에 내려가셨다"라는 신조에 대한 칼빈의 주석은 성자께서 세상의 죄를 짊어지심으로 성부께 버림받으심을 느끼셨던 십자가 위에서의 흑암의 세 시간과 연결시킨다. 아마 이 신조가 원래 의미하는 바는 그것이 아닐 것이다. 그러나 칼빈의 주석은 십자가의 진리에 대한 정확한 주석이다. 이 얼마나 큰 사랑인가!

양심의 깊고, 풍성하고, 완전한 평안은 우리의 죄악들이 단순하게 간과된 것이 아니라 우리를 대신하여 하나님의 성자께서 완전하게 심판을 받았다는 사실을 우리가 알 때에 오는 것이다. 이 사실은 아우구스투스 톱레이디(Augustus M. Toplady)가 지어 "소생하는 믿음"(Faith Reviving)이라는 제목을 붙인 한 아름다운 찬송에 표현되고 있다. 이 찬송은 고민하던 그리스도인이 다시 평안을 발견하는 찬송이다.

이 두려움과 불신이 어디에서 오는가?
성부께서 자신의 흠 없으신 성자를
우리를 위하여 슬픔에 두시지 않았는가?
주님께서 친히 감당하신
그 죄의 짐을 인해 의로우신 심판자께서
나를 정죄하시겠는가?

주님의 백성들이 지은 모든 빚을
한 푼도 남김 없이 갚으신
주님의 속량을 묵상합니다.
주님의 아래 숨겨 주시고
주님의 피로 가려 주시니
하나님의 진노가 내게 없습니다.

주님께서 내 죄사함을 얻으셨고
하나님의 모든 진노를
날 대신하여 받으셨으니,
주님의 피흐르는 손에서
하나님께서 받으신 보상을
다시 나에게 요구할 수 없다네.

내 영혼아, 네 안식으로 돌아오라.
네 크신 대제사장의 슬픔이
네 자유를 사지 않았는가?

예수님께서 너를 위해 죽으셨으니,
주님의 보혈을 의지하고,
하나님께서 버리실까 두려워 말라.

그리스도께서 여러분과 나를 위하여 죽으셨다고 말하는 의미가 무엇인지를 여러분이 알기 원한다면 이 찬송이 설명해 줄 것이다. 만일 여러분이 "왜 십자가를 자랑하는가?"라는 의문을 가졌다면, 이제 알았을 것이다.

이제 여러분은 16세기의 위대한 성공회 신학자 리차드 후커(Richard Hooker)가 그의 저서 『칭의에 대한 학구적 설교』(*Learned Sermon on Justification*)의 마지막에 왜 다음과 같은 글을 썼는지 알 수 있을 것이다. "사람들이 십자가를 어리석다고 생각하든지, 끔찍한 것으로 생각하든지, 아무렇게나 생각하라고 하라. 우리가 이 세상에서 관심을 갖는 지식과 지혜는 이것밖에 없으니, 곧 인간이 죄를 졌고, 하나님께서 고난을 당하셨다는 것이요, 하나님께서 인간의 죄를 받으셨고, 인간이 하나님의 의를 받았다는 것이다." 내 죄는 이미 심판을 받아, 그 대가가 완전히 치러졌다. "주님의 피흐르는 손에서 하나님께서 받으신 보상을 다시 나에게 요구할 수 없다네." 하나님께서 사랑하시는 성자 예수 안에서 나는 죄사함과 영접을 받는다. 어리석다고? 끔찍하다고? 천만에, 오직 은혜와 긍휼일 뿐이다. 십자가는 나의 평안이다. 나는 이 평안이 여러분의 것도 된다고 믿는다. 여기 기쁨과 자랑과 감사가 있으니, 곧 희생의 제사로, 대속으로, 그리고 만족으로 말하는 성경을 묵상할 때 우리에게 솟아나는 거의 감당할 수 없는 환희이다. "말할 수 없는 그의 은사를 인하여 하나님께 감사하노라"(고후 9:15).

제 6 장
성령과 그리스도인의 성장

그리스도인의 삶은 새로운 탄생으로 시작되는데, 탄생은 성장을 시작하는 것을 의미한다. 신약성경에서 영적 성장은 하나의 기정 사실로서, 믿음 안에서의 성장, 이웃 사람들에 대한 사랑 안에서의 성장으로 묘사된다. 예를 들어, 데살로니가후서를 시작하며 바울은 데살로니가의 신자들이 성장한 방식을 인해 하나님을 찬양한다. "형제들아 우리가 너희를 위하여 항상 하나님께 감사할지니 이것이 당연함은 너희 믿음이 더욱 자라고 너희가 다 각기 서로 사랑함이 풍성함이며"(살후 1:3).

더 나아가, 우리는 은혜 안에서의 성장이 사도들이 위하여 기도했고 교훈했던 목표라는 것을 발견한다. 그러므로 바울은 데살로니가전서 3:12에서 자신이 두번째 서신을 시작하며 하나님을 찬양했던 바로 그 이유를 위해 이렇게 기도했다: "또 주께서 우리가 너희를 사랑함과 같이 너희도 피차간과 모든 사람에 대한 사랑이 더욱 많아 넘치게 하사." 그는 그들이 사랑 안에서 성장할 수 있기를 기도하였고, 후에 그들이 사랑 안에서 성장하고 있음을 인하여 하나님을 찬양할 때, 그는 자신의 기도의 응답을 보고 있었던 것이다. 골로새서(1:10-12)와 빌립보서(1:9-11)는 신자들이 믿음과 사랑 안에서 자라고, 선행이 풍성할 수 있기를 위해 기도하는 바울을 보여 준다. 베드로는 그의 첫번째 서신을 시작하며, 성장을 위한 지시를 한다: "갓난아이들같이 순전하고 신령한 젖(즉 하나님의 말씀)을 사모하라 이는 이로 말미암아 너희로 구원에 이르도록 자라게 하려 함이라"(벧전 2:2).

"은혜 안에서 자라가라"고 베드로는 간절히 말한다(벧후 3:18). 은혜 안에서 자라는 것은 선택이 아니라 명령이다. 여러분은 부모가 아기를 가졌을 때 그 기쁨이 얼마나 큰지 알 것이다. 그러나 만일 달이 가고 해가 가도 그 아기가 전혀 자라지 않는다고 상상해 보라. 5살 또는 10살이 되도 그 아기가 자라지 않고 계속 60센티미터이고, 스스로 아무것도 하지 못하고 요람에 누워 있다고 상상해 보라. 그럴 때에 기뻐할 사람은 아무도 없을 것이다. 그것은 끔찍한 비극일 것이다. 그런데 하나님의 자녀, 그리스도 안에서 새로 태어난 아기들이 그들의 구주의 장성한 분량을 향하여 자라나지 못할 때 그것도 역시 똑같이 끔찍한 일이다. 아더 핑크(Arthur Pink)가 말한 바와 같이 "하나님의 자녀들이 난쟁이라는 것은 하나님께 영광이 되지 못한다."

1. 성장의 기초들

나는 영적 성장의 의미를 상세히 설명하는 데 관련된 다음과 같은 네 가지 사항을 말하고자 한다: 곧 성장의 기초들, 성장에 대한 몇 가지 오해들, 성장의 차원들, 그리고 성장의 방법들이다.

첫째로 성장의 기초들을 보자. 세 가지 사실들이 성장을 위한 기반을 이룬다. 첫번째 사실은 바울이 디도서 3:5에서 "중생의 씻음과 성령의 새롭게 하심"으로 칭하는 사건인 성령을 통한 은혜에 의한 중생이다. 사람들이 하나님께로 돌이킬 때, 우리는 그것을 가리켜 회심(conversion)이라고 한다. 그러나 우리들은 하나님께서 사람들 안에서 역사하심으로 그들이 하나님을 기쁘시게 해드리고자 하는 뜻을 가지고 행동하게 하신다는 것을 알고 있다. 따라서 우리가 하나님께로 돌이키는 것은 오직 하나님께서 그렇게 역사하시기 때문인 것이다. 그러므로 우리가 회개와 믿음으로 하나님께로 돌이키는 것은, 곧 성령의 주권적인 역사와 능력으로 하나님께서 자기 자신을 우리에게로 돌이키시는 것이다. 우리가 이 큰 변화를 우리의 하나님을 향한 돌이킴으로 생각할 때, 앞에서 말한 바와 같이, 우리는 이것을 가리켜 회심이라고 칭한다. 그러나 우리가 이 일을 하나님께서 우리를 당신을 향하여 돌이키시는 것이라고 생각할 때, 우리는 중생(regeneration) 또는 신생(new birth)라고 칭한다. 그러므로 회심과 중생은 같은 방향의 변화를 두 개의 다른 각도로 본 것이다.

  모든 신학자들이 다 이와 똑같이 말하는 것은 아니다. 현대 신학자들은 종종 중생을 하나님께서 우리 존재의 인격적 핵심(성경이 칭하는 대로 말하면 우리의 심령)에 생기를 주는 순산과 동일시하고, 회심의 과정을 이 창조의 활동의 열매로 본다. 내가 생각할 때 영어권의 신학자들 중에 가장 위대한 신학자인 청교도, 존 오웬(John Owen)은 이 내용을 캐려고 하지 않았다. 그는 효과적인 부르심에 대해 말할 때 이 사실을 주장했다. 그러나 그는 효과적인 부르심을 보다 더 성경적으로 생각하여 중생과 회심을 동일한 사실의 두 면으로 서로 연관시켰다. 그는 회심을 심리적으로 말할 때에는 나의 행동이지만 근본적으로 말하자면, 내 안에서 행하시는 하나님의 역사이고, 이 역사로 인하여 하나님께서는 모든 찬송과 영광을 받으셔야 한다고 말한다. 나는 오웬의 말을 상당히 선호한다. 그래서 나는 그의 말을 이하의 내용에서 지지할 것이다.

하나님의 중생의 역사(즉 심리적 형태로 말하자면 회심의 역사)는, 따라서 은혜 안에서의 성장의 첫번째 기초이다. 중생을 통해 우리는 우리 안에서 첫번째로 이 큰 변화를 역사하신 성령께서 거하시는 새로운 피조물이 된다. 은혜 안에서의 성장은 여기서부터 진행하는 것을 의미한다. 은혜 안에서의 성장은 하나님께서 우리를 당신께로 돌이키셨을 때, 우리 안에서 하나님께서 행하신 일이 생명력을 가지고, 성숙해지고, 원숙해지는 것이다.

이 첫번째 기초와 나란히 존재하는 두번째 기초, 곧 성령으로 말미암아 은혜로 의롭다 하심(칭의)이다. 중생과 칭의, 즉 하나님에 의한 우리의 죄 사함과 용납은 동행하는 두 가지 사실이다. 내가 "중생의 씻음과 성령의 새롭게 하심"이라는 어구를 취했던 구절은 칭의에 대한 구절이다. 이 구절은 디도서 3:4로부터 시작하여 다음과 같이 말한다: "우리 구주 하나님의 자비와 사람 사랑하심을 나타내실 때에 우리를 구원하시되 우리의 행한 바 의로운 행위로 말미암지 아니하고 오직 그의 긍휼하심을 좇아 중생의 씻음과 성령의 새롭게 하심으로 하셨나니 성령을 우리 구주 예수 그리스도로 말미암아 우리에게 풍성히 부어주사 우리로 저의 은혜를 힘입어 의롭다 하심을 얻어 영생의 소망을 따라 후사가 되게 하려 하심이라 이 말이 미쁘도다 원컨대 네가 이 여러 것에 대하여 굳세게 말하라 이는 하나님을 믿는 자들로 하여금 조심하여 선한 일을 힘쓰게 하려 함이라 이것은 아름다우며 사람들에게 유익하니라"(딛 3:4-8).

우리는 여기에서 몇 가지의 연결들을 본다. 중생에는 칭의가 따른다. 성령께서는 예수 그리스도를 믿는 믿음을 일으키고, 믿음은 칭의(심판자의 특성을 갖고 계신 하나님의 무죄 선언과 용납)를 가져오고, 칭의에는 하나님의 가족으로의 양자 결연과 우리를 하나님의 상속자로 선포하심이 따른다. 이제 우리는 하나님의 자녀들이다. 하나님의 율법은 이제 우리의 가족법이 되고, 더 이상 우리가 회심하기 전에 그랬던 것 같이 억누르는 무거운 짐이 아니다. 우리는 율법을 하나님 아버지의 뜻의 표현으로 본다. 그리고 우리는 우리를 사랑하사 구원하신 분을 기쁘시게 해드리기 원하기 때문에 기쁘게 율법을 지킨다. 율법은 의롭다 여기심을 받은 모든 사람을 위한 것이다. 그리고 은혜 안에서의 성장은 이 기쁜 순종 안에서의 성장이다.

이 첫번째의 두 가지 기초에 이어지는 세번째 사실은 성령을 통한 그리스도와의 연합이다. 바울이 갈라디아서 3:27에서 말하는 바와 같이 "누구든지 그리스도와 합하여 세례를 받은 자는 그리스도로 옷입었느니라." 이제 우리는 그리스도 안에 거하며, 그리스도의 부활의 생명을 나누어 갖고, 그리스도와 영원히 연합한다. 다시 바울은 고린도전서 12:13에서 이렇게 말한다: "우리가 유대인이나 헬라인이나 종이나 자유자나 다 한 성령으로 세례를 받아 한 몸이 되었고 또 다 한 성령을 마시게 하셨느니라." 따라서 이제 우리는 그리스도의 지체(손발)라는 기본적인 성경 의미에 있어 그리스도의 몸을 이루는 구성 부분들이다. 신약성경에서 "지체"는 그리스도의 손발, 여러 기관들, 여러 부분들을 나타낸다. 머리이신 그리스도께서는 몸 전체에 생명력을 불어 넣고 영양을 공급하심으로, 바울이 에베소서 4:16에서 말한 바와 같이 "그에게서 온 몸이 각 마디를 통하여 도움을 입음으로 연락하고 상합하여 각 지체의 분량대로 역사하여 그 몸을 자라게 하며 사랑 안에서 스스로 세우느니라." 은혜 안에서의 우리의 성장은 이 몸 전체의 성장 안에서의 성장이다. 그리스도인들은 교제와 별도로 성장하는 것이 아니라, 통상적으로 교제 가운데 성장을 한다.

이 세 가지 사항에 의거하는 우리 개인의 은혜 안에서의 성장은 고린도후서 3:18에 묘사되는 우리 삶 가운데에서의 하나님의 역사—영이신 주님에 의해 우리가 영광에서 영광으로 변화되는 것—이다. 우리는 이를 가리켜 성화(sanctification)라고 한다. 그러나 은혜 안에서의 성장이라는 말도 역시 이 변화를 나타내는 적절한 명칭이다. 바울이 빌립보서 1:6에서 "착한 일"이라고 말하는 바가 바로 이것이다: "너희 속에 착한 일을 시작하신 이가 그리스도 예수의 날까지 이루실 줄을 우리가 확신하노라"(빌 1:6). 또 다른 입장에서 볼 때 이것은 갈라디아서 5:22-23에서 "성령의 열매", "사랑과 희락과 화평과 오래 참음과 자비와 양선과 충성과 온유와 절제"의 성령의 열매라고 칭해지는 것이다. 이 특성들을 살펴볼 때 우리는 이 특성들이 현재 주님을 따르는 사람들의 삶에서 재현되고 있는 우리 주 예수 그리스도의 모습이라는 사실을 깨닫게 된다. 은혜 안에서의 성장은 바로 구세주의 이 사랑스럽고 영광스러운 도덕적 특성의 반영이 우리의 인격과 태도와 행동에 점점 더 많이 존재하게 되는 것을 의미한다.

2. 흔히 볼 수 있는 성장에 대한 오해들

하나님의 백성들은 영적 성장에 대해 생각할 때, 때때로 오해를 하는데, 이런 오해들이 실제로 문제의 근원이 될 수도 있다. 이렇게 문제가 될 수 있는 오해 세 가지를 생각해 보기로 하자.

첫번째 오해는 육체의 성장을 측정할 수 있는 것처럼 은혜 안에서의 성장도 측정할 수 있다고 가정하는 것이다. 내 아들이 한참 성장하고 있을 때, 그 애는 수시로 우리 집의 문 기둥 중 한 곳에 기대어 서서, 연필로 자기 머리 위에 줄을 그어 자신의 키를 표시하는 것을 좋아했다. 그 기둥에는 일련의 표시들이 그어져서, 그 애가 수년 동안에 걸쳐 얼마나 자랐는지를 나타내게 되었다. 이것은 우리의 육체가 성장하는 방식이다. 그러나 우리가 여기에서 이야기하고 있는 것은 우리가 의식할 수 있는 것보다 한 차원 깊게 우리의 심령에 중심을 두고 있는 하나님의 역사이다. 하나님께서 우리를 은혜 안에서 성장시키시는 역사에는 신령한 신비가 존재한다. 우리는 키를 재거나 체중을 달거나 하는 단순하고 통상적인 평가 기술로 이 성장을 측정할 수 없다. 이에 대해 성경은 시련과 시험이 이를 때, 강력한 공격이 가해져 위기가 존재할 때, 그 압박 아래에서 우리가 행동하는 방식으로 은혜 안에서의 성장이 알려지게 된다고 말한다. 그때에 우리의 반응과 행동이 우리가 은혜 안에서 성장하고 있었는지 그렇지 않았는지를 증거한다는 것이다.

이 사실에 대한 훌륭한 예가 아브라함이다. 75세의 나이에 아브라함은 아들을 약속받았다. 아브라함 부부에게는 자식이 없었다. 그런데 하나님께서 그에게 후사를 주시겠다고 장담하셨다. 그는 11년 동안 기다렸다. 이제 그의 나이는 86세가 되었고, 그의 아내의 나이는 그보다 단지 몇 살 적었을 뿐이었다. 그들은 더 이상 기다릴 수가 없었다. 그들의 믿음은 무너졌다. 사라가 아브람(그의 이름은 아직 아브라함으로 바뀌지 않았다)에게 이렇게 말했다. "이것 보세요, 나는 아기를 갖지 못할 거예요. 내 여종 하갈에게서 당신의 아들을 낳게 합시다. 그러면 그 애가 우리의 자식으로 간주되고 약속의 후사가 생기게 될 것이 아니겠어요?" 이렇게 아브람과 사라는 서툰 연극을 하고, 부정한 방법으로 하나님의 약속을 이루려는 공모를 하였고, 실제로 실천에 옮겼다. 이스마엘이 태어났다. 그러나 하나님께서는 절대로 이스마엘을 아브람의 후사로 인정하지 않으셨다. 아브람과 사라가 한 일은 슬픈 오해였고, 믿음의 생활에 있어서 미성숙을 나타내는 증거였다(창 16장).

그러나 이 이야기를 진행해 보자. 하나님께서는 아들을 주시겠다는 자신의 약속을 새롭게 하시고, 아브람의 이름을 아브라함으로 바꾸셨다(창 17장). 실제로 이삭이 당시에 약 일백세가 된 아버지에게 태어났다. 세월이 흘러 이삭은 십대가 되었고 아브라함은 사실상 노인이 되었다. 이때에 우리는 창세기 22장에서 다음과 같은 말씀을 본다. "하나님이 아브라함을 시험하시려고 그를 부르시되 아브라함아 하시니 그가 가로되 내가 여기 있나이다 여호와께서 가라사대 네 아들 네 사랑하는 독자 이삭을 데리고 모리아 땅으로 가서 내가 네게 지시하는 한 산 거기서 그를 번제로 드리라" (1-2절).

여러분은 아브라함이 이삭을 데리고 산을 올라갈 때 느꼈던 마음의 고통보다 더 고통스러운 아버지의 마음을 상상할 수 있는가? 아브라함이 "하나님께서 이 말씀을 제정신으로 하신 것일까?"라고 생각했을까? 그렇지 않다. 아브라함의 믿음은 여러 해 동안 성장했기 때문에 이때에 그는 하나님께서 자신이 하시는 일을 알고 계시다고 확신하였다. 그는 하나님의 명령에 따라 아들의 죽음이라도 감당하겠다고 결심하였다. 이것이 은혜 안에서 원숙해진 사람의 행동이다. 우리가 은혜 안에서 성장을 하고 있었는지 그렇지 않았는지를 증명하는 것이 바로 고통을 당할 때 나타나는 우리의 행동인 것이다.

나는 목사인 나의 친구와 대화를 했던 일을 기억한다. 그는 이틀 전에 상담을 하던 중에 그를 유혹하려고 했던 한 여인에게 크게 애를 먹었다고 했다. 그 친구는 그 일을 생각하면, 지금도 말 그대로 떨린다고 했다. 그는 요셉이 보디발의 아내를 뿌리치듯이(창 39장) 뿌리쳤다. 그러나 이것은 그에게 깊은 마음의 상처를 남기는 충격적인 시험이었다. 이 이야기는 위기의 때, 갑작스러운 시험들이 우리가 하나님의 은혜에 뿌리를 잘 내리고 있는지 그렇지 않은지를 보여 준다고 말하는 의미가 무엇인가에 대한 또 한 가지의 예이다. 나무들이 뿌리를 잘 내리고 있는지는 강풍에 의해 드러나는 것과 똑같이, 우리가 우리 주 예수 그리스도에게 강한 영적 뿌리를 단단히 내리고 있는가, 그렇지 아니한가는 시험의 때에 밝혀진다.

우리는 여기에서 오해를 하지 말아야 한다. 비록 은혜 안에서의 성장이 어떤 단순한 평가 과정으로 측정될 수는 없는 것이지만, 반드시 검사를 받게 된다는 것이다. 내가 가르치는 학급의 학생들이 얼마나 배웠는지를 알기 위해 시험을 치는 것과 같이, 하나님께서도 우리의 심령의 힘이 얼마나 성장하였는지 알아 보시기 위해 우리에게 시험의 때를 주신다. 시험이 올 때 우리가 하나님에게 굳게 뿌리를 내리고 있다는 사실이 밝혀질 수 있도록 우리는 하나님과 항상 동행해야 한다. 그럴 때에 아브라함이 이삭을 죽일 필요가 없다는 것을 발견했던 것처럼, 우리도 시험에서 "피할 길"을 발견하게 될 것이다.

두번째 오해는 은혜 가운데 성장이 획일적인 과정이라고 추정하는 것이다. 그러나 그렇지 않다. 우리가 주님 안에서 다른 때보다 훨씬 더 빠르게 성장하는 성장기가 있다. 하나님의 은혜가 최초로 우리를 감동시킬 때, 우리가 서로 다르다는 것을 알고 계시는 하나님께서는 우리를 여러 가지 다른 방법으로 우리를 다루신다.

성경에서 이 사실을 예로 들어, 베드로를 생각해 보자. 예수님께서 베드로를 부르셨을 때, 그는 솔직담백하고, 마음이 온유하고 관대한, 우리가 지도자의 유형이라고 하는 사람이었다. 그러나 그에게 한 가지의 약점이 있었다. 베드로는 충동적이고, 고집이 세고, 침착성이 없었다. 그는 종종 입을 열어 말을 하면 실언을 하곤 하는 소위 "실언벽"(失言癖)이 있었다. 우리는 베드로가 깊이 생각해 보지도 않고, 나중에 책임을 지지도 못 할 어리석은 말을 하는 것을 자주 본다. 예수님께서 잡히시던 밤에 베드로는 예수님께 "다 주를 버릴지라도 나는 언제든지 버리지 않겠나이다"(마 26:33)라고 말했다. 그러나 몇 시간도 안되어 그는 한 어린 여종의 질문에 당황하여 세 번이나 주님을 부인했다. 그때는 베드로의 천로역정 중 가장 어두운 순간이었다. 누가는 그가 밖으로 나가 심히 통곡했다고 말한다(눅 22:62).

그러나 이제 십자가에 달리셨던 예수님께서 다시 살아나사, 승천하시고, 성령을 부어주셨다. 무슨 일이 일어났는가? 오순절 이후부터 베드로는 변화된 사람이었다. 베드로는 그의 가장 약했던 시점에서 매우 갑작스럽게 성장을 하였다. 이제 그는 지혜롭고 설득력 있는 말을 함으로, 진실로 초대 교회의 중심 인물이요, 진정한 반석과 같은 인물이 된 것이었다(베드로는 반석이라는 의미이다). 이제 그는 예수님께서 주신 이름이 나타내는 역할을 충실하게 성취하고 있는 것이다. 베드로가 그 후 실수를 하지 않은 것은 아니다. 바울은 갈라디아서 2장에서 그의 실수들 중 한 가지를 지적한다. 그러나 분명히 베드로의 인격에는 갑작스럽고 극적인 발전이 있었다.

다음은 사도 요한에 대해 생각해 보자. 예수님께서 처음 요한과 만나셨을 때, 요한은 몹시 사나운 인물이었다. 그래서 예수님께서는 그에게 보아너게, "우뢰의 아들"이라는 별명을 지어 주셨다(막 3:17). 나는 요한이 항상 험상궂고 무서운 인상을 짓고 다니는 사람이 아니었나 상상한다. 그는 열심을 갖고 있었다. 그러나 그 열심은 성급하고 사나운 열심이었다. 그러나 요한의 생애 말년에, 우리는 어떤 사람들이 요한을 포함한 다른 사람들보다 더 신령하다고 주장하며, 그 주장에 근거하여 교회를 분열시키고 있는 상황에 세 통의 편지를 쓰고 있는 요한을 발견한다. 요한은 사도의 가르침에 계속 충성하는 사람들을 재확신시키고 격려하기 위하여 그들에게 편지를 쓰고 있는 것이다. 그런데 요한이 사도의 가르침을 떠난 자들을 대하여 눈살을 찌푸리고 매우 격렬한 말을 퍼부었을 것으로 예상되는 이 상황에서, 그 반대로 우리는 요한을 사랑의 사도로 특징짓는 온유와 절제를 발견한다. 그는 여전히 영적인 문제들을 흑백 논리의 시각으로 보고 있으며, 분리주의자들을 절대적으로 그릇되었다고 비난한다. 그의 모든 말에서 우리는 전과 다름없는 주님을 위한 열심을 본다. 그러나 사랑과 온유가 그의 심령을 특징 짓고 있는 것이다.

무슨 일이 일어난 것일까? 수년 동안에 걸쳐 점차적으로 변화되어, 이제 요한은 더 이상 우뢰의 아들이 아니라, 그리스도를 닮은 애정과 관심을 발산하는 인물이 된 것이다. 이것이 은혜 안에서의 성장이다. 그러나 베드로에게서 볼 수 있는 갑작스러운 변화와는 다른 과정이다.

자신들을 다른 사람들과 비교하는 사람들에게 바울은 지혜롭지 못한 일이라고 말한다. 왜냐하면 하나님께서는 모든 사람을 똑같은 입장에서, 똑같은 시간에, 똑같은 속도로 다루시지 않기 때문이다. 만일 우리가 자신을 평가해 보기 원한다면, 우리는 다음과 같은 자문을 해 보아야 한다: "나는 그리스도를 믿는 믿음과 그리스도의 힘으로 오늘을 살고 있는 그리스도인이다. 그렇다면 지금 나는 그리스도인이 되기 전에 할 수 없었던 어떤 일을 할 수 있는가?" 회심을 하기 전에 훌륭했던 사람이 그리스도인 된 후에 여전히 훌륭하다면 대단한 일이 아니다. 그러나 오순절 전에는 끓는 물과 같이 침착하지 못하고 불안정했던 베드로와 같던 사람이 확고하고 안정된 사람으로 변할 때, 또는 포악성으로 인해 적어도 한 번 책망을 받을 필요가 있었던(눅 9:54 이하를 보라) 요한과 같던 사람이 사랑의 귀감이 될 때, 그것은 은혜의 승리이다.

세번째 오해는 은혜 안에서의 성장이 자동적이라고 상상하는 것이다. 즉 저절로 알아서 될 것이기 때문에 신경쓸 일이 없다고 생각하거나, 자신이 전문적인 목회자, 선교사, 또는 교회 직분자라면 모든 것이 보장된다고 생각하는 것이다. 우리의 대적 사단은 하나님을 섬기고자 하는 모든 사람으로 하여금 우리가 우리의 일을 하고 있으면 그리스도 안에서 자동적으로 성장하고 성숙해질 것이므로 성화에 대해 전혀 신경쓸 필요가 없다고 생각하도록 조장한다. 사단이 우리로 하여금 이런 식으로 생각하도록 유혹하는 이유는, 성장하기 위해 노력하지 않을 때, 우리는 사실상 정반대의 일을 하게 될 위험, 즉 우리가 담당해야 할 역할을 피하고 뒷걸음질칠 위험에 놓이기 때문이다.

은혜 안에서의 성장이 의미하는 바는 무엇보다 우리가 과거의 우리보다 더 훌륭하고 강건한 인간이 되고 있다는 것이다. 한 가지 영광의 단계에서 또 하나의 영광의 단계로 변화됨으로 우리가 점점 더 완전한 인간이신 예수 그리스도의 형상을 지니게 된다는 말이 의미하는 바의 일부분이 바로 이것이다. 인간성을 정확히 정의하는 것은 어려운 일이다. 그러나 분명히 인간성은 우리의 여러 가지 관계들에서 나타나는 감정 이입, 동정, 민감성과 관계가 있다. 즉 주일학교에서 가르치는 기쁨 공식(J-O-Y, Jesus first, others second, yourself last, 제일 먼저 예수님, 두번째는 다른 사람들, 네 자신은 마지막)뿐만 아니라, 우리의 태도에 나타나는 온정과 창조성과 성실성, 그리고 우리의 성품에서 나타나는 재치와 유머 감각과 쾌활함까지 관계가 있다는 것이다. 그리스도를 닮는 것은 이 모든 자질들을 포함한다. 그러므로 우리는 이 모든 자질들을 일부러 얻고자 추구해야 한다. 왜냐하면 일부러 추구하지 않을 때 우리는 이런 자질들을 얻지 못하기 때문이다. 그리고 우리가 진정으로 은혜 안에서 성장하는 때는 바로 이러한 자질들이 우리에게서 발견되는 때인 것이다. 다시 한 번 말한다: 성장은 종종 의식되지 않지만, 자동적인 것은 아니며, 성장에 대하여 생각하지 않고 성장을 위하여 기도하지 않는 곳에서 성장은 일어나지 않을 것이다.

내가 생각할 때 우리 성직자들(나도 그중의 한 사람으로 말한다)은 여기에서 종종 큰 오류를 범한다. 우리는 은혜 안에서의 개인적인 성장을 위해 노력하지 않기 때문에 성장을 하지 못한다. 우리는 노력을 하는 대신 우리의 역할에 집중한다. 그리하여 우리는 종종 성직자의 역할을 하면서 인간적으로는 퇴보하여, 마치 오즈의 마법사와 같이 가짜의 겉모습 뒤에 있는 실상의 모습은 보잘것 없는 난쟁이 인간이 된다. 나의 아내는 때때로 나에게 "나는 당신의 목회를 원하는 것이 아니라, 당신을 원해요"라고 말하곤 했다. 아내가 그렇게 말할 때 나에게 이야기하고 있는 바는 내가 마땅히 배우자로서 그녀와 동등하게 교제하고, 또한 그녀가 나와 동등하게 교제하는 것을 용납하지 않고 그녀를 비인간적으로 그리고 공적으로 취급하고 있었다는 것이다. 그녀가 그렇게 주장하는 것은 그녀를 위해서나 나를 위해서나 바람직한 일이었다. 왜냐하면 자신의 가장 가깝고 가장 사랑하는 사람들에게 대한 비인간적인 태도는 영적인 성장이 아니라 퇴보를 입증하는 것이기 때문이다.

여기 영국의 오행 속요 하나를 소개한다:

한 교구 목사가 감독에게 물었다.
"이 성직자의 칼라를 잘 때에는 벗어도 됩니까?"
감독이 말했다. " 안돼.
절대로 벗어서는 안돼.
죽을 때까지 입고 있어야 해."

이 속요에 반영되고 있는 심각한 요지는 많은 성직자들이 실제로 하루 24시간 자신들의 역할을 행하려고 그리스도 안에서의 성숙이라는 요청을 게을리 하는 것 같다는 것이다. 내 자신과 (성공회 성직자들만이 아니라) 다른 성직자들에게 나는 이런 경계의 말

을 한다: 곧 은혜 안에서의 성장은 우리가 교회 또는 다른 곳에서 행하는 역할과는 다른 우리의 개인 생활과 관계가 있다는 말이다. 우리는 성장이 저절로 알아서 이루어질 것이라고 가정하고 우리의 관심사로 삼을 필요가 없는 것처럼 행동해서는 안된다.

3. 진정한 성장의 특성들

이제 성장의 몇 가지 차원들, 우리가 은혜 안에서 성장하고 있다면 차츰 우리 안에 나타나는 그리스도와 닮은 특성들에 대하여 특별히 말할 때가 되었다.

1) 우리는 찬양의 정신 가운데 성장한다. 은혜 가운데 성장하는 사람들은 더욱더 찬양과 예배에 자신을 드리고 자기 생각과 자기 이익에 대한 몰두는 점점 덜하게 된다. 여기에는 옛날식 저울 접시의 오르내림같이 또는 어린이의 시소놀이같이, 일종의 균형을 이루는 결과가 나타난다. 만일 우리의 교만과 자기 중심적인 생각이 증가하면 하나님을 찬양하는 일에 대한 우리의 관심은 감소할 것이다. 그러나 찬양에 대한 우리의 열심이 늘어나면 우리 자신이 중요하다는 의식은 줄어들 것이다. 그때에 우리는 바울의 발자취를 따르고 있을 것이다. 바울의 어떤 발자취인가 하면, 주후 57년이나 58년경에 고린도인들에게 편지를 쓰면서 자신을 "사도 중에 지극히 작은 자"라고 하였고, 주후 61년이나 62년 경에는 에베소인들에게 편지를 쓰면서 자신을 "모든 성도 중에 지극히 작은 자보다 더 작은 나"라고 하였고, 주후 65년이나 66년경에는 디모데에게 편지를 쓰면서 자신을 "죄인 중에 괴수"라고 하였던 그 발자취이다. 이 구절들은 바울의 자기 평가가 계속 절하되는 모습을 보여준다. 반면에 바울은 그의 서신들에서 끊임없이 송영을 발하는데,

그 송영은 그의 심령이 얼마나 열정적으로 하나님을 높이고 찬양하려고 하였는지를 보여 주는 것이다. 여기에서 우리가 바울에게서 배우는 교훈은 겸손하게 찬양하는 정신의 성장이 없이는 은혜 안에서의 성장도 없다는 것이다.

2) 우리는 인내의 정신 가운데 성장한다. 인내는 환난이 닥쳐올 때 흔들림 없이 견뎌내는 것이다. 우리는 우리 구주의 대적들이 집합하여 몰려오고 적대가 증가하여 우리 구주의 사역의 종말이 다 가오고 있을 때 우리 구주의 태도에서 이러한 인내를 본다. 이 같은 상황은 우리 구주를 멈추게 할 수 없었다. 구주께서는 이 모든 악한 상황들을 견뎌 내셨다. 우리는 이와 동일한 인내를 사도들과 교회사의 영웅들에게서 보며, 또한 오늘날 은혜 안에서 성장하고 있는 모든 사람에게서 본다. 히브리서는 환난을 받는 그리스도인들, 그리스도를 믿지 않는 유대인들의 도전적인 박해를 견뎌내야 했던 유대인 그리스도인들에게 쓰여진 편지였다. 히브리서 기자는 그들에게 "너희에게 인내가 필요함은 너희가 하나님의 뜻을 행한 후에 약속을 받기 위함이라"(히 10:36)고 말하는데, 이 말은 우리 모두를 위한 말씀이다. 여기에서 우리가 히브리서로부터 배우는 교훈은 인내하는 능력의 증가 없이는 은혜 안에서의 성장도 없다는 것이다.

3) 우리는 사랑의 정신 가운데 성장한다. 사랑으로 우리는 다른 사람들에게 관심을 갖고, 실제로 우리의 시간, 수고, 힘, 기도, 그리고 그 밖의 모든 자원을 바쳐 그들을 돕는 것이다. 여기에 있어서도 우리 주 예수님은 우리의 모범이 되신다. 사랑은 예수님께서 처음부터 끝까지 철저하게 행하신 사역이었다. 예수님께서는 언제나 첫째로 하나님, 둘째로 다른 사람들, 자신은 마지막이 되어야

한다는 원칙으로 사셨다. 심지어 마지막 고통인 십자가 위에서까지도 예수님께서는 여전히 다른 사람들에게 관심을 두셨다. 예수님께서는 병사들이 자신을 십자가에 못박을 때 그들을 위해 기도하셨다.

 십가가에 달리셨을 때, 예수님께서는 어머니를 보시며 요한에게 어머니를 돌보라고 부탁하셨다. 회개한 도둑이 예수님에게 말을 하였을 때, 예수님께서는 그 말에 관심을 갖고, 귀를 기울이시고, 그의 진실한 믿음을 발견하시고, "오늘 네가 나와 함께 낙원에 있으리라"(눅 23:43)는 약속으로 격려하셨다. 이 사랑은 자신을 한없이 주시는 사랑이었다. 여기에서 우리가 예수님에게로부터 배우는 진리는 사심 없는 사랑의 증가 없이는 은혜 안에서의 성장도 없다는 것이다.

 4) 우리는 투쟁의 정신 가운데 성장한다. 즉 오류에 대항하여 하나님을 위하여 싸우는 것이다. 은혜 안에서 성장하는 사람은 바울이 갈라디아서와 골로새서를 쓸 때 그러했던 것같이, 하나님의 백성을 유익하게 하기 위하여, 확고 부동함과 사랑을 겸비하고 하나님의 진리를 위해 싸울 준비를 갖추게 된다. 바울의 정신은 투쟁의 정신이었다. 그러나 무책임하게 여기저기에 싸움을 벌여 교회들을 분열시키는 선동자의 정신이나, 절대로 우리가 사이좋게 지낼 수 없는 비뚤어지고 고집센 그리스도인의 정신이 아니라, 성도들을 위해, 그리고 성도들의 영적 복지를 위한 신학적인 논쟁에 있어 진리를 위해 싸우는 목회적 투쟁의 정신이었다. 바울의 이러한 사역의 면에서 우리가 얻는 통찰력은 교회의 생존이 달린 진리들을 수호하고 선포하는 불굴의 정신 가운데서의 성장이 없이는 은혜 안에서의 성장도 없다는 것이다.

4. 성장의 방법

마지막으로, 하나님의 성장시키는 역사가 여러분의 삶과 나의 삶에 전달되는 성장의 수단은 무엇일까? 신학 교과서들은 일관되게 "은혜의 수단"에 대해 말한다. 은혜의 수단이라는 말은 하나님께서 우리의 삶을 변화시키고 원숙하게 하기 위하여 역사하시는 특별한 활동들을 표현하기 위하여 개혁자들이 고수했던 중세기의 어구이다.

은혜의 수단은 통상적으로 다음과 같이 목록화된다. 첫번째가 성경이다. 곧 우리가 전파하고, 받아들이고, 듣고, 읽고, 공부하고, 묵상하고, 마음에 두고, 우리 자신에게 적용하고, 기억 속에 쌓아 두고, 삶을 위한 지침으로 사용하는 성경이다. 두번째 은혜의 수단은 기도이다. 곧 찬양, 탄원, 중보, 감사, 호소, 대화, 묵상, 그리고 그 밖에 하나님께서 우리를 인도하시는 여러 가지 기도 방식들로 하나님과 교통하고 교제하는 규칙적인 훈련이다. 세번째 은혜의 수단은 하나님의 백성들과 함께 드리는 예배이다. 특별히 성찬식에서, 그리고 정기적으로 기도와 찬송과 함께 선포되는 말씀을 들으며 드리는 예배이다. 네번째 은혜의 수단은 주님의 가족 중 한 지체가 다른 지체를 섬기는 비공식적인 교제와 상호 나눔이다. 마지막으로 다섯번째 은혜의 수단은 권징이다. 곧 근본적으로 불행하지만 때로 피할 수 없는 사법적 과정과 파문 형태의 권징이 아니라, 근본적으로 목회적 지도와 영적 지도를 수반하는 훈련과 양육 형태의 권징이며, 오늘날 영적 생활의 훈련으로 칭해지는 바의 실천으로서의 권징이다(이 은혜의 수단들에 대한 가장 훌륭한 토론에 대해서는 Donald S. Whitney, *Spiritual Discipline for the Christian Life*: NavPress, 1991을 보라).

이 성장 활동들을 다룰 때, 우리는 성장이 이 은혜의 수단들을 통해 하나님으로부터 온다는 사실을 기억해야 한다. 그러므로 우리는 이 은혜의 수단들을 사용할 때, 이 수단들 배후에 존재하시는 주님을 바라보고 주님께서 우리의 영적 복리를 위해 그 은혜의 수단들을 축복해 주시기를 구해야 한다. 만일 우리가 이 성장의 활동들에 참여하는 것이 자체적인 어떤 마술적인 힘을 갖고 있다고 상상한다면, 우리는 즉시 길을 잃게 될 것이며, 아무리 설교를 많이 듣고, 많이 기도하고, 하나님과 교제하는 시늉을 하고 이웃 그리스도인들과 교제하는 시늉을 할지라도, 절대로 은혜 안에서 성장하지 못할 것이다. 우리는 은혜의 수단들을 미신적으로 사용하지 말고 신실하게 사용해야 한다. 우리는 우리의 주님이시며 구원자이신 예수 그리스도에게 우리의 눈과 믿음을 항상 고정하고, 정확하게 그분을 아는 지식 안에서 자라가야 한다. 이것이 은혜 안에서 성장한다는 말이 진실로 의미하는 바이다. 곧 항상 우리의 주님을 바라보는 눈과 주님 안에서의 소망을 가지고, 유명한 옛 기도가 말하는 바와 같이 "주님을 더 분명하게 뵙기 위해, 주님을 더 열렬하게 사랑하기 위해, 주님을 더 가깝게 따르기 위해" 쉼 없이 나아오는 것이다.

또한 우리는 은혜 안에서의 성장이 절대로 은혜를 넘는 것이 아니라 은혜에 의한 은혜 아래서의 성장이라는 사실과, 은혜는 하나님께서 죄인들을 풍요하게 하심을 의미하는데 바로 그 죄인들이 우리라는 사실을 기억해야 한다. 우리는 은혜 밖에서 성장하지 못한다. 절대로 우리는 매일매일 갈보리로 인해 하나님께 감사를 드리는 일을 그치거나, 죄인들에게 마땅한 지옥을 생각하며 하나님 앞에서 자신을 낮추는 일을 그치는 자리에 이르지 말아야 한다. 이 세상의 생활에는 완전한 무죄함이 존재하지 않는다. 완전한 무죄함은 영광의 소망의 한 부분이다. 이 세상의 삶에서 주님께서 우리에게 허용하시는 최선의 가능성은 항상 완전에 조금 이르지 못하는 것이다. 그러므로 우리는 끊임없이 하나님께 그 부족한 것을 용서해 달라고 청해야 한다. 여러분은 이 사실을 받아들일 수 있는가? 나는 이 사실이 은혜 안에서의 성장이라는 문제를 참되게 판단하는 데 있어 기본이라고 믿는다. 바울이 최선을 다하여 완전함에 이르려고 애쓰고 나서 자신의 한계가 자신의 생각하는 바에 전혀 이르지 못한다는 것을 깨닫고 한탄하는 로마서 7장 하반부를 이해했다면, 여러분은 내가 말하고 있는 바를 인식할 것이다. 우리가 아무리 은혜의 수단을 많이 사용한다 하더라도, 이생에서 결코 우리는 하나님 앞에서 달리 살 수 없고, 매일 용서를 받으며 살아야 하는 죄인들이 아니라고 할 수 없다. 하나님께서는 우리가 죄인이라는 말 외에 다른 말로 우리 자신에 대해 생각하는 것을 금하셨다.

성령을 통해 은혜 안에서 자라나는 진정한 성장은 우리 자신이 느낄 수 있게 우리를 매일매일 예수 그리스도에게 더 가깝게 인도할 것이며, 진실로 이러한 성장은 하나님께서 우리의 삶에서 역사하고 계신다는 표적일 것이다. 우리가 "주님을 더 분명하게 뵙고, 주님을 더 열렬하게 사랑하고, 주님을 더 가깝게 따를" 때, 우리는 우리의 구원자, 우리의 죄를 지신 분, 우리의 모범, 우리의 스승, 그리고 우리의 친구이시며, 우리가 그의 발자취를 따르기 위해 필요한 모든 힘과 능력의 원천이 되시는 예수 그리스도를 아는 지식 안에서 성장할 것이다. 이러한 성장은 하나님을 존귀하게 해드릴 것이며, 우리 영혼에 최고의 축복이 될 것이다. 이러한 성장이 여러분과 나의 것이 되기를 축원한다.

제 7 장
기도에 대한 몇 가지 교훈

　나는 "나의 기도의 길"에 대해 글을 써달라는 요청을 받고 크게 충격을 받았던 일을 기억한다. 내가 충격을 받은 이유는 그 주제가 비정상이기 때문이 아니었다. 나는 로버트 머레이 맥케인(Robert Murray McCheyne)의 "한 사람이 홀로 하나님 앞에 무릎을 꿇는 것, 그것이 전부이다"라는 말을 자주 인용했다. 맥케인과 마찬가지로 나도, 기도가 사람들에 대한 유일한 영적 척도 방법이므로 우리가 어떻게 기도하는가 하는 문제는 우리가 직면하는 가장 중요한 문제라고 믿는다. 나의 충격은 기도에 대해 말할 것이 아무것도 없었기 때문도 아니었다. 그 주제는 내가 상당히 자주 글을 썼던 것이었다. 또한 교사인 내가 그런 주제를 오랫동안 다루지 않았을 리가 없는 것이다.
　그렇다면 무엇이 나에게 충격을 주었을까? 바로 나의라는 말이었다. 요구된 주제는 나의 기도의 길이었다. 그들은 내가 기도를 잘 할 것이니까 당연히 모범이 될 수 있을 것이라고 가정하고 내가 어떻게 기도하는지 묘사해 달라고 부탁하는 것이었을까? 절대로 그렇지 않았을 것이다. 나는 어느 누구도 내가 나의 기도에 대해 느끼는 것처럼 유약하고 변덕스럽고 서툴게 기도하는 것으로 만족하기를 원하지 않았을 것이다. 또한 내가 기도하는 것을 묘사하는 것은 내가 내 아내를 어떻게 사랑하는가 하는 것을 세상에 이야기하는 것이라고 생각했을 것이다. 이런 은밀한 일들을 과시하는 것은 내 편에서 생각할 때는 불쾌한 노출 행위이고, 다른 사람들의 영적인 경험들을 (오늘날 불행하게 만연되어 있는) 몰래 훔쳐 보는 비영적인 취미에 영합하는 것이었을 것이다. 주님께서 나의 영혼을 위해 하신 일을 이야기하는 시편 기자(시 66:16)와 같이 하는 것과 나의 기도 실행을 돋보이게 하는 것은 다른 일—흥미를 줄지는 모르나 분명히 유익을 주지는 못하는 일종의 스트립쇼—인 것이다. 그래서 이제 나는 내가 하고자 하는 일을 쓰기로—즉 내가 기도할 때 실제로 내가 얼마나 잘 이행하고 있는지, 또는 잘못 이행하고 있는지는 전혀 신경 쓰지 않고, 내가 따르려고 애쓰고 있는 길에 대하여 쓰기로—결정했다.

나는 각 그리스도인의 기도 생활에는 우리가 일반적으로 말할 수 있는 공통요소들과, 다른 그리스도인의 기도 생활에서는 짝을 찾을 수 없는 독특성이 있다는 자명한 이치로 시작하고자 한다. 여러분은 여러분이고, 나는 나이기 때문에, 우리는 각각 하나님과 함께 하는 우리 자신의 방법을 찾아야 한다는 것이다. 지시들을 따르기만 하면 우리가 잘못할 수 없다고 주장하는 목공 기술 독습서나 요리책과 같이 우리가 공부할 수 있는 기도 설명서는 없다.

기도는 목수 일이나 요리와 같지 않다. 기도는 살아 계신 하나님과 하나님의 아들 예수 그리스도와 갖는 개인적 관계, 친밀한 교제를 적극적으로 실행하는 것이다. 따라서 기도를 하는 방법은 우리가 지배하는 것보다 하나님께서 더 많이 지배하신다. 결혼 지침서들과 마찬가지로 기도서들은 마치 완벽한 기술이 모든 난제들의 해답인 것처럼 미신적인 맹종으로 받아들여서는 안된다. 기도서의 목적은 그런 것이 아니라 노력해야 하는 일들을 제시하는 것이다. 다른 친밀한 관계들과 마찬가지로 기도에 있어서도, 우리는 우리에게 알맞은 방법들을 시행착오에 의해 발견해야 한다. 우리는 기도에 의해 기도하는 법을 배우는 것이다. 하나님에 대한 우리의 사모함으로 어떤 사람들은 보다 많은 말을 하고, 어떤 사람들은 보다 적은 말을 하고, 어떤 사람들은 계속하여 소리를 내어 기도하고, 어떤 사람들은 침묵의 기도를 좋아한다. 또 어떤 사람들은 방언에 몰두하는가 하면, 어떤 사람들은 방언을 하지 말라고 주장한다. 그러나 우리 모두는 하나님께서 우리에게 의도하시는 대로 기도하고 있다고 할 수 있다. 유일한 기도 법칙은 성경의 지침 내에서 기도하는 것으로, 돔 존 채프먼(Dom John Chapman)이 말한 바와 같이 이 성경의 지침 내에서 "우리는 우리가 할 수 있는 방법으로 기도할 수 있고 우리가 할 수 없는 방법으로 기도하려고 애쓸 필요가 없다."

1. 기도의 원리

성경의 기도 지침은 두 종류, 즉 원리와 모범이다. 여기에서 나는 몇 가지 신학적 원리들을 살펴보고자 한다.

첫째로, 그리스도인의 기도는 하나님과 대화를 통한 교통이다. 그리스도인의 기도는 성부와 성자와 성령에 대해 우리가 알고 있는 바를 은혜를 통해 응답하는 믿음의 실행이다. 이 믿음의 실행은 주로 다음과 같은 세 가지 사항에 의해 조장되고 촉진된다. 곧 (1) 감사와 찬양, (2) 고백과 간구와 중보를 불러일으키는, 자신과 다른 사람들의 부족한 것들에 대한 인식, 그리고 (3) 모든 중생한 심령에 존재하는, 하나님께서 존귀와 영광을 받으셔야 한다는(성경이 하나님을 칭송하는 것, 또는 하나님을 높이는 것으로 칭하는 기도로 이어지는) 열망이다. 그리스도인의 기도의 목표는 우리의 뜻을 행하도록 하나님을 조종하는 것이 아니라, 하나님께서 다른 모든 곳에서와 마찬가지로 우리의 삶에서도 자신의 뜻을 더 넓게 행하시도록 하는 것이다. 약속에 근거하는 간구는 이러한 기도의 진수로, 하나님께서 즐겨 고취하시고, 들으시고 응답하시기를 기뻐하시는 기도이다.

어떤 입장에서 볼 때 그리스도인이 하늘에 계신 아버지께 부르짖는 것은 성령께서 그의 안에서 역사하심으로 말미암는 본능이기 때문에, 그리스도인이 언제나 행하는 가장 자연스러운 일이다. 그러나 기도는 언제나 혼란과 낙심을 대적하여 싸우는 전투이며, 사단과 우리의 죄악에 대해서 죽는 것이다. 그러므로 기도는 쉬운 것이 아니다. 그리고 비록 자발성이 기도의 본질을 이루지만, 우리는 끈기 있게 기도의 훈련을 해야 한다. 이러한 집요한 기도의 훈련이 없을 때 기도는 혼잡스러워질 것이다—사단은 그렇게 되는 것을 간절히 보고 싶어한다! 기도가 하나님을 향한 마음의 집중과 하나님의 은사들과 하나님의 영광을 바라는 열망이 없는 형식적인 기계적이고 상투적인 일이 될 때, 그것은 절대로 진정한 기도가 아니다. 기도가 솟아나는 깨달음과 열망을 주시고, 기도의 말과 생각들을 주시고, 하나님께서 요구하시는 끈질김을 주시는 성령, 오직 이러한 힘을 주시는 성령을 통해서만 기도는 하나님께서 의도하시는 모든 것이 된다. 성경이 그리스도인들에게 특별히 "성령 안에서" 기도하라고 명하는(엡 6:18; 유 20절) 이유가 바로 이것이다.

과거에 나는 대화로서의 이 기도의 원리가 잘 알려진 것이라고 말했다. 그러나 현재 나는 내가 과연 옳았을까 생각한다. 오늘날 복음주의 전통을 제외하고는, 간구적인 기도 개념보다는 명상적인 기도 개념이 유력한 것으로 보이며, 복음주의 내에서는 하나님과의 교통이라는 정적주의(靜寂主義, quietism, 17세기의 신비주의적 신앙운동) 사상의 물결이 꾸준히 흐르고 있다. 많은 사람이 기도를 다음의 존 그린리프 휫티어(John Greenleaf Whittier)가 지은 찬송 식으로 이해하고 있다.

우리의 모든 악전고투가 끝날 때까지
주님의 고요하고 은밀한 이슬들을 맺으소서,
우리의 영혼에서 긴장과 압박을 제하시고
우리의 정돈된 삶으로 고백하게 하소서,
주님의 평안의 아름다움을.

이럴 때에 기도는 본질에 있어서 평온을 구하는 요청이 된다. 또 어떤 사람들은 루터교의 경건주의자 할레스비(O. Hollesby)의 『기도』(Prayer)라는 책을 즐겨 읽고 추천한다. 이 책에 대해서는 도날드 블로에쉬(Donald Bloesh)가 다음과 같이 정확하게 기술한 바 있다:

> 기도 생활에 존재하는 투쟁에 대한 할레스비의 인식에도 불구하고, 그의 영성에는 복음주의적 요소보다 정적주의(quietism)의 신비주의적 요소가 더 지배적이다. 그에게 있어서 이 투쟁은 괴로운 부르짖음이 아니라 고통 없는 굴복이었다고 생각되는 경우가 너무나 종종 나타난다. 성령의 역사가 너무 강조되다 보니 인간의 노력은 상대적으로 작아진다. 할레스비에게 있어서 기도는 끝없는 전투라기보다는 우호적인 대담이다. 비록 기도의 씨름에 대해 말하고 있지만, 그는 우리가 하나님과 씨름하는 것이 아니라 우리 자신과, 세상의 혼란과 씨름하는 것이라는 사실을 분명히 나타낸다. 할레스비에게 있어서 기도의 본질은 "하나님을 향한 우리 마음의 자세", "거룩한 수동성"이다(*The Struggle of Prayer*, 1980, p. 151).

하나님께서 우리에게 단지 스스로 의롭다고 하고, 자신의 권리를 주장하려는 시도들만 버리라고 요구하시는 것이 아니라 의로워지고 자신의 권리를 얻으려는 모든 노력까지도 버리라고 요구하시며, 긴장을 푸는 응답이 항상 하나님과의 참된 친교와 하나님의 능력을 경험하는 길이라는 사상이 오늘날 매우 일반적이라고 나는 알고 있다. 그런데 나는 이런 사상이 심히 걱정스럽다고 고백한다.

1940년대 중반에 나는 초심자 그리스도인으로 당시에 유행하는 정적주의를 받아들이려고 노력하면서 이 사상이 전혀 비실제적이라는 것을 발견했다. 나는 내가 무엇인가 잘못되었다는 생각에 거의 머리가 돌 지경이었다. 그때에 나는 성공회 신자 라일(J. C. Ryle), 청교도 존 오웬(John Owen), 그리고 종교개혁자 존 칼빈(John Calvin)의 저서들과 접하게 되었고, 그 책들은 나에게 성경적인 그리스도인의 경험은, 누가 무엇이라고 하든지, 처음부터 끝까지 적극적인 전투―내적으로는 육체와 싸우는 전투이고(갈 5:16, 24), 외적으로는 세상과 싸우는 전투이고(롬 12:1-2; 요일 2:15-17), 이 두 싸움 모두에 있어 마귀를 대적하고 있는 전투(벧전 5:8)―라는 사실을 가르쳐 주었다.

이 전투를 인식하고 받아들이는 것이 영적 진정성과 활력을 판단하는 척도이며, 세상을 떠나기 전까지 로마서 7장 하반부의 내용에서 면제될 수 있는 그리스도인은 아무도 없다고 위의 저자들은 주장했다. 또한 그들은 실천적인 표준의 한 진리를 제시해 주었고, 그 후에 폴시트(P. T. Forsyth)가 그의 작지만 위대한 저서 『기도의 정신』(*The Soul of Prayer*)에서 나를 위해 이 진리를 신학적으로 다루어 주었다. 그 진리는 우리가 기도할 때 하나님께서 실제로 우리에게 저항하시는 수가 있는데 하나님께서 저항하시는 목적은 우리로 하나님의 저항을 극복하여 결국 하나님을 더 깊게 의지하고 하나님에게서 더 큰 부요함을 얻는 자리에 이르게 하려는 것이라는 진리이다(야곱의 씨름과 욥의 외침과 불의한 재판관의 비유를 생각해 보라). 그러므로 이제 나는 수동성—지적인, 감정적인, 또한 의지적인 수동성—을 조장하는 가르침을, 믿음에 대한 성경의 가르침을 그릇되게 이해한 비영적이며 불건강한 가르침으로 거부한다. 나는 모든 진정한 순종과 마찬가지로 진정한 기도란 우리가 여러 가지 반대와 싸우며 나아가는 부단한 전투라고 본다. 그러므로 아무리 우리가 발전했다 할지라도, 우리는 항상 자신의 불완전과 미완성을 깨달으며, 아무리 멀리 나아갔다고 할지라도 또 나아가야 하는 것이다. 나는 반세기 동안 이 진리를 주장해왔다. 그러나 이 진리가 소수의 생각으로 잔존하지 않을까 걱정한다. 그렇지만 우리는 계속 앞으로 나아가야 한다.

2. 성경에 나타나는 기도의 모범들

성경은 수많은 기도의 모범들—150편의 시편들, 주기도문, 그리고 아브라함에서 바울에까지 이르는 성도들의 기도들—을 수록하고 있다.

이 모범들을 고찰하며 우리는 성공회의 기도서가 마치 부모들이 자녀들이 성장하기를 바라며 사는 큰 의복과 같다고 말한 토마스 풀러(Thomas Fuller)를 생각한다. 똑같은 말을 이 성경의 기도들이 제시하는 행동하는 거룩한 심령들의 표현들에 대해 훨씬 더 큰 진리로써 말할 수 있다. 특별히 주기도문은 모든 진실한 그리스도인의 기도가 따라야 하는 목표들과 열망들의 귀감을 보여준다. 나 자신의 기도에서 나는 다음과 같은 자문을 반복하는 것이 유익하다는 것을 발견한다: '나의 기도는 주기도문에 제시되는 바를 모두 말하고 있는가? "이름이 거룩히 여김을 받으시오며, 나라이 임하옵시며, 뜻이 하늘에서 이룬 것같이 땅에서도 이루어지이다"라는 기도가 하나님에게 내가 말하는 일들의 요지가 되었는가?' 또한 내가 하나님에게 하는 모든 말이 공허하고 무의미하다는 느낌에 의해 당혹감에 빠지거나, 말문이 막힐 때, 주기도문의 각각의 절을 상세히 설명하면서 주기도문을 되짚어 보는 것이(청교도들이 "가지를 분기하는 것"〈branching〉이라고 칭했고, 루이스〈C. S. Lewis〉는 " 꽃줄을 잇는 것"〈festooning〉이라고 칭한 일) 기도를 다시 시작할 때 절대로 확실한 방법이라는 것을 발견했다.

시편들에 대해 생각해 보자. 나는 그리스도인들이 시편들을 적용하는 방법을 찾는 데 항상 흥미를 갖고 있다. 왜냐하면 내가 회심 후에 시편들에서 평안함을 얻기까지 여러 해가 걸렸기 때문이다. 왜 그랬을까? 내가 생각하기에 그 이유는 두 가지이다. 첫째로, 내가 앞에서 말했고 시편들이 구체적으로 표현하고 있는 삶을 전투로 보는 견해가 내 머리에는 뿌리를 금방 내렸으나 나의 마음에 뿌리를 내리는 데는 오래 걸렸기 때문이었다. 뿐만 아니라, 질서 정연, 자의식의 균형, 그리고 자제가 경건의 필수 요소들이라고 생각하는 중산 계급의 그릇된 의식, 대부분의 시편들을 세련되지 못하다고 생각하게 하는 오해가 나의 머리와 나의 마음을 훨씬 더 오랫동안 사로잡고 있었기 때문이었다. 그러나 차츰 시편 기자들의 도움의 요청, 그들의 불평, 죄의 고백, 침체, 의기소침, 하나님에 대한 찬양, 하나님에 대한 사랑의 외침, 하나님께 대한 도전과 헌신, 그리고 오직 하나님에게만 두는 소망은 내 기도의 감정이 되었다. 지금 나는 이 감정이 모든 사람의 기도의 감정이 되었으면 얼마나 좋을까 생각한다.

내가 따르기 위해 애쓰는 기도의 모범은 다음과 같이 목록화될 수 있다.

첫째로, 기도는 대화이다. 나는 인간으로 창조주에게, 종으로 주님에게, 아들로 아버지에게, 친구로 친구에게(요 15:13-16,

20:17을 보라), 하나님에게 말씀을 드릴 수 있는 특권을 갖고 있다.

둘째로, 기도는 삼위일체적인 실행이다. 나는 성자의 중재와 성령의 능력 주심을 통해 성부에게 기도를 드린다. 나는 적절할 때, 즉 성경이 성자, 또는 성령의 직접적인 관심사라고 구체적으로 명시하는 일들에 대해 기도할 때에는 성자와 성령께 직접 기도를 드릴 수도 있다.

셋째로, 기도는 양방의 교제 방식에 있어 인간 쪽의 응답이다. 그리스도인들이 사랑하고 섬기는 삼위일체 하나님께서는 편지(성경)로 뜻을 전달하시고, 우리는 전화(기도)로 대답을 한다고 할 수 있다. 언젠가 우리는 우리 주님을 직접 뵙고 말을 하게 될 것이다. 그러나 현재 우리의 하나님과의 교제 관계는 이렇게 진행된다.

넷째로, 기도는 송영, 즉 하나님께 영광과 경배를 드리는 일이다. 하나님을 존귀하게 해드리고 높여 드리기 원하고, 다른 사람들도 그렇게 하는 것을 보고 싶어하는("이름이 거룩히 여김을 받으시오며") 열망은 기도의 핵심이다.

다섯째로, 기도는 두 색조의 언어 형태를 취한다. 즉 기도에서 하나님에 대한(하나님께서 누구이시고, 어떤 일을 행하셨고, 또 어떤 일을 행하실 것인가에 대한) 깨달음에 의해 유발된 찬양은 부족함의 깨달음에 의해 일어나는 간구와 교차한다.

여섯째로, 기도는 성령의 분발시키시는 작업이다. 성령의 도우심이 없다면, 우리는 절대로 기도를 드릴 수 없다. 그러나 성령께서는 조금도 어렵지 않게 우리의 심령을 하나님께로 높여, 하나님에게 집중하도록 도우신다. 통성 기도는 유익하다. 기록들은 청교도들, 감리교인들, 그리고 찰스 피니(Charles Finney)와 같은 지도자들이 목소리를 높여 기도했다고 한다. 한 청교도 목사에게 기도실이 딸린 농원이 있었는데, 그 기도실에서 그는 매우 큰소리로 기도를 드렸기 때문에 농원에 있는 모든 사람이 그가 자신들에 대해 하나님께 하는 말을 다 들을 수 있었고, 이 기도가 그들에게 큰 유익을 주었다고 한다. 그러나 나는 이러한 기도를 따르기를 주저한다. 은밀한 기도는 은밀하게 드려야 한다(마 6:5을 보라). 그러나 분명히 통성기도는, 집중하는 데 도움이 된다.

일곱째로, 기도는 활력의 수단이다. 영적 각성, 활기, 확신은 어떤 제목에 대한 진지한 기도의 불변의 부산물이다. 청교도들은 기도를 영혼이라는 기계에 기름을 치는 것이라고 말했다.

마지막으로, 기도는 상급이다. 왜냐하면 기도에 대한 확실한 응답은 다른 무엇도 주지 못하는 기쁨과 격려를 주기 때문이다.

3. 기도의 실용성

매우 실제적인 방법으로 우리의 기도에 도움을 주는 몇 가지 사항들이 있다. 첫째로, 우리는 **성령의 도우심**을 의지할 수 있다. 우리는 각각의 상황에서 하나님께 요청을 해야 하며, 성령의 우리의 기도와 관련된 여러 가지 사역들에 더하여 우리로 주님 앞에서 진실을 진술하도록 인도하는 것도 성령의 임무라는 사실을 인정해야 한다. 종종 우리는 특별한 인도를 받지 않고 단지 일반적인 말로 필요한 것을 구하는 기도를 드린다. 그러나 때때로 성령께서는 매우 특별한 소망을 일으키시고, 우리로 비범한 확신을 가지고 요청하도록 인도하신다.

여기에서 두 가지 개인적인 실례를 소개해 보고자 한다. 내가 교장으로 있던 신학 대학이 감독의 명령에 의해 문을 닫아야 했던 적이 있었다. 우리 공동체는 이 문제를 놓고 하루를 기도하기로 정했다. 그날 두 시간이 지났을 때 나는 정확하게 무엇을 하나님께 구해야 할 것인가를 내가 알고 있다는 것을 깨달았다. 그것은 다른 대학과의 합병을 구체적으로 구하는 것이었는데 너무 흔치 않은 일이었기 때문에 실현 불가능해 보이는 요청이었다. 당시 나는 이 기도 제목을 아무에게도 이야기하지 않았다. 그러나 나는 이 비전을 철저하게 고수하였고, 일 년이 안되어 내가 기도하도록 인도받은 일이 이루어졌다. 할렐루야! 또 한 가지 예는 검사하는 수술을 받기 위해 병원에 입원한 친구를 위해 기도한 일이었다. 암의 증상들이 나타나고 있었다. 많은 사람이 그를 위해 기도했다. 나는 상황을 하나님 앞에 아뢰며, 내가 구체적으로, 그리고 확신 있게 치유의 기적을 구하는 기도를 드리도록 이끌림을 받는 것을 발견했다(그렇게 확실하게 치유의 기적을 구한 것은 나의 생애에 있어 단 한 번 뿐이었다). 주일 아침에 교회에서 집으로 걸어오며 그 기도를 다시 드리고 있을 때, 나는 그 기도가 들으신 바 되었으므로 계속 조를 필요가 없다는 말씀을 내가 듣고 있음을 느꼈다. 월요일 아침의 수술은 암의 흔적이 전혀 없다고 판명됐다. 다시 할렐루야! 우리는 항상 우리가 기도드리며 구하는 일들에서 하나님의 인도를 받기 위해 의식적으로 마음문을 열고 있어야 한다.

또한 우리는 묵상과 기도 간의 연결에서도 유익을 얻을 수 있다. 하나님의 임재 가운데 하나님에 대하여 생각하는 것을 의미하며 내가 사용하는 말인 묵상은 하나님께 직접 말씀을 드리는 것을 준비시켜 주는 유용한 수단이며, 우리에게 정기적으로 필요한 수단이라고 생각된다.

이 세상에서 유명 인사들과 면담할 때 어떤 의식 절차가 있는데, 그 의식 절차는 그 명사에 대한 존경을 나타내는 것일 뿐만 아니라 그 면담에서 가장 큰 유익을 얻기 위함이기도 하다. 그런데 하나님의 광대하심과 은혜, 그리고 우리 자신의 죄악됨과 초라함을 잠시 깊이 생각함이 없이 하나님에게 돌진하여 마구잡이로 우리의 생각에 대해 지껄여대는 것은 곧 하나님을 모욕하는 것이며 하나님과 우리의 교제를 천박하게 만드는 것이다.

　나는 기도를 시작하기에 앞서 성경을 읽고, 내가 읽은 내용이 나에게 하나님에 대하여 무엇을 나타내는지 충분히 생각하고, 그 비전을 찬양으로 바꿈으로 내가 필요한 것에 대한 기도의 실마리를 여는 것이 유익하다고 생각한다. 입을 열어 하나님께 말씀을 드리기에 앞서 잠깐 경건한 생각을 하는 것은 이어지는 하나님과의 교제를 질적으로 크게 다르게 한다. 하나님께서 누구이신가를 기억하고 다시 생각하는 것은 절대로 시간 낭비가 아니고, 오히려 하나님을 아는 데 있어 지극히 중요한 수단이다.

　우리는 상상으로 응답 못 받은 기도의 문제에 의해 낙심할 필요가 없다. 내가 "상상으로"라고 말하는 이유는 상상을 거부하기 때문이다. 불신자들의 기도를 들으실 의무가 없으신 반면에, 자신의 자녀들의 기도에 응답하신다는 하나님의 약속은 절대적이며 총괄적이다. 따라서 하나님의 영광과 다른 사람들의 유익을 구하는 그리스도인들의 경건한 간구에 대한 하나님의 모든 응답이 항상 쌀쌀맞은 "안돼"라고 생각하는 것은 분명히 잘못된 것이다. 여기에 있어서의 진리는 다음과 같은 것이다: 곧 신자가 하나님 앞에 어떤 필요한 상황을 말씀드릴 때 하나님께서는 항상 긍정적으로 행동하신다. 그러나 구하는 것에 대해 항상 동일한 방법으로, 또는 동일한 속도로 행동하시지는 않는다. 그 필요한 것을 충족시키심에 있어 하나님께서는 가장 선하다고 생각하실 때에 가장 선하다고 알고 계시는 일을 행하신다.

　불의한 재판관의 비유는 하나님께서 택한 자들이 탄원하는 응보에 대한 하나님의 대답이 "기다리라"는 것임을 보여준다(눅 18:1-8). 따라서 다른 간구들에 대해서도 하나님께서 "기다리라"고 말씀하실 수 있는 것이다. 바울이 육체의 가시를 치유해 주시기를 구하였을 때 그리스도께서 "내 은혜가 네게 족하도다 이는 내 능력이

약한 데서 온전하여짐이라"고 바울에게 하신 말씀은(고후 12:7-9) "안돼"라는 의미였지만, 단순히 "안돼"라는 것은 아니었다. 그 말씀은 바울이 기대했던 것은 아니었지만, 바울이 구했던 치유보다 더 좋은 것을 주신다는 약속이었다. 우리도 하나님께 상황들을 변화시켜 주시기를 구하고, 하나님께서 우리의 구하는 것 대신으로 행하신 바가 우리에게 변하지 않은 상황들을 감당할 힘을 주신 것임을 발견하게 될지 모른다. 이 응답은 단순히 "안돼"라는 것이 아니라, 우리 기도에 대한 가장 긍정적인 답이다.

나는 나의 어린 시절의 한 장면을 기억한다. 나의 열한번째 생일이 다가올 때, 나는 부모님에게 내가 성인용 자전거를 원한다는 사실을 노골적인 암시들로 알렸다. 그러나 부모님은 성인용 자전거가 너무 이르다고 생각하시고, 타이프라이터를 선물하셨는데, 그 타이프라이터는 실제로 가장 좋은 선물이었고, 나의 소년 시절에 가장 소중한 소유물이 되었다. 그것은 훌륭한 부모님의 배려였고, 자전거라는 나의 요구에 대한 가장 긍정적인 응답이었다. 우리의 구하는 것이 가장 좋은 것이 아닐 때, 우리의 요구를 더 나은 것으로 바꾸신다.

존 뉴턴(John Newton)은 이렇게 기술했다:

나는 주님께 구했다,
믿음과 사랑과 모든 은혜 안에서 성장하고,
주님의 구원을 더 많이 알고,
주님의 낯을 더 많이 찾게 되기를.

주님께서 즉시 어떤 은혜로운 때에
나의 요청을 응답하실 것으로 나는 생각했다,
그리고 주님의 강권적인 능력으로,

나의 죄를 정복하고 평안을 주실 것으로.

주님은 그렇게 하는 대신 나로
내 안에 감추인 악을 느끼게 하시고,
무서운 지옥의 세력들이 사면으로
나를 공격하게 하셨다.

"주여, 왜입니까? 당신의 벌레를
죽이시렵니까?" 나는 떨며 외쳤다.
"이것이 나의 방식이다" 주님은 대답했다
"나는 은혜와 믿음을 구하는 기도에 응답한다."

"이 내적인 시련들을 사용하여,
자아와 교만으로부터 너를 자유케 하리라,
그리고 너의 모든 땅의 기쁨을 꺾음으로,
내 안에서 네 모든 것을 찾게 하리라."

우리는 항상 우리의 기도들에 대한 응답을 감사하는가?
마지막으로, 우리는 **협력 기도의 중요성**을 잊지 말아야 한다. 여기에서 내가 생각하는 것은 기도회와 같은 보다 넓은 교제(그런 모임이 성경적이고 바람직한 것은 분명하지만)가 아니라, 하나님과 동료 그리스도인 모두에게 헌신적인, 같은 마음을 가진 그리스도인과 함께 드리는 기도의 특별한 유익이다. 청교도들은 "가슴속에 간직하는 친구"(bosom friend)의 필요성과 가치에 대해 자주 말했다. 곧 우리가 모든 것을 함께 나눌 수 있고 실제로 나누는 친구, 그리고 우리에게 도움을 주는 방법으로 우리와 함께, 우리를 위해 기도할 수 있는 친구를 말하는 것이다. "가슴속에 간직하는 친구"와 함께 기도해 본 적이 있는 사람은 청교도들이 말하는 것이 진실이라는 것을 안다. 이런 동반자를 얻은 사람은 행복한 사람이다. 그리고 이런 동반자를 전혀 찾지 않는 사람은 어리석은 사람이다. 많은 다른 활동에서와 마찬가지로 기도에 있어서도 두 사람씩 짝을 지어 여행하는 것이 유익하다.

제 8 장
와서 예배하라

　우리는 예배가 그리스도인의 가장 중요한 활동이라는 말을 끊임없이 듣는다. 의심할 바 없이 사실이다. 그러나 예배가 무엇인가? 우리 문화는 예배에 대해 전혀 아는 것이 없이 예배를 그리스도인들이 교회에서 흥미 없이 행하는 것으로 간단히 처리해 버린다. 그러므로 우리 문화의 자손인 우리 자신들도 현재 예배에 대해 무지할지라도 놀라운 일이 아닐 것이다. 그러나 나는 이 가능성을 인식하지만 아무것도 기정 사실로 인정하지 않고 본 장을 시작하고자 한다. 예배에 대한 건전한 이상들을 형성하는 첫번째 단계는 예배의 본질을 명확히 하는 것이다. 그러므로 우리는 먼저 예배가 무엇인가를 알아보고자 한다.
　예배라는 말의 역사는 우리에게 해답을 제시한다. 예배라는 영어 명사 'worship'은 'worthship'(가치 있는 일)의 단축형이다. 동사로 사용될 때 이 단어는 "~에게 가치를 돌리다" 또는 "가치를 인정하다"는 의미이다. 하나님을 예배하는 것은 하나님의 가치 또는 존귀하심을 인정하는 것 — 하나님을 바라보며 우리가 보는 바의 가치를 모든 적절한 방법들로 인정하는 것 — 이다. 성경은 이 활동을 하나님을 영광스럽게 하는 것 또는 하나님께 영광을 드리는 것이라고 칭한다. 성경은 예배를 우리의 궁극적인 목적으로 보고, 또 어떤 관점으로는 우리의 전적인 의무로 본다. "여호와의 이름에 합당한 영광을 그에게 돌릴지어다"(시 29:2; 96:8). "너희가…무엇을 하든지 다 하나님의 영광을 위하여 하라"(고전 10:31).

성경은 하나님께 영광을 돌리는 일을 다음과 같은 여섯 가지 활동으로 본다:

(1) 하나님의 하나님되시는 모든 점을 인하여 그리고 하나님이 이루신 모든 일을 인하여 하나님을 찬양하는 것.
(2) 하나님의 은사들과 우리에게 향하신 선하심을 인하여 하나님께 감사를 드리는 것.
(3) 하나님께 우리 자신과 다른 사람들의 필요한 것들을 채워주시기를 청하는 것.
(4) 하나님께 우리의 예물과, 우리의 봉사와 우리 자신을 드리는 것.
(5) 읽혀지고, 설교되는 하나님의 말씀에서 하나님에 대해 배우고 하나님의 음성에 순종하는 것.
(6) 공적인 신앙고백으로 그리고 하나님께서 우리를 위해 행하신 바를 간증함으로 다른 사람들에게 하나님의 "가치"를 이야기하는 것.

우리는 이 예배의 기본 요소들이 다음과 같은 말들로 표현된다고 말할 수 있다: (1) "주여, 주님께서는 놀라우십니다", (2) "주여, 감사합니다", (3) "주여, 제발 주시옵소서", (4) "주여, 받으시옵소서", (5) "아멘, 주여", (6) "모든 자여, 들으라!" 시편들은 이 여섯 가지 표현을 풍성하게 예증하고 있다.

1. 하나님을 향한 찬양과 하나님에 대한 찬양

따라서 가장 넓은 의미로 받아들일 때 예배는 우리가 때때로 실감하는 그 이상을 포함한다. 즉 찬양뿐만 아니라 간구도 포함하며, 기도뿐만 아니라 설교도 포함하며, 말하는 것뿐만 아니라 듣는 것도 포함하며, 말뿐만 아니라 행동도 포함하며, 드리는 것뿐만 아니라 순종하는 것도 포함하며, 하나님을 사랑하는 것뿐만 아니라 다른 사람들을 사랑하는 것도 포함하는 것이다. 그러나 예배의 근본적 활동들은 하나님께 직접적으로 초점을 맞추는 활동들―하나님께서 우리에게 단순히 "그분"이 되시는 것이 아니라, "당신"이 되시는 활동들―이다. 이 말은 우리가 이 세상에서 행하는 하나님을 위한 일이 찬양과 기도와 헌신 가운데 하나님과 나누는 직접적인 교제를 대신할 것으로 상상해서는 안된다는 의미이다. 우리는 종종 어떤 관점으로 볼 때, 다른 사람들에게 그리스도를 증거하는 일이 하나님을 영광스럽게 하는 예배 활동이라고 역설한다. 실로 복음 전도는 극히 중요한 일이다. 그러나 우리가 단지 하나님에 대하여 말할 뿐만 아니라 하나님에게 말하는 예배의 다른 활동들이 훨씬 더 중요한 일이라는 사실을 깨달을 필요가 있다. 사랑 가운데 우리 이웃들과 교제하는 것은 기본적인 의무이다. 그러나 사랑 안에서 하나님과 교제를 갖는 것이 훨씬 더 중요한 기본 의무라는 사실은 아무리 강조해도 과하지 않다.

두번째 강령이 중대하다면, 첫번째 강령은 더 중대하다. 하나님 앞에서 하나님의 귀하심을 인정하며 하나님과 나누는 교제 활동들은 참으로 살아 있는 믿음의 심장 박동이다. 더욱이 그리스도인들이 이 세상에서 자신들의 사역을 위한 비전과 힘을 얻는 것이 바로 이 하나님과의 직접적인 교제 활동으로 말미암는 것이다. "최선의 사랑을 하는 사람이 최선의 기도를 드린다"는 말은 진리이다. 그러나 "최선의 기도를 드리는 사람이 최선의 사랑을 한다"는 말은 훨씬 더 깊은 진리이다.

글을 쓰고 있는 나의 책상 위에는 발렌타인데이에 사랑하는 사람을 즐겁게 하는 방법에 대해 어떤 학생이 쓴 제안들이 놓여 있다. 그중에 하나는 "당신이 그를 맨 처음 만났던 때에 대하여, 당신의 반응들이 어떠했는지에 대해, 그후 내내 당신이 어떠했는지, 그리고 지금 당신이 그에 대하여 어떻게 느끼는지에 대해…편지를 써서 보내십시오"라는 것이다. 또 다른 제안을 보면, "시를 쓰십시오…만일 당신이 시를 쓰지 못한다고 생각되면…다른 사람이 쓴 시를 사용하십시오"라고 한다. 기독교는 우리 주님과 나누는 일종의 사랑의 사건이다. 그러므로 우리가 위의 제안을 따라, 시편과 찬송가, 그리고 조지 허버트(George Herbert)와 같은 사람들의 시의 도움을 빌려 주님께 우리의 관계에 대해 이야기하면서 더 많은 날들을 발렌타인데이로 바꾸면 바꿀수록, 우리와 주님의 관계는 더 풍성하고 더 기뻐질 것이다. 사랑을 표현함으로 예배는 사랑을 새롭게 하는데, 우리 주님과 성부에 대한 사랑이 새로워짐으로 그리스도인은 아무도 모르는 가장 큰 기쁨을 얻는다.

신약성경은 기독교회를, 섬기기 위해 구원을 받은 백성으로 보고, "우리 주 예수 그리스도의 은혜"를 중심 주제로 하는 기도와 찬양을 기독교 예배의 기본 형태로 간주한다. 베드로는 신자들이 은혜로 말미암아 "산 돌같이 신령한 집으로 세워지고 예수 그리스도로 말미암아 하나님이 기쁘게 받으실 신령한 제사를 드릴 거룩한 제사장이 될지니라…오직 너희는 택하신 족속이요 왕 같은 제사장들이요 거룩한 나라요 그의 소유된 백성이니 이는 너희를 어두운 데서 불러내어 그의 기이한 빛에 들어가게 하신 자의 아름다운 덕을 선전하게 하려 하심이라"(벧전 2:5, 9)고 말한다. 이 마지막 어구는 복음전도로 다른 사람들 앞에서 선포하는 것을 나타낼 것이다. 그러나 고려되고 있는 주요 사항은 분명히 하나님의 위대하심과 선하심을 즐겁게 기억하고 하나님의 놀라운 활동들을 감사함으로 열거하면서 하나님 앞에서 찬송을 부르는 것이라고 생각된다. 이와 유사하게 히브리서의 기자는 다음과 같이 역설한다: "이러므로 우리가 예수로 말미암아 항상 찬미의 제사를 하나님께 드리자 이는 그 이름을 증거하는 입술의 열매니라"(히 13:15). 찬양은 교회의 가장 중요한 과업이다. 왜냐하면 하나님의 모든 구속의 역사의 목표는, 바울이 말하는 것처럼 "그의 은혜의 영광을 찬미하게 하려는 것"이며, "그의 영광을 찬미하게 하려는 것"이기 때문이다(엡 1:6, 14). 요한계시록 4장에서는 (아마 12족장과 12사도에 의해 선도를 받는 집단인, 구약과 신약의 교회를 대표하는) 이십사 장로들이 다음과 같이 찬양을 하며 하나님께 경배를 드린다:

"우리 주 하나님이여
영광과 존귀와 능력을 받으시는 것이 합당하오니
주께서 만물을 지으신지라…"(4:11).

그리고 다음 장에서 이들은 "죽임을 당하신 어린양이 능력과 부와 지혜와 힘과 존귀와 영광과 찬송을 받으시기에 합당하도다"(5:12)라고 찬양한다. 이것이 이 세상뿐만이 아니라 다음 세상에서도 드릴 기독교 예배의 내용이다. 기독교 예배의 내용은 하나님과 어린양의 귀하심, 창조의 영광, 그리고 십자가의 더 큰 영광을 선포하는 것이다.

예배는 교회의 중심 과업이다. 따라서 예배는 그리스도인의 가장 중요한 소명이라는 의미에 있어서 모든 그리스도인의 필생의 과업이다. 예배는 단조롭고 고된 일이 아니라, 우리가 앞에서 본 바와 같이, 그 반대로 신자의 가장 고귀한 기쁨의 원천이다. 이 말은 단조롭고 상투적인 말이 아니라, 엄숙한 진리이다. 회심하지 않은 사람들은 예배의 외적인 활동들을 지루하고 따분하게 생각한다. 그러나 중생한 사람들에게 예배는 기쁨이다. 우리가 주님을 뵙게 되는 천국에서 예배는 우리의 기쁨일 것이다. 그리고 이 땅에서 미리 예배는 우리의 기쁨이 될 수 있다. 성공회 전통에서는 매주일 신자들이 서로 말과 찬양으로 이렇게 다짐한다: "우리의 구원의 힘 안에서 건강하게 기뻐합시다." 이 기쁨은 성공회 교인들만을 위한 것이 아니라, 모든 그리스도인이 이 기쁨을 함께 나누어야 한다. 만일 우리가 하나님을 우리의 구원자로 알고 있다면, 많은 시편들이 매우 생생하게 나타내는 바와 같이, 예배의 모든 순서들은 기쁨을 일으킬 것이다. 왜냐하면 예배는 중생한 자들에게 자연 발생적인 것이기 때문이다—우리는 중생한 사람들에게 예배가 본능적인 것이라고까지 말할 수 있다. 예배는 중생한 사람이 할 수 있는 가장 만족스러운 일이다. 그리스도인들의 심령이 하나님의 예배에서 떠날 때, 그는 절대로 완전한 만족을 얻지 못하고, 행복할 수도 없다.

부모와 자녀의 관계, 그리고 아내와 남편의 관계는 사랑의 관계이다. 이 사랑의 관계에서 사랑을 받는 사람이 말하는 사랑의 표현은 이 관계의 완전성을 특징짓는 것이며, 부모와 자녀, 또는 남편과 아내 모두에게 기쁨을 가져다 준다. 신약성경이 종종 그리스도와 혼인한 사람들로 묘사하는 하나님의 자녀들도 이와 유사하게 사랑의 관계에 사로잡혀 있는 사람들이고, 하나님의 자신들을 향한 사랑과 자신들의 하나님을 향한 사랑을 하나님에게 말씀드리는 것에서 가장 고귀한 기쁨을 얻는 사람들이다. 이것이 내가 앞에서 역설한 발렌타인데이 비유의 요점이며, 그리스도인이 경험하는 사실—움직일 수 없는 사실, 확고한 사실, 보편적인 사실—이다. 만일 이것이 우리 자신이 경험하는 사실이 아니라면, 우리는 우리가 정말로 그리스도인들인가 자문해 볼 필요가 있다. 만일 우리가 하나님을 찬양하는 기쁨에 생소하다면, 분명히 우리는 오늘이나 내일이나 또 언제까지라도 다른 사람의 예배 기준들과 형식을 논할 자격이 없다. 예배 형식에 대한 최근의 많은 논란들―교회에서 드리는 기도를 기도서로 드려야 하느냐, 즉흥 기도로 드려야 하느냐, 냉정하고 간결하게 드려야 하느냐, 열정적이고 논리적으로 드려야 하느냐, 하나님을 "thee"라고 칭해야 하느냐, "you"라고 칭해야 하느냐, 오래된 교훈적 찬송가를 불러야 하느냐, 현대의 찬송가를 불러야 하느냐 등―은 하잘것없는 천박한 수준에 머물러 있는데, 그 이유는 하나님에 대한 사랑과 감사를 표현하기 위해 언어를 사용하는 진정한 기쁨이 논의에서 빠져 있기 때문이다.

2. 성령으로 예배하는 것

예배가 본질적으로 응답―하나님께서 우리에게 자신을 계시하실 때에 하나님께 대한 응답―이라는 사실은 명확하다. 따라서 예배는 지식을 전제로 한다. 기독교 예배는 창조와 구속에 대한 성경의 진리와 성령에 의해 우리에게 실제적으로 받아들여지는 신약성경의 예수님에 대한 진리를 아는 지식이 있는 곳에서만 존재한다. "아버지께 참으로 예배하는 자들은 **신령**과 **진정**으로 예배할 때가 오나니 곧 이때라"고 예수님께서는 사마리아 여인에게 말씀하셨다(요 4:23). 이 말씀으로 예수님께서는 인간의 죄를 지시는 구세주, 주님, 그리고 친구로서의 자신의 사역을 통해, 예배가 새로운 기초 위에 세워지고 있고 새로운 수준으로 높여지고 있음을 나타내셨다. 신령으로(in Spirit) 하나님을 예배하는 것은 "성령에 감동하여"(계 1:10), 하나님을 향한 마음과 뜻과 애정으로, 심령으로부터 우러나오는 예배를 하나님께 드리는 것이다. 그리고 진정으로(in truth, 진리로) 하나님을 예배하는 것은 "내가 길이요 진리요 생명이니 나로 말미암지 않고는 아버지께로 올 자가 없느니라"(요 14:6)고 말씀하신 분 안에 나타나신 하나님의 자기 계시에 근거하여 하나님께 나아가는 것이다.

신령과 진정으로 예배를 드릴 때, 먼저 우리는 의식과 의례의 외식들로만 이루어진 성령이 없는 예배를 극복하고, 다음으로는, 거짓 주장이나 사실의 거부에 기초된 무지, 허구, 미신에 의해 특징지어지는 그리스도가 없는 예배를 극복한다. 진정한 예배자들은 자유롭게, 자발적으로, 심령으로부터 우러나오는 찬양과 기도를 드릴 것이다. 그러나 동시에 그들의 예배는 계시의 진리들에 의해 엄격하게 지배를 받을 것이다. 그리스도는 계속하여 사마리아 여인에게 "아버지께서는 이렇게 자기에게 예배하는 자들(신령과 진정으로 예배하는 자들)을 찾으시느니라"고 말씀하신다(요 4:23). 하나님께서는 예수님 안에서 알려진 진리에 진정으로 응답하는 예배를 원하신다. 이 진리에 이어지는 사실은 교회의 예배 형태에 있어 궁극적으로 중요한 점은 신식이냐, 구식이냐, 기도서이냐 즉흥기도이냐 하는 것이 아니라, 그 예배 형태가 계시를 구현하여 하나님께서 원하시는 바를 충족시키는 예배를 향해 나아가고 있느냐 하는 것이다.

교회가 예배를 드리는 방식은 사실상 극히 중요하다. 그 이유는 결함이 있는 예배가 하나님을 불쾌하게 하기 때문만이 아니라(이것도 모든 양심에 충분한 이유가 되긴 하지만), 예배의 방식이 교회에 선악간에 끼치는 영향 때문이기도 하다. 복음적인 진리를 완전하게 구현하는 예배는 그 예배에 참여하는 사람들을 교화할 것이다. 또한 이런 예배는 교리가 침몰하는 시대에 안전 장치 역할을 할 것이다.

금세기 초에 자유주의 신학이라는 산사태는 성공회와 같은 기도서에 준거하는 교회들보다 소위 "자유로운" 교회들을 더 깊이, 더 파괴적으로 잠식했다. 이러한 차이가 왜 나타났까? 부분적인 이유는 자유주의가 놓친 진리들—죄, 성육신, 대속, 중생, 축자적 계시, 초자연적 은혜—이 『공동 기도서』(the Book of Common Prayer)에 매우 완벽하게 표현되었으므로 교리적 표류에 제동기 역할을 했기 때문이었다. 건전한 기도서는 강단이 타락할 때 유익이 된다. 반면에 이단적인 예배 형태는 그 예배 형태를 사용하여 예배하는 사람들의 정신에 당연히 그릇된 사상들을 주입한다. 예를 들어 카톨릭의 미사는 여러 세기 동안 그릇된 사상을 주입했다. 기도서에 준거하는 예배 형식은 예배자들의 마음을 깊은 수준으로 도야한다. 따라서 기도서에 준거하는 예배 형식의 교훈적 잠재력은 예측할 수 있는 이상으로 크다.

많은 예배 형식들이 기독교회들에서 발견되며, 대부분 바르고 선하다. 따라서 우리는 지혜롭게 융통성을 배움으로 그 모든 형식들을 이해할 수 있다. 여기에 있어 최소한의 조건은 하나님께 대한 찬양과 감사, 죄의 고백과 회개한 자에 대한 용서의 선언, 하나님의 말씀을 읽고 해석하는 것, 정기적인 성찬식의 집행이 있어야 한다는 것이다. 중요한 것은 예배자의 참여가 온 마음을 드리느냐 하는 것이다. 온 마음을 드림이 없다면 예배 의식의 세련은 무의미하다. 예배자들이 온 마음을 드릴 때, 예배 형식이 세련되지 못할지라도 하나님의 영광은 손상되지 않을 것이다. 와서 그렇게 예배하라! 진실한 예배는 예배 형식이 줄 수 없는 활력을 그리스도인들과 교회에 준다. 예배는 천국의 예행 연습이다. 무엇이 이보다 더 중요할 수 있는가? 한 청교도의 비문에는 "그가 천국에 있기 전에 천국이 그의 안에 있었다"는 문구가 새겨져 있다. 만일 우리가 우리 자신을 예배에 드린다면 이 문구가 우리의 것이 될 수 있을 것이다.

제 9 장
교회에서의 교제

"몸은 하나인데 많은 지체가 있고 몸의 지체가 많으나 한 몸임과 같이 그리스도도 그러하니라…너희는 그리스도의 몸이요 지체의 각 부분이라"(고전 12:12, 27).

이 말은 바울이 즐겨 사용했던 예화의 일부분이다. 사실상 이 예화는 교회의 내적 생활의 본질을 명확하게 나타내기 위한 바울의 표준적인 예화였다. 본질적으로 눈에 보이지 않는 하나의 보편적인 교회가 있다. 이 하나의 보편적인 교회는 그리스도를 믿는 살아 있는 믿음을 가지고 그리스도와 하나가 되었기 때문에 서로 하나가 된 사람들의 무리이다. 그러나 많든지 적든지 하나님의 백성들이 교회가 행하는 일들—예배를 드리고, 기도하고, 말씀의 사역을 지속하고, 복음을 전파하고, 교제하고, 성례들을 집행하고 하나님의 일들을 함께 나누는 일—을 행하기 위해 함께 모이는 어느 곳에서나 이 보이지 않는 교회는 보이는 교회가 된다. 그러므로 바울은 고린도의 지역 교회에 편지를 쓰며 "너희는 그리스도의 몸이요"라고 말하는 것이다. 바로 이 말은 여러분에게 하는 말이다!

사실상 바울은 자신의 말을 전할 수 있었던 모든 교회들에게 동일한 말을 했을 것이다. 각 지역의 교회는 보편적 교회의 축도이다. 그러므로 우리는 어떤 교회를 볼 때 한 장소에 집약된 세계 교회의 생활을 보아야 한다.

그 생활은 어떤 식의 생활이 되어야 할까? 몸의 생활, 곧 모든 지체들이 전체의 복리에 기여하는 생활이 되어야 한다. 우리의 몸은 어떤 부분이 제대로 작용하지 않을 때 우리에게 고통을 준다. 그러나 여러 부분들이 협동하여 작용할 때, 우리는 건강한 몸을 갖는다. 이와 마찬가지로 바울은 교회가 하나님의 성령의 능력 안에서 각 지체와 관절과 근육이 최선을 다하며 전체의 건강에 기여할 때 교회의 생활이 건강해진다는 사실을 우리가 깨닫기를 바라는 것이다. 그러므로 그는 에베소서 4:16에서 "그(그리스도)에게서 온 몸이 각 마디를 통하여 도움을 입음으로 연락하고 상합하여 각 지체의 분량대로 역사하여 그 몸을 자라게 하며 사랑 안에서 스스로 세우느니라"고 말한다.

오늘날 교회 성장이라는 말은 일반적으로 등록 신도나 출석의 증가를 가리킨다. 그러나 신약성경의 시각은 하나님께서 양보다 질에 훨씬 더 관심을 갖고 계시다는 것이다. 하나님께서는 세계의 복음화를 요구하시지만, 무엇보다 하나님께서 관심을 두시는 일은 신실한 사람들의 무리인 교회가 그리스도와 교제를 나누는 이 초자연적인 생활을 나타내고, 실생활로 실현하고, 깊고 원숙하게 함으로 항상 어느 곳에서나 하나님 자신에게 영광을 돌리는 것이다.

1. 살아 있는 교회

고린도전서 12-14장은 생각 있는 신자들이 읽을 때 아픔을 주는 성경 부분이다. 왜 그럴까? 14장에 묘사된 고린도 교회의 공적 예배가 무질서한 소동이었기 때문일까? 많은 사람들이 한꺼번에 떠

들어대고, 어떤 사람들은 무아경에 빠져 알아들을 수 없는 말을 지껄여대고, 어떤 여인들은 이 전반적인 소음 중에서도 들릴 정도로 날카로운 소리를 질러대고 있었던 분명히 꼴사나운 예배 때문일까? 다른 말로 이야기해서 예배가 아니라 큰 혼란의 장면이었기 때문일까? 고린도전서 14장에 나오는 바울의 일부 진술들이 나타내는 바와 같이 그곳의 상황이 실제로 그러했던 것으로 보인다. 그러나 내가 고린도전서 12-14장이 고통스럽다고 말하는 이유는 그것이 아니다. 이 장들이 읽기에 고통스러운 이유는 이 장들이 아무리 여러 가지 악들을 우리에게 제시할지라도, 우리에게 분명하게 보여주는 것은 성령께서 능력으로 그 안에서 역사하고 계셨던 한 지역 교회라는 사실이다. 우리는 이 장들을 읽으며 오늘날 수많은 교회들의 무력하고 허약하고 무감각한 상태를 뼈아프게 깨닫게 되는 것이다.

만일 우리가 속한 교회는 고린도 교회와 같이 무질서하지 않기 때문에 이 장들을 읽고 우리가 우쭐하고 기뻐하는 반응만을 나타낸다면, 우리는 참으로 어리석은 자들이며, 다시 생각해보지 않으면 안된다. 나는 오늘날 많은 우리 교회들이 단순히 잠이 들어 있기 때문에 조용한 것이 아닌가 우려한다. 그리고 많은 경우들에 있어 그 잠이 죽음의 잠이 아닌가 우려한다. 공동묘지가 완벽하게 정돈되고 조용한 것은 전혀 대단한 일이 아니지 않는가?

고린도 교회의 무질서는 성령의 은사들의 무절제한 과시 때문이었다. 고린도의 그리스도인들에게는 육욕과 미성숙이 존재했다. 이것은 통탄할 일이었고, 바울은 강하게 책망을 한다. 그러나 그럼에도 불구하고 고린도의 그리스도인들은 오늘날 우리들이 향유하고 있지 못한 성령의 사역을 향유하고 있었다는 사실을 우리는 간과하지 말아야 한다. 고린도전서를 시작하며 바울이 무엇이라고 기록하고 있는지 기억하라: "그리스도 예수 안에서 너희에게 주신 하나님의 은혜를 인하여 내가 너희를 위하여 항상 하나님께 감사하노니 이는 너희가 그의 안에서 모든 일 곧 모든 구변과 모든 지식에 풍족하므로 그리스도의 증거가 너희 중에 견고케 되어 너희가 모든 은사에 부족함이 없이 우리 주 예수 그리스도의 나타나심을 기다림이라"(고전 1:4-7).

이 말은 공허한 예의가 아니었다! 바울은 진실을 말하는 것이다. 그는 항상 진실만을 말했고, 위의 고린도전서의 말도 예외가 아니다. 실제로 고린도인들은 위에 묘사된 대로 예수님에 의해 풍족함을 받았다. 그러므로 그들은 교제를 위해 모일 때 풍성한 은사와 연보를 함께 가지고 왔다. 오늘날의 교인들은 기대가 없는 무관심한 심령으로 모이고, 그들이 주고 받기 위해 교회에 온다는 것을 거의 깨닫고 있지 못하는 반면에, 이 고린도의 교인들은 열심과 흥분과 기대를 가지고 모였고, 자신이 소유하고 있는 "성령의 나타남"(12:7)을 동료 신자들과 함께 나누고 싶어 애를 썼다. 그러므로 바울은 "너희가 모일 때에 각각 찬송시도 있으며 가르치는 말씀도 있으며 계시도 있으며 방언도 있으며 통역함도 있나니"(고전 14:26)라고 말한다.

따라서 고린도의 공동 예배는 단조롭고 생기 없는 판에 박힌 일이 아니었다. 모든 예배가 하나의 사건이었다. 왜냐하면 모든 예배자가 하나님께서 주신 무엇인가를 함께 나눌 준비를 하고, 또 그것을 나누고 싶어 조바심을 하며 교회로 왔기 때문이다. 바울이 규례들을 제시하는 이유는 이러한 상황을 질서적인 방법으로 사용하여 덕을 세우기 위함이었다. 이 상황은 성령께서 고린도 교회에 이루신 것이었다. 그러므로 고린도인들이 예배를 드리기 위해 모일 때, 그들 중에 나타나는 하나님의 임재와 능력은 실재로 경험되는 현실이었다.

이것이 영적 부흥의 기본적 특징이다. 고린도의 예배에는 이전에 예루살렘에서 일어났던 것과 똑같이 사람들의 심령 속에 경외심을 불어넣는 하나님의 임재 의식이 존재했다. 고린도 교인들 중에 하나님을 아는 지식과 하나님의 임재 의식은 너무나 강력한 것이었기 때문에 무심하고 책임 없는 교제란 있을 수 없었다. 이것은 신앙 부흥의 때에 항상 일어나는 일로서, 바로 고린도에서도 이러한 일이 일어난 것이었다. 고린도의 집회들에 존재했던 하나님에 대한 의식은 하나님의 이름으로 말해지는 모든 말에 능력을 부여했다.

이에 대해 바울은 아마 신약성경 전체에서 가장 무심히 다루어지는 발언을 한다: "그러나 다 예언을 하면 믿지 아니하는 자들이나 무식한 자들이 들어와서 모든 사람에게 책망을 들으며 모든 사람에게 판단을 받고 그 마음의 숨은 일이 드러나게 되므로 엎드리어 경배하며 하나님이 참으로 너희 가운데 계시다 전파하리라"(고전 14:24-25). 바울은 이 말을 확실한 사실로 단언하는 것이다! 그의 확신은 놀랄 만하다.

오늘날의 어떤 교회에게 이 말이 진지하게 들릴 수 있을까? 대부분의 우리 시대의 교회에게 이 말을 할 때, "그런 일이 일어난다면 얼마나 놀라울까! 그러나 우리 교회에서는 그런 일이 일어나지 않는다"라는 말이 유일한 반응일 것이다. 그러나 신앙 부흥의 시대에 이런 일은 수없이 일어났다. 우연히 교회 예배에 오게 된 무관심한 방문자가 하나님의 이름으로 하는 말을 듣고 회개하고 변화되어 새로운 사람으로 교회에 나가는 일이 분명히 고린도 교회에서 여러 번 일어났다. 만일 그렇지 않았다면 바울은 자신의 이 말을 고린도인들이 믿을 것으로 기대할 수 없었을 것이다.

고린도 교회의 무질서가 심각했다는 것을 우리는 인정한다. 그러나 고린도 교회는 큰 파도와 같은 신령한 생활에 의해 추진을 받고 있었다. 물론 이러한 무질서는 악마적인 것이며, 조금도 바람직한 것이 못된다. 그러나 모든 무질서의 위험을 수반하는 성령의 생활이 영적인 죽음(죽음이 있을지라도 말쑥하게 정돈된 생활)보다 못한 것인가 하는 의문은 남는다.

3년 전에 존 오웬은 영적 은사들에 대한 강연에서 17세기 초의 청교도 신앙 부흥을 고찰하며 그 시대의 가치를 손상시켰던 영적 재산의 오용을 솔직하게 인정했다:

> 어떤 사람들은 은사들을 남용했고, 어떤 사람들은 은사들을 지나치게 과신했고, 어떤 사람들은 은사들을 과대선전했고, 어떤 사람들은 교회에서 은사들을 무질서하게 사용하여 교회를 해쳤고, 또 어떤 사람들은 은사들을 떠벌렸다는 사실을 인정한다. 이 모든 과실은 초대 교회에도 일어났던 것이다. 그러나 나는 사도들이 심은 교회들의 질서와 규율과 정신과 실천으로부터 명백하게 타락하고 있는 교회들의 세속적인 평온보다는 차라리 사도들이 심은 교회의 그 모든 것들을 (그들의 모든 분란들과 불명예와 함께) 택하고 싶다.

당연히 나는 이 말에 동의한다. 정돈되었으나 활동력이 없는 죽음보다는 모든 무질서를 동반하는 생명을 나는 원한다.

2. 우리의 공동 생활

만일 모든 무절제를 갖고 있던 고린도 교회가 그럼에도 불구하고 영적 생기의 진정한 모범이라면, 우리의 교제의 모범은 어디에 있는 것일까? 이제 우리는 신약성경이 교제 또는 진실로 교제가 나타내는 바인 나눔(sharing)에 대하여 무엇을 말하는지 탐구해보기로 하자. 교제라는 생각은 여러분에게 무엇을 시사하는가? 교회 식당에서 마시는 한 잔의 커피인가? 예배 후에 밖의 계단에서 나누는 한담인가? 가족 야영회에서 주고받는 대화인가? 교인들과 버스를 타고 스코틀랜드나 성지를 여행하는 것인가? 우리는 종종 교제를 했다고 말하는데, 그럴 때에 우리의 교제라는 말이 의미하는 바의 전부는 우리가 어떤 기독교 사회 사업에 참여했다는 것이다. 그러나 우리가 다른 그리스도인들과 사회적 활동을 함께한다는 사실이 그 자체로 우리가 그들과 교제를 갖고 있다는 것을 의미하는 것은 아니다. 어쩌면 그런 활동이 전혀 교제가 아닐 수도 있다.

나는 하나님의 백성의 생활에 이런 종류의 활동을 위한 여지가 있다는 사실을 부정하고 있는 것이 아니다. 내 말의 요점은 이런 활동들을 교제와 같다고 생각하는 것이 기독교 언어의 오용이며, 위험한 생각이라는 것이다. 왜냐하면 우리의 영혼은 계속 교제에 굶주리고 있는데도 불구하고 우리는 열심히 교제를 하고 있다고 생각하는 어리석은 자가 되기 때문이다. 사탕을 빨아먹는 것과 우유를 마시는 것 간의 차이를 알지 못하는 것은 건강에 좋지 못하다. 마찬가지로 그리스도인들이 기독교 단체에서 하는 사회적 활동과 신약성경에서 그리스도 안의 교제라고 칭하는 것 간의 차이를 알지 못한다면 그것은 좋은 조짐이 아니다.

교제는 신약성경의 중요한 단어들 중의 하나이다. 교제는 우리의 영적 건강을 위해 절대로 필요하고 진정한 교회 생활에 있어 중심적인 그 무엇인가를 나타낸다. 신약성경을 읽을 때 우리는 교제가 초대 교회에 대한 최초의 묘사에서 중요한 특징을 이루고 있는 것을 주목한다. "저희가 사도의 가르침을 받아 서로 교제하며 떡을 떼며 기도하기를 전혀 힘쓰니라"(행 2:42).

여기에서 의미하는 바가 무엇인가? 한담인가? 한 잔의 커피인가? 여행인가? 아니다. 여기에서 언급하고 있는 바는 전혀 다른 형태와 전혀 다른 수준의 그 무엇이다. NEB 성경(the New English Bible)은 다음과 같이 이 부분을 설명적으로 의역한다: "저희가 사도의 가르침을 받아 함께 공동생활을 하며(to share the common life, 이것이 "서로 교제하며"의 의역이다) 떡을 떼며 기도하기를 전혀 힘쓰니라 사람마다 두려워하는데 사도들로 인하여 기사와 표적이 많이 나타나니 믿는 사람이 다 함께 있어 모든 물건을 서로 통용하고 또 재산과 소유를 팔아 각 사람의 필요를 따라 나눠 주고 날마다 마음을 같이하여 성전에 모이기를 힘쓰고 집에서 떡을 떼며 기쁨과 순전한 마음으로 음식을 먹고 하나님을 찬미하며 또 온 백성에게 칭송을 받으니 주께서 구원 받는 사람을 날마다 더하게 하시니라"(행 2:42-47). 이것이 신약성경을 이해하는 교제이며, 이러한 교제와 단순한 사회적 활동 간에는 명백한 차이가 있다.

나는 한 세기 또는 두 세기 전의 교회들과 비교할 때 대부분의 현대 교회들이 그처럼 나약한 이유들 중의 하나가 교제의 비밀을 상실하였기 때문이라고 믿는다. 그리스도께서는, 사실상 영적 파산 상태에 있으면서 자신들이 필요로 하는 모든 것을 갖고 있다고 자신만만하게 상상하고 있었던 라오디게아 교회를 책망하셨다. 교제의 결핍이 우리의 명백한 결점들 중의 하나임에도 불구하고 우리가 즐거운 교제를 서로 갖고 있다고 말로만 떠들고 있는 것에 대해 그리스도께서 우리를 책망하실 것이라고 나는 확신한다. 혈액 순환이 순조롭게 이루어지지 않는 몸은 건강하지 못한 몸이다. 그런데 교제는 그리스도의 몸의 혈액 순환에 해당하는 것이다. 우리는 교제를 통해 힘을 얻는다. 따라서 교제가 없으면 우리는 힘을 상실하게 된다. 우리는 교제 가운데 성장한다. 다른 사람들과 고립하여 살 때, 우리는 퇴보한다. 그러면 우리는 어떻게 교제를 분석하여 우리의 생각을 집중시켜야 할까?

교제를 나타내는 헬라어는 "공동의" 또는 "공유하는"이라는 어근에서 나온 것이다. 따라서 교제는 자신이 가진 것을 다른 사람에게 주거나 다른 사람이 가진 것을 받으면서 어떤 일에 공동으로 참여하는 것을 의미한다. 주고받음은 교제의 본질이다. 그러므로 그리스도의 몸의 공동생활에 있어서도 주고받음이 교제의 방법이 되어야 한다.

3. 교제의 차원

그리스도인의 교제는 이차원적으로, 수평적 교제가 될 수 있기에 앞서 수직적인 교제가 있어야 한다. 우리는 하나님과 우리의 공동 관계 가운데 서로 나누는 교제의 실제를 알 수 있게 되기에 앞서, 성부와 성자 예수 그리스도와 나누는 교제의 실제를 알아야 한다. 요한은 그의 첫번째 서신에서 "우리의 사귐은 아버지와 그 아들 예수 그리스도와 함께함이라"고 기록한다(1:3 하반절). 그러나 요한은 또한 "우리가 보고 들은 바를 너희에게도 전함은 너희로 우리와 사귐이 있게 하려 함이니"라고 말한다(1:3 상반절). 즉 하나님과 우리의 교제 가운데서의 우리의 교제를 말하는 것이다. 성부와 성자의 교제는 진실로 그리스도의 몸의 한 지체를 이루고 있는 사람의 경험이다. 성부와 성자와의 교제 안에 있지 않은 사람은 절대로 그리스도인이 아니며, 따라서 그리스도인들과 교제를 나눌 수 없다. 우리가 교제의 수평적 차원에 대해 생각할 때, 이 수직적 차원이 전제되고 있는 것이다.

우리가 주님께 받은 것을 서로 나누는 교제는 영적으로 필요불가결한 것이다. 하나님께서는 우리를 자족하게 만들지 않으셨다. 우리는 혼자 힘으로 목숨을 지탱해 나갈 능력을 갖추고 있지 않다. 이 사실은 종종 석탄불로 예화된다. 석탄을 모아 놓으면 불이 탄다. 그러나 따로따로 떨어뜨려 놓으면 금방 식어 버린다. 그리스도의 몸도 이와 같다. 우리는 고립되어 자급자족하여 살도록 지으심을 받은 것이 아니라 서로 의존하여 함께 살도록 지으심을 받았다.

히브리서 기자는 괴로움을 당하고 있는 유대의 그리스도인들의 약해진 믿음과 열심을 분발시키기 위하여 그들에게 무엇보다 더 많은 교제를 가지라고 권한다. "모이기를 폐하는 어떤 사람들의 습관과 같이 하지 말고 오직 권하여 그날이 가까움을 볼수록 더욱 그리하자"(히 10:25). 강한 교제가 있을 때 교회는 언제나 번영할 것이다. 교제가 없을 때 교회는 언제나 침체되고, 정체되고, 무력하고, 무능할 것이다. 그런 교회에 정통성은 있을지 모른다. 그러나 교제는 정통성보다 더 큰 것이다. 하나님의 백성이 소명받은 생활은 바로 이 함께 나누는 생활이다.

그리스도인의 교제는 또한 하나님의 백성의 가족 활동이다. 모범적인 가정에는 형제 자매 간의 많은 나눔이 있다. 하나님의 가정에도 이와 같은 많은 나눔이 있다. 성부, 성자와 나누는 교제와 마찬가지로 하나님의 가족이 나누는 교제는 상호 관계, 즉 주고받는 것이다. 성부 성자와 교제를 나눌 때, 우리는 하나님과 관계를 가질 수 있는 은사를 받고 감사의 응답으로 하나님께 우리 자신을 드린다. 수평적인 차원의 교제에서 우리는 이웃 그리스도인들과 교제를 나누며, 하나님께서 우리에게 주신 것을 주고받는다.

그러므로 그리스도인의 교제는 하나님께서 우리에게 알려 주신 바를 다른 사람들과 나누기 위해 노력하는 한편, 다른 사람들로 하여금 그들이 하나님에 대해 알고 있는 바를 우리와 함께 나누도록 하는 것이다. 이 교제의 활동들은 우리의 영혼을 위한 힘과 원기와 교훈을 얻는 수단이 된다. 우리는 다른 사람들이 우리에게 나누어 주는 것을 감사함으로 받는다. 동시에 우리는 그들에게 주기 위해 노력한다. 그런데 이렇게 우리는 주는 것에서도 받는 것 못지않게 새로운 힘을 얻는다.

우리는 이 사실을 바울에게서 본다. 가장 인상적인 성경 구절이 로마서 1:11-12이라고 나는 생각한다. 바울은 전에 전혀 만난 적이 없는 로마인들에게 이렇게 단언한다: "내가 너희 보기를 심히 원하는 것은 무슨 신령한 은사를 너희에게 나눠 주어 너희를 견고케 하려 함이니." 그 다음에 그는 자신과 그들 간의 교제가 단지 일방적으로 주기만 하고 받은 것은 전혀 없는 것이라는 인상을 주지 않도록 하기 위하여, 급히 자신이 방금 말한 내용에 대한 일종의 설명으로 이렇게 부언한다: "이는 곧 내가 너희 가운데서 너희와 나의 믿음을 인하여 피차 안위함을 얻으려 함이라."

설교자들은 이 경험을 알고 있다. 하나님의 말씀에 갈급하고 하나님의 말씀에 감사할 줄 아는 사람들에게 하나님의 말씀을 깨닫게 해줄 때 특별한 기쁨이 온다. 설교자가 주고자 했던 바를 사람들이 받았다는 것을 알 때 그는 행복해진다. 그러나 그럴 때에 설교자는 자신들이 말씀을 증거한 사람들로부터 자신들에게로 돌아오는 것을 받기 위해 마음문을 열어야 한다. 여기에서 그들과 자신을 분리시키는 교만은 치명적인 과오가 될 것이다.

로마서 1장에서 바울은 자신이 나누어 주고자 하는 것들을 로마인들이 받아들일 것을 알았을 때의 기쁨만을 기대하고 있는 것이 아니라, 주님께서 그들에게 주신 것을 그들에게서 받는 기쁨까지 알고 싶어하고 있다.

하나님께서는 우리가 교만과 허영심으로 자만하여 주기만 하려 하고 받는 것을 기뻐하지 않는 것을 금하신다. 이런 일이 일어날 때, 교제는 일종의 자기 만족을 위한 행동이 된다. "나는 주는 자이고, 받을 필요는 없다"는 태도에 의해 우리가 생각할 수 있는 것보다 많은 목회자들의 사역이 실패해 왔다. 바울은 자신이 보살피는 사람들과의 교제에서 주님께서 그들에게 주신 것을 받아 힘을 얻기를 기대할 수 있었기 때문에 교만하지 않았다. 그러므로 나는 하나님께서 주시는 것들을 함께 나누기를 기뻐하는 모든 사람에게 하는 말을 목회자들에게도 말한다: 여러분은 섬길 뿐만 아니라 섬김을 받는 것을 즐거워하는 겸손을 주님께 구하라.

4. 세 가지 정의

따라서 그리스도인의 교제는 사랑뿐만 아니라 겸손의 표현이기도 하다. 그리스도인의 교제는 자신의 약함과 부족함에 대한 의식과 연결되어 다른 사람들에게 유익을 주려는 열망으로부터 솟아나는 것이다. 그리스도인의 교제는 이중적인 동기를 갖고 있으니, 곧 돕고자 하는 소원과 도움을 받고자 하는 소원, 교훈을 주고자 하는 소원과 교훈을 받고자 하는 소원이다. 그리스도인들이 개인적으로 배운 것을 서로 나눔을 통해 하나님을 더 잘 알고자 하는 것은 모든 그리스도의 백성들의 공통적인 소원이다. 우리는 다른 사람들을 유익하게 하기를 구하고, 또한 다른 사람들이 우리를 유익하게 하기를 구한다.

따라서 우리는 교제에 대해 세 가지를 말할 수 있다. 첫째로, 교제는 은혜의 수단이다. 우리의 신령한 일들을 아는 지식을 나누고, 다른 사람들을 위해 기도하고, 다른 사람들을 통해 하나님으로부터 신령한 것들을 받고자 노력하는 교제를 통해, 그리고 그러한 교제 안에서 우리의 영혼은 새 힘을 얻고 풍족해진다.

둘째로, 교제는 **삶의 시금석**이다. 교제는 우리의 마음을 이웃 그리스도인들을 향해 여는 것을 의미한다. 다른 신자들과 대화할 때 허식과 은폐를 피할 수 있는 사람은 하나님과의 관계에서 솔직하고 정직하게 행하고 있는 사람이다. 그는 요한이 그의 첫번째 서신에서 말하고 있는 바와 같이 빛 가운데 행하고 있는 사람이다 ("저가 빛 가운데 계신 것같이 우리도 빛 가운데 행하면 우리가 서로 사귐이 있고," 요일 1:7). 만일 우리가 빛 가운데 행하고 있지 않다면 우리는 서로 교제를 하고 있지 않는 것이다. 만일 우리가 하나님의 빛이 우리의 삶 속에 비추이는 것을 허용하지 않고 있다면 우리는 절대로 다른 사람과 솔직한 교제를 하려고 하지 않을 것이다. 왜냐하면 다른 사람에게 자신을 개방하는 것을 기뻐하지 않을 것이기 때문이다. 우리가 하나님께 마음문을 열어 우리 마음속의 수치스러운 비밀들을 처리하시도록 할 준비가 되어 있지 않을 때 어떻게 그런 일들을 기꺼이 다른 사람들에게 말하고자 하겠는가? 하나님과 함께 빛 가운데 행하려고 하지 않는 사람들은 절대로 다른 사람들과 함께 빛 가운데 행하려고 하지 않는다.

셋째로, 교제는 하나님의 은사이다. NIV 성경은 고린도후서 13:14에 나오는 바울의 축도를 다음과 같이 번역한다: "May the grace of the Lord Jesus Christ, and the love of God, and the fellowship of the Holy Spirit be with you all"(주 예수 그리스도의 은혜와 하나님의 사랑과 성령의 교제가 〈한글개역은 "교통하심이"〉 너희 무리와 함께 있을지어다"). 내가 말하고 있는 것과 같은 교제는 성령 안에서, 그리고 성령을 통하여 주시는 하나님의 은사로만 우리에게 이르는 것이다. 이 교제의 동기는 주님을 향한 우리의 사랑의 표현으로 그리스도 안의 형제, 자매를 사랑하는 것이다. 그리고 이 교제는 서로에게 대한 진정한 개방과 진정한 의존을 수반한다. 이러한 교제가 가능할 수 있는 곳은 오직 우리가 성령을 받아, 하나님을 향해 영적으로 살아 있고, 은혜 안에서 우리 자신이 성장하기를 열망할 뿐 아니라 다른 사람들도 똑같이 성장하기를 열망하는 곳이다. 오직 성령이 가능하게 해 주실 때에만 우리는 실제로 이러한 교제를 실천할 수 있다.

교제가 현실이 되는 때는 언제인가? 서로 도와서 하나님에 대해 더 잘 알게 하고 싶어하는 두 명 이상의 그리스도인들이 자신들이 각각 소유하고 있는 하나님을 아는 지식과 하나님에 대한 경험을 함께 나눌 때 언제나 교제가 현실이 된다. 그들이 이렇게 함께 나누는 상황에서 서로에 대해 책임을 질 때, 그들이 형제, 자매의 생활과 신앙에서 형제, 자매를 지원해 주기 위해 충고하고, 위하여 기도하고, 모든 방법들을 추구할 때, 교제는 현실로 나타난다.

교제는 여러 가지 상황에서 이루어질 수 있다. 교제는 전도에서 이루어질 수도 있다. 교제는 우리가 함께 시도할 때 이루어질 수도 있다. 교제는 성경 공부 모임에서 이루어질 수도 있다. 교제는 식사를 하는 친구들의 대화에서 이루어질 수도 있다. 교제는 집에서 남편과 아내 간의 대화에서 이루어질 수도 있다. 그러나 모든 경우에서 일어나는 일은 똑같을 것이다. 즉 우리는 주님의 임재와 권능을 생생하게 깨닫게 되고, 다른 그리스도인의 말과 태도와 행동과 사랑을 통해 예수 그리스도께서 "두세 사람이 내 이름으로 모인 곳에는 나도 그들 중에 있느니라"(마 18:20)고 하신 약속이 진리임을 새롭게 알게 될 것이다. 이 약속은 공동 예배에만 적용되는 것이 아니라 교제 활동에도 적용되는 것이다. 이 약속은 공인된 주일 예배 시간에 성취되는 것과 똑같이 그리스도인들이 격식 없이 함께 모여 교제를 나눌 때에도 성취된다.

5. 역사의 교훈들

이 교제에 대한 가르침이 새로운 것인가, 아니면 교회사 전체를 통해 가르쳐온 것인가라는 질문을 할 사람들이 있을 것이다. 그들에게 나는 다음과 같이 답변한다.

첫째로, 만일 교제에 대한 이러한 이해가 과거에 항상 강조된 것이 아니라 할지라도, 오늘날의 우리 교회들에서는 강조되어야 한다. 우리는 지금 성령 안의 자발적인 생활의 형태와 열매에 대해 말하고 있다. 사실상 하나님께로부터 오는 새로운 생활 형태가 교회에 나타났을 때 어느 곳에서나, 이런 교제도 자연적으로 나타나기 시작했다. 여기에는 이런 교제를 실천하기 위한 선례들을 신학 잡지나 유명한 저서 등에서 찾을 필요가 없었다.

그러나 물론, 교제에 대한 이러한 이해는 교회사에 있어서도 현실이었다. 예를 들어 청교도들은 신령한 일들에 대해 대화하고 기도하기 위해 자주 함께 모였다. 가정에서 함께 나누고 기도하는 일은 그들에게 있어 그리스도인의 가정 생활의 기본적인 활동이었다. 그리고 그들은 모든 신자가 "가슴속에 간직하는 친구"(bosom friend), 즉 우리의 가장 깊은 생각을 들어 줄 수 있고, 우리를 받쳐줄 수 있고, 우리를 위해 기도해 줄 수 있는 친구를 하나님께 구해야 한다고 수시로 역설했다. 또한 그들은 성직자의 목회 외에, 이러한 친밀하고 동등한 교제 관계는 모든 그리스도인이 필요로 하는 일이라고 주장했다.

교제는 웨슬레의 신앙 부흥 운동에 있어서도 중요한 역할을 담당했다. 웨슬레는 한 교제 모임에서 회심을 했다. 그 교제 모임은 런던의 앨더스게이트 거리(Aldersgate Street)에서 모였던 모라비안 경건주의자 단체(Moravian Pietist Society)의 모임이었다. 웨슬레, 횟필드, 그리고 그 밖에 많은 18세기의 복음적 각성 운동 지도자들은 하나님께서 그들이 회심시킨 사람들의 심령 속에 일으키신 "열심을 유지시키기" 위해 교제 단체들을 창설했다. 그들은 그리스도인들이 이런 단체에 속하지 않으면 매일매일 하나님의 생명을 안정되고 살아있고 활기 있게 유지할 수 없다고 주장했다.

또한 1930년대에 동아프리카에서 시작된 신앙 부흥 운동에서도 곧바로 신앙 부흥 교제 운동들이 일어났다. 하나님을 향해 살아난 사람들은 자발적으로 함께 모여 주님 안에서 함께 나누고, 기도하고, 찬송하고, 서로 격려했다. 그들이 이렇게 한 이유는 자신들이 이러한 교제를 원하고 있다는 것을 발견했기 때문이다. 지금도 그들은 이런 교제를 하고 있고, 신앙 부흥은 지금도 계속되고 있다.

어느 시대에나 말라기 3:16("그때에 여호와를 경외하는 자들이 피차에 말하매 여호와께서 그것을 분명히 들으시고 여호와를 경외하는 자와 그 이름을 존중히 생각하는 자를 위하여 여호와 앞에 있는 기념책에 기록하셨느니라")의 모범을 이루는 영적 소생이 존재했던 것으로 보인다. 이들은 이 목적을 위해 함께 모였다. 나는 우리 시대의 소그룹 운동들이, 만일 교회 생활의 참된 이상들로 바르게 운영된다면, 갱신을 위한 엄청난 잠재력을 가질 것이라고 생각한다. 교제의 모범은 이미 존재하고 있다. 따라서 필요한 것은 하나님의 손길이다. 이 소그룹 조직들의 완전한 잠재력은 이제부터 실현되어야 할 것이다.

둘째로, 기독교 지도자들은 항상 이 교제의 원리를 알고 있었고, 단체의 중요성을 역설해 왔다. 조지 휫필드(George Whitefield)를 예로 들어 보자. 그는 위대한 복음전도자였고, 18세기에 영어권의 복음전도 운동을 통일시킨 인물이었다. 그는 35년 동안 복음전도 운동을 이끌었다. 그는 적어도 18,000편의 설교를 했는데, 일주일에 평균 10편의 설교를 했고, 훨씬 더 많은 비공식적인 담화를 했다. 그의 사역이 어느 누구보다 18세기의 상황에 가장 많은 영향을 끼쳤다는 것은 공통적으로 승인되는 사실이다. 이 사실은 웨슬레와 조나단 에드워즈(Jonathan Edwards)에 의해 제일 처음으로 인정되었다. 휫필드는 다음과 같은 기술을 했다:

> 교회사를 살펴본다면 우리는 하나님의 권능의 효력이 나타날 때 기독교 단체들과 교제 모임들의 효력이 비례적으로 나타나는 것을 발견하게 될 것입니다.
>
> 형제들이여, 하나님께서 우리 영혼을 위해 행하신 일을 솔직하고 자유롭게 서로 이야기합시다. 이를 위해 여러분은 4명 내지 5명의 작은 집단의 구성원이 되어 일주일에 한 번씩 모여 여러분의 마음속에 있는 바를 서로 말하는 것이 좋을 것입니다. 그러면 여러분은 필요한 요청이 있을 때 서로

를 위해 기도하고 서로를 위로할 수도 있을 것입니다. 오직 이런 교제를 경험한 사람 외에는 여러분에게 영혼들이 하나가 되는 교제의 말로 할 수 없는 유익들을 이야기해 줄 수 있는 사람이 없습니다. 그리고 오직 자신의 영혼을 진정으로 사랑하고, 또한 형제들을 자신과 같이 사랑하는 사람은 형제를 충고하고 책망하고 권고하고 기도하기 위해 자신의 마음을 여는 일을 부끄러워하지 않을 것입니다. 신실한 사람이라면 이 일을 가장 큰 축복들 중의 하나로 평가할 것입니다.

횟필드는 신자들의 교제를 그룹들로 육성하는 일이 전도자의 목표의 일부라고 생각했다.

셋째로, 이런 교제에는 종종 실제로 일부 그룹들 속에 몰래 들어온 바가 있는 무절제들을 성경적 신학으로 막을 수 있다. 앞에서 나는 책임에 대해 말했다. 그러나 이제 나는 그 책임이 반드시 하나님 아래에서의 책임이 되어야 한다고 부언한다. 우리는 하나님만이 양심을 지배하시는 양심의 주인이시라는 사실을 망각하지 말아야 한다. 일부 단체들 중에 널리 퍼져 있는 한 가지 오류는 모든 그리스도인이 권위를 갖고 있는 다른 그리스도인에게 절대적으로 순종하는 관계에 있어야 한다는 주장이다. 이것은 책임 개념을 너무 확대한 것이다. 이런 책임 개념으로 인해 권위를 가진 인물이 다른 사람을 권위로 지배하게 되었다. 이런 인물은 사실상 독재자이다. 왜냐하면 중세의 사제들이 종종 그러했던 것처럼 그 권위 있는 인물이 이제 하나님의 자리에서 양심을 지배하는 주인이 되기 때문이다. 오직 하나님만이 양심의 주님이시다. 그러므로 지금 내가 말하고 있는 것과 같은 교제 관계는 자신의 자녀들의 삶에 있어 무엇이 옳고 무엇이 그른지를 자신의 말씀으로 보여 주시는 하나님의 궁극적이고 공인된 권위 아래에서 실천되어야 한다. 다른 모든 일들에서와 마찬가지로 교제에 있어서도 성경에 호소하는 것은 절대적이며 결정적이다.

6. 신자들의 교제에 나타나는 영적 은사들

　교제는 영적 은사들의 실재를 통해 이루어진다. 오늘날 영적 은사들에 대해 많은 내용들이 가르쳐지고 있다. 따라서 나는 영적 은사들과 관련된 신학과 실천을 간단히 언급하는 것으로 제한하고자 한다.

　영적 은사란 무엇인가? 본질에 있어 영적 은사는 그리스도를 표현할 수 있도록, 또는 그리스도를 섬길 수 있도록 하나님께서 주시는 능력이다. 이 능력을 통해 사람들은 그리스도를 발견하고 그리스도 안에서 그리스도의 영광에 이르도록 성장하는 것이다. 영적 은사는 어떤 형태의 언어, 행동, 또는 봉사일 수도 있다. 또는 말씀에 나오는 내용들을 설명하는 교사의 은사일 수도 있고, 사마리아인이 행한 것같이 곤궁을 구제하는 실제적인 은사일 수도 있다. 그러나 어떤 은사이든지 간에, 영적 은사는 그리스도를 알리시기 위해 하나님께서 주시는 능력이다. 은사를 받은 사람이 성령의 권능 안에서 은사를 활용할 때의 실제적인 상황은 다음과 같다: 즉 그리스도의 성령이 우리 안에 계시지만, 보좌에 앉아 계시는 그리스도 자신께서 육신에 계실 때 하셨던 것과 똑같이 지금도 자기 백성에게 사역을 하고 계시다는 것이다. 우리는 받은 영적 은사들을 활용함으로 그리스도의 사역을 완성하기 위해 그리스도의 입, 그리스도의 손, 그리스도의 발이 된다.

　우리가 우리 자신의 은사들을 보는 것보다는 대개 다른 사람들이 우리의 은사들을 더 정확하게 본다. 우리가 자기 성찰에 의해 주님을 위해 우리가 무엇을 할 수 있고 무엇을 할 수 없는가를 판단하는 것보다 대개는 다른 사람들이 그런 사항들에 대해 우리에게 더 정확하게 말해 줄 수 있다. 그러므로 우리는 은사들의 발견과 활용이 교제의 관심 사항이라는 것을 깨닫고 다른 사람들에게 우리를 살펴서 우리의 은사가 무엇인지 말해 달라고 부탁하고 그들의 판단에 의해 인도를 받아야 한다.

은사를 받았다고 하는 우리의 친구들이 그릇된 생각을 할 수도 있다. 예를 들어 사도들을 증명시켜 주었던 표적의 은사들이 이 시대까지 포함하여 어느 시대에나 하나님에 의해 지속되고 있다는 생각이다. (은사의 경험에 대해서는 다음 장에서 다루어질 것이다.) 그러나 우리의 은사 받은 형제들이 그리스도의 몸에 속한 모든 지체가 하는 사역의 중요성을 강조한다면 그것은 절대적으로 옳은 것이다.

나는 여러분에게 질문한다. 여러분의 사역은 무엇인가? 그리스도를 표현하고 전달하기 위해 여러분이 할 수 있는 일들은 무엇인가? 만일 여러분이 이 질문의 답변을 추구해본 적이 없다면 지금 여러분은 여러분을 가장 잘 아는 그리스도인들과 교제를 시작하여 이 답변을 찾고 거기서부터 진행해 나가도록 하라.

영적 은사에 대한 건강한 견해는 가장 어울리지 않게 지체 생활을 방해하는 일을 피할 것이다. 나는 이 방해를 교권주의(clericalism)라고 부르겠다. 교권주의는 어떤 상황에 대해 성직자가 "영적 사역은 나에게 맡기라. 그것은 내가 할 일이다."라고 말하고, 교인들은 "그렇다. 그 말은 절대적으로 옳다. 우리는 영적 사역을 당신께 맡기겠다."라고 말하는 것이다. 교권주의가 다른 식으로 표현되는 수도 있다. 즉 교인들이 성직자에게 "우리는 영적 사역을 하도록 하기 위해 당신을 고용했다. 당신이 그 일을 하라. 그 일은 당신이 봉급을 받고 하는 일이다."라고 말하는 수도 있다. 그러면 성직자는 절대로 동의하면 안되는 말, 즉 "나도 그렇게 생각한다. 그러니까 내가 그 일을 하겠다."라고 말하는 것이다. 어떤 경우든지 간에 이런 교권주의는 결국 성령을 소멸시키려는 음모이다. 성직자와 목회자로 하나님을 섬기는 사람들은 모든 지체의 사역이라는 원칙을 절대적으로 주장해야 한다.

  우리는 지난 몇 해 동안 상당히 일반화된(이에 대해 우리는 하나님께 감사해야 한다) 교회 편지지 윗부분의 인쇄 문구 형태에 의해 반영되고 있는 바를 추구해야 한다. 이 인쇄 문구는 다음과 같은 것이다: (1) 교회명, (2) "사역자들: 회중", (3) "부사역자들", 또는 목사의 이름! 바로 이것이 모든 지역 교회가 추구해야 할 방법이다.

  몇 년 전, 한 교회에서 나는 목사실 문에 다음과 같은 말이 적힌 작은 액자가 걸려 있는 것을 보았다: "헤드 코치." 이것도 역시 훌륭한 방법이다!

  이제 여러분을 위해, 여러분의 교회를 위해, 우리 주님 예수 그리스도를 위해, 정말로 살아있는 교회들을 통한 세상의 축복을 위해, 나는 여러분에게 온전한 교제를 추구하기를 간청한다. 여러분의 교회와 교제에서 모든 지체의 사역이 실현되기까지 편안히 쉬지 말라. 서로 사랑하라. 서로를 위해 기도하라. 가증스러운 분파와 파벌 근성, 그리고 그 밖에 성령을 소멸하고 온전한 교제를 방해하는 일들을 근절하라. 진실한 교제를 추구하라. 그리고 하나님의 성령의 권능을 통해 진실한 교제가 여러분에게 현실이 될 때까지 편안히 쉬지 말라. 그럴 때에 우리의 교회는 진실로 살아 있는 교회, 곧 하나님께서 정해 놓으신 위치에서 그리스도를 위한 횃불이 될 것이고, 성장이라는 말의 완전한 성경적인 의미로 성장할 것이다.

제 10 장
교회의 갱신과 은사

어떤 사람이 교제와 교회 성장이라는 문제를 제기할 때에는 언제나 그가 은사 운동을 지지하느냐 반대하느냐 하는 질문이 함께 일어난다. 이 질문은 분열적이고, 파벌적이며, 고린도적인 질문이다. 대개 나는 성령을 지지한다고 말함으로 이 질문을 피해 버린다. 그러면 왜 이 질문이 그처럼 자주, 그리고 그처럼 불안하게 제기되는가? 아마도 그 이유는 일부 복음주의자들이 은사주의자들에 의해 괴로움을 당해왔고 그들이 행하는 일에서 결함들과 오류들을 인지했기 때문에 위협을 느끼고 있기 때문일 것이다. 나는 이 결함들과 오류들을 고찰하고 평가한 다음 비은사주의자들이 은사주의자들에게서 유익하게 얻을 수 있는 수많은 중요한 통찰들에 초점을 맞추고자 한다.

먼저 총괄적인 예비 지식을 말해 보자. 은사 운동은 로마 카톨릭, 동방 정교, 그리고 개신교의 구성 요소들을 갖고 있으며, 성령의 사역을 널리 선전하는 일에 초점을 맞추고 있다. 이와 비교하여, 복음주의 운동은 대개 보다 오래된 개신교 단체들에서 역할을 담당하고 있으며, 예수 그리스도에 대한 하나님의 계시된 진리가 기독교계를 개혁하고 갱신하는 것을 보기 원하는 열망에 초점을 맞춘다. 이 두 가지 운동, 즉 은사 운동과 복음주의 운동은 부분적으로 일치하고 있다. 즉 많은 복음주의자들이 스스로를 은사주의로 정의하며, 많은 은사주의자들이 스스로를 복음주의자로 정의한다. 따라서 그들의 관심들은 한 점에 모인다.

거의 5세기 동안의 논쟁의 결과로 예리하게 갈고 닦여진 복음주의의 명확한 어구들과 비교할 때 은사 신학은 산만하고 세련되지 않게 보일지 모른다. 그러나 그리스도를 향한 개인적인 회심, 성령의 능력에 의해 변화된 생활, 성경을 통한 하나님에 대한 학습, 담대한 기대의 기도, 그리고 힘차고 가락이 좋은 찬송에 대한 애호와 같은 복음주의 특성들에서 이 두 단체는 분명하게 일치한다.

은사 신학에서 독특한 사항은 대부분 보다 오래된 오순절 운동에서 나온 것이고, 오순절 운동은 금세기 초에 훨씬 더 오래된 웨슬레 전통에서 발생한 것이다. 비록 은사주의 기독교는 진리보다는 경험을 중요하게 취급하는 경향이 있고 비복음주의적 신앙들을 갖고 있는 사람들을 받아들이지만, 여전히 복음주의의 이복 자매로 남아 있다. 이 사실은 은사주의적 갱신에 대한 복음주의의 반응들이 때로 동기간의 경쟁의식의 기미가 있는 것처럼 보이는 이유를 설명할 수 있을 것이다.

1. 공통적으로 표명되는 우려들

일부 복음주의자들이 은사 운동에 대해 걱정하는 이유가 무엇일까? 이러한 질문이 제기될 때, 다음과 같은 사항들이 통상적으로 언급된다:

1) 방언의 비합리성. 은사주의자들은 자신들의 방언을 하나님이

주신 기도의 언어, 또는 천사의 언어로 본다. 그러나 하나님에게 뜻이 분명한 말만 하려고 하는 사람들과 (이 문제에 있어 일관된) 전문적인 언어학자들을 통해 방언이 전혀 언어의 특성을 갖고 있지 않다는 사실을 알게 된 사람들에게 있어 은사주의자들의 방언은 극히 어리석고, 자기 기만적이고, 부적절하게 보인다. 그러나 방언을 정신신경증적인, 정신병적인, 최면술적인, 또는 정신분열 증적인 증세로 본 과거의 진단들은 지지를 받을 수 없다. 그와 반대로, 방언이 대부분의 경우에 있어 (방언을 말하는 사람이 판단을 할 수 있는 한) 심리학적으로, 그리고 영적으로 건강을 준다는 증거가 제시되고 있다. 그럼에도 불구하고 많은 사람들이 아직도 의미가 없는 소음은 심한 혼란을 일으키게 한다는 생각을 갖고 있으며, 방언을 말하는 것이 하나님께서 원하시는 일이라고 열광적으로 확신하는 사람들에 의해 당혹해 하고 있다.

2) 엘리트주의적 태도. 은사주의자들은 자신들의 공통적인 영성을 하나님의 새로운 갱신 방책으로 보고 이 점에 있어 자신들을 하나님의 선구자들이라고 생각한다. 그러므로 당연히 그들은 자신들의 운동의 중요성을 크게 외치기 때문에, 마치 그들이 하나님께서 보시기에 유일한 은사를 소유한 자들이라고 생각하는 것처럼 보여, 천박하고 공격적이고 오만하다는 인상을 남길 수 있다.

3) 심판적인 신학. 개신교 은사파들은(천주교는 덜하다) 기독교 영성의 초기 수준을 회복한다는 식으로 자신들의 경험을 신학화하는 경향이 있다. 그들은 항상 얻을 수 있었으나 과거 세대들이 믿음이 부족하여 구하지 않았던 것, 즉 성령 세례와 표적 은사들(방언, 방언 통역, 기적, 치유, 그리고 은사주의자들이 믿고 있는 예언)을 구하고 찾음을 통해 기독교 영성의 초기 수준을 회복한다고

한다. 영성에 있어 재세례파의 교회론과 동등한 이 복고주의가 암시하는 바에 의하면 비은사주의자들은 불충분한 그리스도인들이고, 그들이 은사 경험이 부족한 유일한 이유는 무지나 강퍅함으로 인해 그들이 은사 경험을 구하지 않았기 때문이라는 것이다. 그러나 이러한 신앙들은 아무리 부드럽고 온건하게 말한다고 할지라도, 위험하지 않을 수 없다.

4) 사역의 분열. 은사 운동은 종종 구속받지 않는 경험주의를 지지하고, 형식주의, 지성주의, 제도 존중주의에 대한(때로 정당한) 반동의 형태로 교회들을 침입한다. 이러한 세력의 변동은 반드시 전향자들을 끌어들이고 분열을 낳는다. 좌절에 의한 반동들이 항상 일어난다. 은사주의자들이 빠져나가거나 또는 반대자들을 몰아냄으로 인해 많은 교회들이 분열했는데, 이 두 경우 모두 분명히 선한 양심의 결과였다. 그 밖에 겸손한 태도를 취하고 있지만 자신들의 방법으로 여러 가지 일들을 공작할 가능성이 있는 은사파들을 내포하고 있는 많은 교회들이 있다. 이런 경우 특별히 목회자들이 당연히 위협을 느낀다.

2. 이 우려들에 대한 평가

심판주의는 다시 심판주의를 낳는다. 많은 그리스도인들이 은사 운동을 완전히 망상적인, 또는 아마도 마귀적인 광기로 간주해 왔다. 그러나 은사 운동이 개심자들을 낳고, 사람들에게 그리스도와 성경과 이웃을 사랑하라고 가르치고, 자유롭게 예배하고 증거하게 하는 한, 마귀적 망상이라는 주장은 사실일 수 없다. 따라서 보다 통찰력 있는 평가가 요구된다.

은사주의의 "복고주의"(하나님께서 제1세기의 모든 경험들을 오늘날 회복시키고 있다는 신념)는 분명히 의심스러워 보인다. 오순절의 제자들의 성령 세례를 모든 후 시대의 신자들을 위한 표준적인 경험으로 확립시킬 방법이 없다. 실제로 우리가 하나의 경험으로 오순절의 성령 세례에 대해 거의 아는 바가 없다는 사실을 별도로 치더라도, 그 사건의 독특성이 그러한 시도를 불가능하게 한다. 사도행전에서 말하는 오순절 날의 9시는 약속된 성령께서 영광을 받으신 그리스도와의 영적 교제를 전달하는 자신의 언약 사역을 최초로 시작하신 단일적이고, 반복될 수 없는 순간이었다. 그 순간부터 모든 그리스도인들은 회심을 하는 즉시 이 사역을 향유해 왔다(행 2:38-39; 롬 8:9-11; 고전 12:12-13). 제자들은 오순절 전에 이미 신자였기 때문에, 그들의 경험은 그 후의 신자들은 경험할 수 없는 "제2기의" 경험이었다.

더욱이 비록 성령 세례를 받았다고 간증하는 사람들의 이후의 경험이 성령 세례 이전의 경험보다 훨씬 더 풍성할 수 있지만, 그 경험이 이 "제2의 축복"을 알지 못하는 경건한 사람들의 경험과 현저하게 다른 것 같지는 않다.

또한 사도들을 증명해 주었던 표적 은사들(롬 15:18-19; 고후 12:12; 히 2:3-4)이 오늘날 회복된다는 주장을 입증할 아무런 방법이 없다. 이 은사들의 본질은 많은 점에 있어 불확실하며, 불확실한 채로 남아 있을 수밖에 없다. 우리는 현재의 은사 현상들이 그 은사들과 완전히 일치한다는 것을 확인할 수 없다. 예를 들어, 은사주의자들은 사적인 방언 기도를 권하는데, 신약성경의 방언은 공개적으로 사용되기 위한 표적들이었다. 또한 치유 은사를 받았다고 주장하는 은사주의자들의 성공 기록은 그리스도와 사도들의 치유와 비교할 때 결점투성이이고 불규칙하다. 이외에도 많은 불일치들을 우리는 발견할 수 있다.

그러나 사람들은 복고주의(로마 카톨릭과 독일의 은사주의자들

사이에서는 복고주의가 승인된 교리가 아니다)를 의심하면서도 은사주의자들이 주님을 찾으면서 발견하는 진정한 풍성함을 기뻐할 수 있다. 지금도 간혹 초자연적으로 병을 치료하시고 기적적인 일들을 행하시는 하나님을 기대하며 믿으라는 그들의 요청은 감사함으로 받아들일 수 있고, 철저한 개인적인 갱신에 대한 그들의 촉구는 그들의 신학을 다 수용하지 않고도 겸손하게 받아들일 수 있다. 신학이 정확하지 않더라도, 은사파이거나 비은사파이거나 간에 자신을 찾는 사람들에게 하나님께서는 낯을 감추시지 않는다는 사실을 우리는 기뻐해야 할 것이다. 만일 하나님께서 신학이 정확한 사람들만 받아주신다면 누가 하나님을 만나 뵐 수 있겠는가? 그러므로 우리는 은사주의자들의 일부 견해들에 논쟁을 하는 한편, 그들에게서 교훈을 배우기를 거부하지 말아야 한다.

나는 성령 세례(이 명칭이 옳든지 옳지 않든지 간에)를 신학적으로 표현하는 최선의 방법은 다음과 같다고 주장한다. 성령 세례는 우리의 양자됨과 후사됨에 대한 성령의 부단한 증거를 증대하는 것이다(롬 8:15-17). 성령 세례는 그리스도께서 말씀하신 성부 성자와 우리가 나누는 교제를 깊게 하는 것이다(요 14:21-23). 성령 세례는 바울이 에베소인들이 향유할 수 있도록 기도했던 그리스도의 사랑을 아는 지식 안에서의 증진이다(엡 3:16-19). 그리고 성령 세례는 그리스도 안의 말할 수 없는 기쁨을 새롭게 하는 것이다(벧전 1:8). 이 기쁨에 대해 청교도 존 오웬은 이렇게 기술했다: "성령께서 자신의 뜻하시는 때에 뜻하시는 대로 이 기쁨으로 역사하신다는 말 외에는 설명할 말이 없다. 성령께서는 은밀하게 이 기쁨을 영혼 속에 주입하시고 스며들게 하심으로 영혼을 즐거움과 환희, 그리고 때로 말할 수 없는 황홀감으로 충만하게 하신다."

여러 가지 다른 명칭과 여러 가지 말로 수식되는 셀 수 없이 많은 유사한 경험들로 표현되어 왔지만, 성령 세례의 본질은 언제나 하나님의 사랑에 대한 생생한 자각인 것 같다. 이 여러 가지 명칭에는 청교도들의 성령의 인치심, 웨슬레파의 완전한 성화, 찰스 피니, 무디, 토레이에 의해 단언된 비은사적 성령 세례, 케스위크파(the Keswick)의 성별과 성령 충만의 경험, 신비주의자들의 "제2의 회심," 그리고 성령 세례라는 특별한 명칭이 붙여지지 않은 하나님과의 만남들이 포함된다. 나는 성경적으로 가능하고 여러 가지 사실들이 일치되는 모든 경험들을 동일한 하나님의 역사로 설명할 것을 제안한다.

3. 은사주의의 공헌들

일부 부적절한 신학에도 불구하고, 전반적인 은사 운동은 진정한 영적 갱신의 특징들을 나타내고 있다. 그리고 은사 운동 또는 은사 운동의 여러 분파들은 교리에서 배우는 교훈들을 갖고 있기도 하지만, 실천에 대해 가르치는 자체의 교훈들을 갖고 있다. 물론 이 교훈들은 독특한 것이 아니다. 그러나 하나님께서 은사주의의 경로를 통해 많은 사람들에게 새생명을 전달하시는 때에 이런 교훈들을 보지 않고 배우지 않으려고 하는 것은 비뚤어진 자만일 것이다.

복음주의 운동과 마찬가지로 은사 운동도 자체적으로 확립된 행동 양식과 문헌 자원들과 지도력을 갖고 있는 상당히 자족적이고, 초교파적이고, 국제적인 조직이다. 따라서 이 모든 사항에, 또는 지역의 은사 운동 단체가 행하고 있는 일에 얼마나 공감하고 참여해야 하는지는 각 개인이 스스로 결정해야 한다.

그러나 내가 생각하기에 모든 그리스도인이 너무나 쉽게 입으로만 말하고 있는 이상들의 진정한 의미를 은사주의자들에게서 배울 수 있을 것 같다.

1) 첫째 이상: 완전한 예배. 하나님께 대한 예배는 성령을 통한 성부, 성자와의 교제를 개인적으로 실현하고, 그 실현으로—사실상 그 실현으로 말미암아—하나님의 가족으로 모인 사람들과 영적 일치를 실현하는 것이라고 은사주의는 확신한다. 따라서 예배의 구조는 자발적이고 즉흥적인 참여를 허용하기 위해 치밀하지 않으며, 모든 사람이 하나님과 함께하고 서로 함께하는 느낌을 받게 하기 위하여 편안하고, 비형식적이고, 완만하다. 바그너와 브루크너가 모짜르트와 하이든에 대조되는 것과 같이 은사주의의 예배는 속도와 온정의 장려, 그리고 반복을 통해 요점들을 강조하는 방식에 있어 역사적인 예배와 대조된다. 즉 마음 자세와 감정을 직접적으로 표현한다는 의미에 있어, 형식의 완전성에 초점을 맞추는 고전적 성격이라기보다 낭만적이다. 목표는 각 예배자의 완전한 참여에 두고, 자신의 존재의 가장 깊은 차원에서 하나님께 완전히 마음을 열도록 인도한다. 은사주의자들은 이 목표를 이루기 위해 시간이 걸려야 한다고 주장한다. 그러므로 그들의 예배는 두세 시간이 될 수도 있다.

이 예배는 수많은 주일들에 수많은 그리스도인들이 드리는 다이어트 예배인, 산뜻하게 규격화된—성직자와 성가대가 수동적인 회중과 함께 수행하는—60분의 구보에 대해 무엇을 말해주는가? 의심할 바 없이 모든 사람이 자신들의 목표도 완전한 예배라고 항변할 것이다. 그러나 모든 사람이 은사주의자들이 이러한 참여에서 보는 바를 실감하고 인지하는가?

2) 둘째 이상: 완전한 사역. 모든 사람이 교회에서 사용하기 위해 은사, 또는 은사들을 받는 것이라고 최초로 단언한 사람들은 바로 바울과 베드로였다(롬 12:4-6; 고전 12:4-7; 엡 4:7, 11, 16; 벧전 4:10). 그러므로 은사주의자들은 (표적 은사들이 현존한다는

자신들의 주장과는 별도라는 것을 지적하며) 다음과 같은 주장을 한다. 즉 각 그리스도인의 평범한 은사들을 분별하고 사용함으로 성취되는 모든 지체의 사역이 그리스도의 몸의 관례가 되어야 한다는 것이다. 그리고 회중의 행동 양식은 이 모든 지체의 사역을 허용하기에 충분할 만큼 융통적이고 중앙집중화되지 않아야 한다는 것이 그들의 주장이다.

그러나 문제가 있다! 모든 지체의 사역은 오늘날 은사주의의 구호일 뿐만 아니라 교회 일치(에큐메니칼) 운동의 표어이기도 하다. 아무도 이 말을 입에 올리는 데 주저하지 않는다. 그러나 모든 지체의 사역이 일어나게 하기 위해 모든 사람이 새로운 조직들을 고안하고 과거의 조직들을 새롭게 함에 있어 은사주의자들처럼 실천적인가? 그렇지 않다. 많은 교회들에서 들리는 불평은 은사를 받은 사람들의 재능들이 사용되지 않고 있고, 인격적인 이웃 사역을 요구하는 분명한 욕구들이 충족되고 있지 않은데, 그 이유는 목회자가 혼자 북치고 장구치기를 고집하며, 자기보다 더 나은 일들을 할 수 있는 사람들로 이루어지는 사역 팀으로 자신의 양떼를 취급하지 않으려고 하기 때문이라는 것이다. 하나의 단체로서 은사주의자들은 이 장애를 통과하여 다른 사람들에게 도전을 하고 있다.

3) 셋째 이상: 완전한 전달. 은사주의의 예배는 다양한 사람들에게 다양하게 인상을 주는 특징을 갖고 있다. 이 특징들에는 다음과 같은 것들이 포함된다: 곧 찬송(책을 보고 하는 찬송과 "성령으로" 부르는 찬송), 박수 치기, 팔을 들고 손을 펼치는 것, 한 사람이 방언을 하면 이어 다른 사람이 통역을 하며 이어지는 의식, 집단에게 하나님의 예언을 전달하는 것, 산만한 즉흥적인 설교, 감탄사와 응답에 의한 설교자와의 집단적인 대화 등이다. 그러나 이런 사항들을 비난할 사람들이 있겠지만 이런 사항들이 기여하는 목

적―하나님의 백성들이 함께 행하는 모든 일로 인하여 하나님의 백성으로 하여금 하나님의 임재와 권능을 깊이 느끼게 하고 하나님의, 모든 일을 인도하심에 마음을 열게 하는 것―을 비난할 수 있는 사람은 아무도 없다. 이 목적이 어느 정도라도 이루어질 때, 우리는 월터 홀렌웨저(Walter J. Hollenweger)가 확립된 부흥의 현상을 "분위기에 의한 전달"이라고 칭한 바를 보게 된다.

위에 언급된 관행들이나 "자극적인" 집회의 기술들을 옹호하지는 않지만(왜냐하면 인위적으로 만들어진 흥분은 절대로 하나님을 전달하는 것이 아니기 때문이다), 나는 은사주의의 목적이 옳다고 단언한다. 표면적으로 볼 때에 매우 산만하게 보일지 모르지만, 은사주의의 관행은 경건이라는 이름으로 우리가 교회에서 행하는 억제된 형식적인 행동이 하나님의 실재하심을 가장 생생하게, 생명력 있게, 그리고 설득력 있게 전달하는 방법이 아니라는 것을 깨닫게 한다. 우리 모두는 "분위기에 의한 전달"이 가장 훌륭하게 성취될 수 있는 방법을 깊이 생각해 보아야 한다.

4) 넷째 이상: 완전한 공동체. 그리스도를 공동으로 소유하고 우리가 그리스도로부터 얻는 것을 함께 나누는 것을 의미하는 공동체, 또는 교제는 은사주의자들이 극대화하고자 노력하는 그리스도인의 자질이다. 은사주의자들의 두드러지는 특징은 그들이 다른 사람들을 돕기 위해 자기 자신과 자신의 물질을 후하게, 때로 무모할 정도로 주며, 훌륭하게 나눔의 사역을 행하고 있는 것이다. 그들의 기도 모임에서, 훈련적인 교제 관계에서, 그리고 공동 생활의 경험들에서, 그들의 사랑으로 섬기고자 하는 열망의 강도는―지혜롭게 표현되든지 그렇지 않든지 간에―다른 사람들을 부끄럽게 하며, 땅에 있는 그리스도의 몸으로 이루어지는 광범위한 대가족으로서의 전체 교회에 대한 그들의 생생한 이상은 웅장한 것이다.

여기에서 제기되는 문제는 은사주의자들이 행하는 일을 모든 사람이 모방해야 할 것인가 하는 것이 아니고, 은사주의자들의 모범이, 공동체를 원한다고 말하면서 폐쇄된 생활로 만족하고 절대로 자신을 사랑으로 낭비하려고 하지 않는 다른 그리스도인들의 냉담을 드러내는가 하는 것이다. 만일 그들의 모범이 다른 그리스도인들의 냉담을 드러낸다면, 다른 그리스도인들이 자신을 바르게 하기 위해 취해야 하는 단계들은 무엇일까?

우리들은 일부 그리스도인들이 은사 운동에 대해 적대적이라는 것을 알고 있다. 그들이 은사 운동에 적대적인 태도를 취하는 이유는 은사 운동이 가르치고 있는 일부 입장들에 찬성하지 않기 때문이거나, 은사 운동이 자신들을 위태롭게 한다고 느끼기 때문이다. 또한 은사 운동은 일부 사람들에게 필요한 환상들을 포함하고 있기 때문에 반대할 것이 아니라 단지 무시하면 된다는 태도를 취하는 사람들도 있다는 것을 우리는 알고 있다. 이러한 반응들은 부적절한 것으로 보인다. 은사 운동은 모든 기독교계에 그리스도인이 된다는 것과 성령 충만을 받는다는 것이 무엇을 의미하는지 질문하지 않을 수 없게 하고 있다. 은사 운동은 한때 복음적인 증거에 귀를 닫고 있었던 사람들을 분명한 복음적인 경험으로 끌어들이고 있다. "지식을 자처하는" 급진적인 신학이 삼위일체를 배격하는 새로운 단일신론(unitarianism)이라는 광야로 교회를 유인하고 있는 때에, (나는 감히 말한다) 바로 하나님께서 이에 대항하기 위해 일으키신 세력은 새로운 칼빈이나 오웬이 아니라, 성자와 성령의 신성과 잠재력을—위대한 신학적 통찰력이나 정확성으로서가 아니라, 갱신된 삶과 변화된 생활 방식의 증거에 의해—선포하는 운동이 아닐까? 그 존재에 의해 세상과 교회에 기독교가 본질에 있어 말이 아니라 그리스도라는 분과 능력이라는 것을 명심시키는 운동이 아닐까? 분명히 우리는 여기에서 하나님의 전략을 본다.

그러나 나의 이 생각이 옳은가 그른가 하는 것은 내일의 그리스도인들이 오늘의 은사 운동에 의한 갱신을 어떻게 볼 것인가에 맡기고, 우리는 은사 운동에서 우리에게 주어지는 교훈들을 살피고 배우는 것이 좋을 것이다.

제 11 장
그리스도인의 시민권

　우리가 예배를 마칠 때, 봉사라는 예배가 시작된다는 말은 오늘날 일부 교회에서 흔히 들을 수 있는 말이다. 우리가 천국에 대해 관심이 많으면 많을수록 하나님의 뜻이 땅에서 이루어지는 것에 대해 더 깊은 관심을 두게 된다는 것은 그리스도인의 삶에 나타나는 하나의 역설이다. 이 세상에서 다른 사람들을 섬기는 데 가장 열심을 보이는 그리스도인들은 예외 없이 내세의 현실들을 가장 강력하게 공감하는 사람들이다. 우리가 목사, 선교사, 정치가, 개혁자, 실업가, 의사, 부와 권세를 가진 사람, 또는 평범한 보통 사람들이나 어떤 사람들을 보든지 이 사실은 항상 진실이다.
　다른 사람들에 대한 사랑의 표현으로 그들을 섬기는 것은 그리스도인의 우선 사항이다. 그리고 대부분의 그리스도인들이 처음부터 알고 있다시피, 그리스도인의 시민권은 봉사로 이루어지는 것이다. 마르크스주의자는 종교가 땅의 욕구들을 마비시킨다고 주장하지만, 하늘의 시민권을 가지고 있는 사람들은(나는 빌립보서 3:20에 나오는 바울의 어구를 인용하는 것이다) 어떤 국가에서도—민주주의 국가이거나 전체주의 국가이거나, 기독교 국가이거나 이교 국가이거나, 세속적인 국가이거나 심지어 무신론적인 국가에서도—가장 훌륭한 시민들의 역할을 하고 있다는 사실을 발견한다.

1. 적극적인 국가 활동을 위한 성경적 근거

신약성경에서 시민으로서의 의무는 하나님을 섬기는 의무와 나란히—또는 사실상 하나님을 섬기는 의무의 일부분으로—강조적으로 명령되고 있다. 예수님께서 "가이사의 것은 가이사에게 하나님의 것은 하나님께 바치라"(막 12:17)는 말씀으로 세금을 내는 것에 대한 질문에 답변하실 때, 이 말씀은 문제에 대한 교묘한 회피가 아니라, 사람이 자신이 존재하는 정치적 지역에 마땅히 지불해야 하는 것을 지불하는 것은 그리스도인의 소명의 일부분이라는 사실을 분명하게 인정하는 것이다. 베드로가 주저함이 없이 "하나님을 두려워하며 왕을 공경하라"(벧전 2:17)고 말할 때 그도 역시 같은 진리를 강조하는 것이다. 바울도 진정한 기독교 신앙인 은혜에 대한 감사 생활을 개관하면서, 로마의 그리스도인들에게 "각 사람은 위에 있는 권세들에게 굴복하라 권세는 하나님께로 나지 않음이 없나니 모든 권세는 다 하나님의 정하신 바라"(롬 13:1)고 가르치고, "그러므로 굴복하지 아니할 수 없으니 노를 인하여만 할 것이 아니요 또한 양심을 인하여 할 것이라…모든 자에게 줄 것을 주되 공세를 받을 자에게 공세를 바치고 국세 받을 자에게 국세를 바치고 두려워할 자를 두려워하며 존경할 자를 존경하라"(롬 13:5, 7)고 설명할 때 같은 진리를 말하는 것이다. 바울은 국가의 공직자를 "하나님의 사자가 되어 네게 선을 이루는 자"라고 말한다(롬 13:4). 바울이 고려하고 있는 관리가 황제에게서 임명을 받은 로마의 관리라는 사실을 주목하라! 이어 그는 하나님께서 법, 질서, 정의, 그리고 "선"을 유지하기 위하여 국가를 제정하셨다고 설명한다. 여기에서 선은 보호와 복지를 포함하며, 미국의 헌법이 기술하는 행복을 추구하는 기회와도 동떨어진 것이 아니다.

따라서 비록 그리스도인들은 이 세상을 집으로 생각하지 말고 우거하는 이방인들, 그리고 자신들의 보화가 쌓여 있는 곳을 향해 외국의 땅을 지나가고 있는 여행자들로 생각해야 하지만(벧전 2:11; 마 6:19-20), 성경은 그리스도인들이 선한 정부로부터 나오는 유익들에 무관심하는 것을 금하고 있다. 그러므로 그리스도인들은 자신들뿐만이 아니라 다른 사람들을 위해서도 이러한 유익들을 극대화하는 데 주저하지 말아야 한다. 준법 생활로 안정된 정부를 후원하고 가능한 곳에 개인적으로 참여함으로 정부의 역할을 완수하도록 돕는 것은 요셉, 모세, 다윗, 솔로몬, 느헤미야, 모르드개, 다니엘 등에게 합당했던 것과 마찬가지로 오늘날의 우리에게도 합당한 일이다. 우리는 이 일을 하나님과 이웃에 대한 봉사로 여겨야 한다.

2. 그릇된 기독교의 발전들

위의 칭찬할 만할 모범들과 함께, 우리는 여기에서 정치적 의무에 대해 복잡한 역류를 일으켜 온 현대 기독교계의 세 가지 발전들을 주목해야 한다. 우리는 계속 진행하기에 앞서 이 세 가지 발전들을 각각 논의해 볼 필요가 있다.

1) 일부 기독교 상대주의자들의 정치적 의도들. 기독교 "상대주의자들"(relativists)이라고 말할 때, 나는 성경의 가르침을 하나님의 계시된 진리로서가 아니라, 하나님의 자기 발표에 대해 인간이 주워 모은 조언으로 다루는 특정한 개신교인들을 생각하는 것

이다. 즉 그 조언이 오늘날의 그리스도인들은 사용할 의무가 없는 문화적으로 상대적인 용어들로 표현되었고 역시 오늘날의 그리스도인들은 시인할 의무가 없는 많은 감정들을 말하고 있는 인간적인 조언이라는 것이다.

또한 "정치적 의도들"이라고 말할 때, 나는 이들의 목표들이 그리스도인의 믿음을 천국을 향한 순례자의 길에서 바꾸어 이 세상을 위한 사회 정치적 계획으로 변형시키는 것임을 의미한다. 이 계획은 종종 인종차별주의, 경제적, 그리고 문화적 착취, 계급 대결, 그리고 인간의 권리들에 대한 부인 등과 같은 사회의 집단적 죄악들을 종결시킴으로 땅에 하나님의 나라를 확립하는 것으로 말한다. 이 계획의 강령은 샬롬(하나님 아래에서 공동체의 안녕을 나타내는 히브리어)을 수립하는 것이다.

여기에 그릇된 점이 무엇인가? 샬롬을 위해 기도하는 것이나 사람이 소유한 기회로서의 샬롬을 위해 일하는 것은 그릇될 것이 없다. 지구촌의 이웃 사랑은 모든 사람이 이 사랑을 행하고 국내적인 차원으로만이 아니라 국제적인 차원으로 이 사랑을 행할 것을 요구한다.

그렇지만 그리스도인의 믿음(인간들 중에 계시된 하나님의 목적에 대한 우리의 이해)과 그리스도인의 순종(하나님의 계시된 뜻을 행하려는 우리의 노력)이 사회의 개선을 위한 인간의 시도들로 축소되고 그러한 시도들과 동일시될 때, 그것은 분명히 재앙이 아닐 수 없다. 그리스도께서 이 세상의 특별한 착취와 악폐들과 관련될 때만 구원자와 주님으로, 그리고 해방자와 교화자로 생각될 때 복음에서 핵심이 절단되는 것이다. 그런데 이것이 개신교 지도층 중의 자유주의자들과 급진주의자들의 표준적인 견해인 것이다. 이 견해는 세계교회협의회(the World Council of Church, WCC), 그리고 중미와 남미의 일부 천주교 신자들의 "자유주의 신학"에 의해 표현되고 강화되고 있다.

　이로 인해 생겨난 일은 주류 개신교 단체들의 성직자들과 평신도들이 자신들의 종교 가치관을 정치적 가치관으로 재해석하고 재정의하는 것을 스스로 허용한 것이다. 그리하여 이들은 기독교를 삶에 적용한다는 구실 아래 세속화시켜 버렸다. 이렇게 하는 과정 가운데, 이들은 기독교를 다소간에 좌익주의 이념으로 변질시켰고, 그 와중에서 심지어 합법적인 정부에 반하는 혁명적 폭력과 게릴라전까지 그리스도에 속한 것이 되었다. 이 관점을 표현하는 거의 전문적인 서적들의 홍수, 자유주의 신학교들에서의 이 관점에 대한 확고한 뒷받침, 그리고 "정치 신학"이라는 학문으로 이 관점에 그럴듯한 칭호를 붙임에 의해, 이 관점은 훌륭한 것으로 둔갑했다. 개신교파 지도부들의 이 견해를 지지하는 끈질긴 선전은 현재 많은 평신도들로 하여금 이 계획을 어느 곳에서나 추진하는 것을 그리스도인 시민의 역할과 동일시하도록 만들고 있다.

　이 모든 일들에 있어 근본적인 실책은 기독교의 초월적인 준거점을 상실한 것이다. 성경의 가르침을 하나님의 진리로 경외하는 사람들, 신약성경에서 예수님을 무엇보다 먼저 장차 임할 진노로부터 구원하시고, 의로 새롭게 하시고, 우리에게 하늘을 개방하시는 구원자로 나타낸다고 보는 사람들, 그리고 복음전도를 이웃 사랑의 기본적인 차원으로 보는 사람들은 마땅히 다른 어느 누구 못지않게 사회의 악들에 강력하게 반대해야 한다. 이를 행하는 것은 모든 그리스도인들이 소명받은 실제적인 사마리아인의 정신, 즉 자신이 할 수 있는 모든 방법을 다하여 빈곤과 불행을 경감시키라는 소명의 일부분이다. 그러나 이 모든 일은 그리스도, 곧 그 나라가 이 세상에 속한 것이 아닌 그리스도, 인류에게 기쁨과 풍성함만이 있는 것이 아니라 고난과 슬픔도 있는 이 세상의 삶을 도덕적이며 영적인 훈련장으로, 영원을 위한 예비 훈련장으로 이해할 것을 요구하시는 그리스도를 섬기는 가운데 행해져야 한다. 상대주의자들이 이 시각을 상실한 것처럼 이 시각을 상실할 때, 이웃 사랑의 모든 사업계획은 제길에서 빗나가게 된다.

2) 일부 기독교 절대주의자들의 경건한 금지들. 여기에서 내가 사용하는 "절대주의자들"(absolutists)이라는 말은 하나님의 불변의 진리가 성경에서 교회에 주어진다고 믿고 있으며, 또한 오직 이 진리에 순종함으로만 하나님을 기쁘시게 해 드릴 수 있다고 믿는 개신교, 천주교, 또는 동방정교 신자들을 나타낸다. 이들은 역사적인 성경적 신앙을 고치거나 축소하는 것을 완고하게 반대한다는 이유로 기독교 보수파(conservatives), 또는 보수론자(conservationists)라고 칭해질 수 있다. 개신교 절대주의자들 중의 많은 사람들, 또는 아마도 대부분이 복음주의자들(evangelicals)이라고 칭해지는 것을 좋아한다. 왜냐하면 그리스도의 복음이 그들의 기독교에 있어 중심이기 때문이다.

이 사람들은 거룩을 이루고, 죄를 피하고, 영혼들을 구원하고, 그리스도인들과 교제를 실천하고, 모든 반기독교 세력들에 반대하는 일에 대한 그들의 관심에 있어 경건하다.

경건한 금지들은 국가 정부의 어떠한 위치에도 관계하려고 하지 않으려고 하는 정치적 소극성의 형태를 취한다. 어떤 사람들은 투표는 하지만 공직에 입후보는 하려고 하지 않고, 또 어떤 사람들은 심지어 투표까지도 하지 않으려고 하는데, 이들은 모두 정치적 문제들을 직접적으로 자신들의 업무가 아닌 것으로 다루는 경향이 있다. 따라서 그리스도인 시민으로서의 그들은 정치적 과정에 관여하지 않고 몸을 사리는 태도를 취한다.

이렇게 되는 데 있어 몇 가지 요인들이 작용하는 것으로 보인다. 그중의 하나가 앞에서 설명한 자유주의 개신교파의 "사회 복음"에 대한 반동이다. 복음주의 경건주의자들은 가능한 한 완전하게 그들과 관계를 끊고 싶어한다. 두번째 요인은 그들의 종말론에서 나온 그릇된 추론이다. 그들의 종말론은 그리스도의 재림이 가까워질수록 세상이 불가피하게 더 악해지는데, 이에 대해 할 수 있는 일은 아무것도 없다고 본다. 따라서 정치적으로 누가 권세를 잡는가 하는 것은 문제가 되지 않는 것이다. 이와 관련된 세번째 요인은 도덕적으로 부패하고, 원칙을 타협 절충하고, 땅에 얽매여, 쾌락을 추구하고, 자신을 섬기는 삶을 추구하는 "이 세상"으로부터의 분리에 대한 강조이다. 경건주의자들은, 정치란 득표를 얻고 권력 경쟁에서 자신의 목표를 유지하기 위해 부단히 원리원칙들이 희생되는 애매한 상황으로 생각하기 때문에, 정치를 분명히 세속적인 일이며, 따라서 그리스도인들에게는 출입금지 지역으로 본다. 고려할 가치는 없지만 설득력이 있는 네번째 요인은 모든 사회적 문제들을 개인적인 문제들로 바꾸고 국가 정부는 영혼을 구원할 수 없으므로 중요한 것이 아니라고 생각하는 개인주의이다. 이 개인주의로 인해 사람들은 정치적인 과정에 전혀 흥미를 갖지 않게 된다.

그러나 이렇게 되어서는 안된다. "사회적 복음"이 어떠한 오류들을 갖고 있든지, 교회에서의 사역과 복음전도가 우리의 첫번째 관심사가 되어야 한다는 것이 아무리 진실일지라도, 그리스도인들이 붙잡고 씨름해야 할 사회적, 정치적 과제는 여전히 남아 있는 것이다.

비록 재림이 가까울지라도, 우리가 노력한다면, 하나님 아래에서 세상을 일시적이라도 조금 더 낫게 만들 수 있다. 하나님께서 우리에게 시도를 하라고 말씀하시는데, 우리가 성공하지 못할까봐 시도도 해보지 않았다면, 그것은 변명이 될 수 없다.

분명히 정치는 권력 게임이다. 그러나 사회적 구조가 개선되어야 할 때, 그 권력 게임으로서의 정치가 있어야 한다. 정치는 비록 이 세상에 속한 것이지만, 여전히 하나님을 섬기는 영역이며, 또한 본질적으로 "세상적"인 것이 아닌 사람들을 섬기는 영역이다. 더욱이 정치의 기본 책략인 정치적 절충은 원리원칙들을 희생시키는 것과는 상당히 다른 것이다(이에 대해 뒤에서 고찰할 것이다).

마지막으로 정치적 관심을 훼손시키는 개인주의는 선한 정부가 주는 유익과 악한 정부가 주는 피해를 바로 보지 못하는 일종의 근시안적인 통찰력의 결여이다(아돌프 히틀러, 폴 포트, 그리고 르완다의 최근의 집권층을 생각해 보라). 그렇다! 정치적 수동성은 정당화될 수 없다. 그러므로 오늘날 정치적으로 수동적인 태도를 취하는 사람들은 그런 태도에서 벗어나도록 교육을 받을 필요가 있다. 우리가 앞에서 거부한 정치적인 태도가 타당하지 않았던 것처럼 이 부정주의(negativism)도 타당하지 않다.

3) 일부 기독교 성경주의자들의 정치적 영토확장주의. 여기에서 나는 최근에 성경을 사랑하는 교회와 단체들의 일부 구성원들을 고무하고 있는 십자군 정신을 생각하고 있다. 이들은 스스로를 복음주의자들보다는 근본주의자들(fundamentalists)로 칭한다. 왜냐하면 근본주의자라는 말이 타협을 하지 않는 전투적 태도를 더 분명하게 나타낸다고 생각하기 때문이다.

그들은 목적들을 선언하고 그 목적들을 이루기 위해 정치 세계의 혼란에 뛰어드는 데 주저함이 없다. 그러나 민주정치의 권력 게임을 구약성경에서 하나님께서 자기 백성에게 이교도를 몰아내고 무력으로 그들의 왕국을 빼앗으라고 명하시는 성전(聖戰)의 현대판으로 보고자 하는 유혹으로 말미암아 여러 가지 문제들이 발생한다. 내가 정치적 "영토확장주의"(imperialism)라고 말하는 이유가 바로 이 유혹 때문이다.

성경의 성전에서 이교도는 인권이 없었고, 관용을 받지 못했다. 왜냐하면 하나님께서 자기 백성을 자신의 사형집행자, 이교도들이 마땅히 받아야 하는 심판을 내리는 인간 수단으로 사용하셨다. 하나님의 보응하시는 공의(성경 전체를 통해 두드러지는 하나님의 특성의 한 국면)의 계시로 볼 때, 성전은, 비록 두려움을 느끼게 하지만, 시종일관 도덕적인 의미를 나타낸다. 그러나 성전은 기독교회를 향한 하나님의 계획의 일부분이 아니다. 로마서 12:19에서 바울은, 보복은 하나님께 맡기라고 말한다. 따라서 미국, 캐나다, 인도, 또는 영국과 같은 현대의 다원론적 민주주의 정치 투쟁장에서 성전을 그리스도인의 행동 모델로 삼을 수 있는 도덕적 또는 실제적인 의미가 없다.

민주주의에서 우리는 대중의 견해가 우리를 지지하여 공직에 유지시키는 경우 외에는 통치를 할 수 없다. 그러므로 합의의 추구, 그리고 합의를 이루려는 목적의 설득 행위는 매우 중요하다. 다른 사람들은 값어치가 없는 것처럼 그들 위에 권세를 부리는 것은 언제나 자기를 파멸시키는 부메랑식의 결과를 가져올 것이다. 자신들이 목표하는 바에 대중적인 지지를 얻으려고 하지 않고 권력을 움켜쥐어 사용하려고 하는 압력 단체들은 마찬가지로 강압적인 반대를 야기시킬 것이고 반드시 단명할 것이다.

로마 카톨릭이, 오류는 권리를 소유하지 못한다는 오랫동안 유지해 온 신념을 포기한 사실을 개신교인들은 당연히 기뻐할 것이다. 그런데 이제 개신교인들 자신이 이 불명예스러운 원칙을 집적거린다면, 머지 않아 망신을 당하게 될 것이다. 이러한 위험은 끊임없이 존재한다. 고(故) 폴 헨리(Paul Henry)가 그의 저서 『복음주의자들을 위한 정치』(*Politics for Evangelicals*)에서 지적한 바와 같이, 소위 "의로운 열심 자체가 정치의 실행에 유해할 수 있다. 왜냐하면 소위 '진실한 신자들'은 자신이 신봉하는 진리들을 대대적으로 사회에 강요하려고 하며 타협할 줄 모르는 관념주의자들이 될 위험에 항상 놓여 있기 때문이다." 공동체의 선악에 대해 강력한 신념을 갖고 있어야 하는 그리스도인 시민들은 여기에서 항상 신중할 필요가 있다.

3. 민주주의를 지지하는 이유

우리가 알고 있는 바와 같이 입법부와 사법부와 행정부가 분리되어 있고, 대중 정보 서비스(대중매체)가 정부의 통제를 받지 않으며, 여당의 정부가 항상 야당의 반대에 직면하며, 1인 1투표권에 기초한 국민 전체의 선거가 일정한 간격으로 반복되는 의회 민주주의는 그리스도인 시민들이 생활하며 하나님을 섬겨 온 유일한 정부 형태가 아니다. 그러나 기독교의 입장에서 볼 때 민주주의가 다른 어떤 형태의 정부보다 더 적절하고 현명한 형태라는 사실은 의심의 여지가 없다.

기독교가 민주주의를 추천하는 이유는 두 가지 통찰에 의거한다. 첫번째 통찰은 원칙적으로 모든 사람이 모든 직책을 맡을 자격이 있다고 인정하는 개방적인 사회 체계에서 국민의, 국민에 의한, 국민을 위한 정부가 정치적인 관점에서 각 개인에게 우리 하나님께서 주신 위엄과 가치를 가장 잘 표현한다는 인식이다.

그리고 두번째 통찰은 권력은 반드시 제한을 받아야 한다는 인식이다. 로드 액튼(Lord Acton)이 말한 바와 같이, 이 타락한 세상에서 모든 권력은 부패하고, 절대 권력은 절대 부패한다. 그러므로 권력들을 분리시키고, 행정 기구 내에 견제와 균형 기구들을 두는 것은(비록 이런 억제를 위한 절차들이 절대로 부패의 위험들을 제거하는 것은 아니지만) 부패의 위험들을 제한해 줄 것이다.

이 기독교의 통찰들은 더 많은 시민들이 자신들의 삶을 구체화하는 결정을 하는 데 참여했다고 느끼게 하면 할수록, 더 확실하게 그 결정들을 지지한다는 세상의 지혜와 일치한다. 그러므로 국민의 의견 일치를 극대화하는 정부 형태가 통상적으로 어떤 다른 정부 체계보다 더 안정될 것이다.

4. 민주주의의 활동

따라서 그리스도인 시민들은 민주주의의 원칙들에 적극적으로 참여하고 민주주의를 이루는 데 최선을 다할 의무가 있다고 생각할 것으로 기대할 수 있다. 그러나 이 말은 국가에 있어 최선의 의사 결정 방법으로서의 민주주의 과정에 대한 양심적인 참여를 의미한다.

서양의 민주주의 국가들과 같이, 철학적으로, 그리고 종교적으로 다원론적인 민주주의 국가들에서 갈등에서 일치를 이루는 민주주의 과정은 극히 중요하다. 이 타락한 세상에서 제한된 예견과 대립되는 이해 관계로 인해 발생하는 갈등은 정치 현장에서 피할 수 없는 부분이다. 그러므로 경쟁하는 당파들 간의 균형을 깨뜨리는 공개적인 경쟁의 강도는 사회의 건강과 사기의 지표가 된다.

토론을 통해 정치적 갈등을 해결하는 과정에 붙여진 명칭이 타협(compromise)이다. 윤리학의 영역에서는 다른 의미일 수도 있지만, 정치에 있어 타협은 원칙의 포기를 의미하는 것이 아니라, 그 순간에 있어 우리가 얻을 수 있는 최선이 이상에 못 미칠 때, 그것으로 만족하는 현실적인 조정이다. 타협에 의해 표현되는 통찰은 빵이 전혀 없는 것보다는 반 조각의 빵이 낫다는 것이다.

타협이 민주주의 정치의 핵심이라면 정치적 타협의 핵심은 주고받는 것(give-and-take)이다. 이 점을 인식하는 것이 정치적 성숙의 표적이다. 대조적으로, 자신의 견해와 목적을 전적으로 지지

하지 않는 모든 사람들에 대해 적대적인 입장을 취하는 교조적 완고성은 정치적 미성숙을 나타내는 것이다.

민주주의의 의사 결정은 가능한 한 공개적인 과정이다. 그러므로 우리는 이 공개가 미래를 위태롭게 함이 없이 이루어질 수 있는 한, 언제 어느 때든지 공직자들이 자신들이 활동하는 이유들을 공개할 것으로 기대한다. 그러나 모든 중요한 정치적 결정들은 그 자체에 있어 복잡할 뿐만 아니라 사회적으로 논쟁의 여지가 있게 마련이다. 이 사실은 적어도 세 가지 이유로 인해 불가피하다.

첫째로, 어떤 경우에 대한 사실들에 대한 모든 사람의 지식은 부분적이고 선택적이다. 둘째로, 장기적인 결과와 단기적인 결과의 상대적인 중요성에 대한 가치와 우선 사항과 견해들은 다양할 것이다. 예를 들어 환경 보존에 대해 계속되는 논쟁을 생각해 보라. 셋째로, 결과들에 대한 평가, 특별히 바라지 않는 결과에 대한 평가도 역시 다양할 것이다. 그리고 사람들이 서로 다른 결과를 기대하기 때문에 어떤 사람들에게 옳게 보이는 행동들이 다른 사람들에게는 옳지 않게 보일 것이다. 행정적인 결정들은 통상적으로 달갑지 않은 부산물을 갖고 있기 때문에, 여러 가지 악들 중의 선택—즉 가장 작은 악을 택하여 더 큰 악을 피하려는 시도—이 된다. 예를 들어 전쟁에 핵 무기를 사용하는 것에 대한 논쟁을 생각해 보라.

그리스도인 시민들은 정치에서는 흑백이 분명한 해답을 얻을 수 없고, 하나님께서 원하시는 바는 정치가 나름대로 발견할 수 있는 가장 높은 이상과 가장 성숙한 지혜로 운영되는 것이라는 사실을 인정해야 한다. 솔로몬의 경우는(왕상 3장) 하나님께서 관리들에게 주시는 은사들이 모든 문제들에 대해 미리 결정된 해결책이라는 형태를 취하는 것이 아니라 앞으로 일어날 일에 창조적으로 대처할 수 있는 지혜의 형태를 취한다는 것을 보여준다.

5. 그리스도인 시민은 어떤 일을 해야 하는가?

1세기의 신자들에게 능동적인 정치 참여는 선택 사항이 아니었기 때문에 신약성경은 능동적인 정치 참여에 대해 이야기하고 있지 않다. 로마 제국은 민주주의 정부가 아니었고, 대부분의 그리스도인들은 로마 시민이 아니었다. 그리스도인들은 사회, 경제적으로 하층 출신의 소수파였고, 유대교라는 보다 오래된 괴상한 종교에서 나온 별난 괴짜들로 여겨졌다. 그들은 정치적 영향력도 없었고 앞으로 정치적 영향력을 얻을 전망도 전혀 없었다. (당시의 그리스도인들이 정치적 보호라도 얻기까지에는 미국 독립의 2백년보다 더 오랜 기간이 걸렸다. 콘스탄틴 황제 이전에, 그들의 믿음은 불법적인 것이었고, 어디를 가나 심한 박해를 받으며 살았다.) 그러므로 그들이 할 수 있었던 유일하게 정치적으로 의미 있는 일들은 세금을 바치고(마 17:24-27; 22:15-21; 롬 13:6-7), 통치자들을 위해 기도하고(딤전 2:1-4), 평온을 유지하는 것(롬 12:18; 살전 5:13-15)뿐이었다.

그러나 오늘날의 의회 민주주의는 보다 넓은 범위의 정치적 가능성들을 향한 문을 열어 놓고 있으며, 따라서 신약성경 시대에 요구되었던 상황들보다 더 책임 있는 참여를 우리에게 요구한다. 여기에서 요구되는 참여는 다음과 같이 요약될 수 있을 것이다:

1. 모든 사람은 계속 정보를 받아야 한다. 그렇지 않을 때 우리는 문제들에 대해 바르게 판단을 할 수 없으며, 입후보자들에게 바른 투표를 할 수 없으며, 관리들을 위해 바른 기도를 드릴 수 없다. 정치적 무지는 절대로 그리스도인의 미덕이 아니다.

2. 모든 사람은 디모데전서 2:1-4이 지시하는 대로 권세 잡은 사람들을 위해 기도해야 한다. 성경이 밝히 말하는 바

와 같이 기도의 은밀한 효과는 엄청나다.

3. 정치적 견해의 표현이 요청되는 선거와 국민 투표 때마다 모든 사람은 빠지지 말고 투표를 해야 한다. 우리는 인물보다는 논의되는 쟁점에 따라서 투표를 해야 하며, 개인적인 입장에서논 쟁점을 보고 투표할 것이 아니라, 전체 사회의 복리에 대한 우리의 이상에 따라 투표해야 한다. 이것은 비록 작은 일이지만 우리가 세상의 소금과 빛으로서의 영향력을 행사할 수 있는 한 가지 방법이다(마 5:13-16).

4. 어떤 사람들은 논쟁에 참여함으로, 글을 씀으로, 그리고 가장 가깝게 의견이 일치하는 정당에서 활동함으로 정치적 영향력을 추구해야 한다. 목회자들은 이런 활동을 하지 말아야 한다. 왜냐하면 이런 활동이 다른 정치적 견해를 갖고 있는 사람들에 대한 목회에 장벽이 될 것이기 때문이다. 그러나 목회자들은 정치적 관심을 갖고 있는 사람들이 보다 친숙하게 참여하는 교회 생활과 예배와 전도의 활동 영역과 함께, 정치적 영향력을 얻어 행사하는 일도 그리스도인이 봉사할 수 있는 영역으로 보도록 격려해야 한다.

5. 어떤 사람들은 정치적 소명을 받아들여야 한다. 정치적 소명을 받아들여야 하는 사람은 어떤 사람들일까? 정치적 관심과 재능과 기회가 일치하는 사람들과 다른 활동보다 정치적 활동이 가장 두드러지는 사람들이다. 또한 세계적으로 인간의 삶을 개선시키고, 국제적인 평화를 발전시키고, 부도덕한 차별을 정의로 바꾸고, 국민의 예의범절을 증진시키고자 하는 이상을 갖고 있는 사람들은 정치적 소명을 깊이 생각해 보아야 한다. 그리고 마지막으로 인내와 겸손과 관용과 청렴을 가지고 힘써 일하고, 광신을 피하고, 방해를 극복하고, 자신의 이익보다 국민의 이익을 앞세울 준비를 갖춘 사람들은 격려를 해주어야 한다. 성경의 역사는 하나님께서 자신의 종들 중 어떤 사람들이 전문적인 정치가로 사회를 바르게 이끌기를 바라신다는 사실을 보여준다. 그러므로 이런 역할에 맞는 사람을 발견할 때, 그것은 나아가 이 역할을 맡으라는 하나님의 분명한 소명이다.

그러나 여기에서 몽상적인 시각을 갖지 말아야 한다. 이 선택은 희생을 요하는 것이다. 정치의 길은 거친 여행길이다. 공적 생활이라는 어항은 공직자를 무자비한 비판에 부단히 노출시킨다. 그러므로 공직 생활을 한다는 것은 오뚜기같이 다시 일어날 수 있는 힘을 요구하며, 큰 자기 희생을 수반한다. 로버트 린더(Robert D. Rinder)는 그의 저서 『정치: 기독교 활동의 한 경우』(*Politics: A Case for Christian Action*)에서 다음과 같이 기술했다:

> 이 일은 종종 보람이 없고 낙심을 주며, 때로는 이에 참여한 사람들에게 심리적 긴장과 심적 고통을 준다. 문제들이 어렵기 때문에 정치가가 어떻게 행하든지 간에 누군가는 불만족스러워하고 불평을 하게 마련이다. 사회의 모든 사람이 공직자의 행동들을 비평할 권리를 갖고 있는데, 비평자들은 뒷궁리를 할 수 있는 이점과 의사 결정자를 거부할 수 있는 특권도 갖고 있다…개인적인 입장으로 볼 때 정치적인 수고는 무거운 요구들을 자신의 시간과 가족과 재산을 바쳐 떠맡는 것이다. 많은 사람들이 정치를 하는 사람은 감추어진 동기를 갖고 있다고 무턱대고 추정을 한 다음, 다 알고 있다는 눈초리로 또는 은밀한 감시로 그 동기를 드러내려고 할 것이다.

정치는 권력 게임이다. 그리고 이 권력 게임이 죄악된 인간의 마음에서 끌어내는 시기, 증오, 악덕, 이중성 등은 너무 잘 알려진 일들이기 때문에 여기에서 논할 필요가 없다. 원칙적으로 정치가는 쉬운 여행을 기대할 수 없고, 분명히 그리스도인 정치가도 역시 마찬가지이다.

그러나 그리스도인의 소명 중 어떤 면이라도 그것을 완수하는 일이 쉬울 것이라고 누가 생각할 수 있겠는가? 프레데릭 카터우드 경(*Sir Frederic Catherwood*)이 그의 저서 『그리스도인 시민』

(*The Christian Citizen*)의 종결하는 말은 자주 곰곰히 생각해 볼 가치가 있다:

> 우리는 자기 의견을 고집하지 말고 겸손해야 한다. 우리는 자신이 때로 상당히 그릇되기도 하다는 것을 발견할 준비를 하고 있어야 하며, 또한 그 사실을 인정할 수 있어야 한다. 우리는 우리를 위해 자신의 생명을 주신 주님에 대한 사랑 때문에 아무리 우리가 잘 섬겨도 도저히 갚을 수 없는 빚을 인해 우리 이웃들을 섬기는 것이다. 그러므로 우리는 무엇을 하든지 의무감으로 하며, 그 일이 옳기 때문에 한다. 우리는 이교도들같이 즉각적인 만족을 요구하지 않는다. 우리는 세일즈맨같이 성공을 보장하지 않는다. 그리스도인의 삶은 유한한 것이 아니다. 누군가가 심으면 누군가가 거둔다. 누군가가 노력하면 누군가가 그 노력으로 유익을 얻는다. 하나님과 함께할 그 어느 날은 수천 년이 하루 같을 것이다. 그리스도인은 인내와 오래 참음의 의미를 안다. 그러나 또한 그는 행동의 의미도 안다.

바로 이 말은 기독교 생활의 모든 단적인 부분을 위한 바른 원칙이기 때문에 기독교 정치를 위한 원칙이기도 하다.

제12장
보편구원설의 허위

　복음은 "모든 믿는 자에게 구원을 주시는 하나님의 능력"이다 (롬 1:16). 이것은 기독교의 보편적인 주장이다. 하나님께서는 "어디든지 사람을 다 명하사 회개하라"하신다(행 17:30). 이것은 기독교의 보편적 요구이다. 예수님께서는 "가서 모든 족속으로 제자를 삼으라"고 말씀하셨다(마 28:19). 이것은 기독교의 보편적 사역이다.

1. 보편구원설의 영향

　주장과 소명과 위임의 보편주의는 논쟁점이 아니다. 그러나 구속의 은혜의 보편적 선포가 이 세상에서 (어떠한 이유에서든지) 이 메시지를 받지 않는 모든 사람들도 궁극적으로 은혜의 나라에서 평안을 얻을 것이라는 소망을 보장, 또는 허용하는가 하는 문제는 크게 논쟁이 되고 있다. 통상적인 용법에서 보편구원설(universalism)이라는 용어는 이 소망을 받아들이는 사람들의 입장을 나타낸다. 여기에서 우리는 이 말을 바로 이런 의미로 사용할 것이다.

오늘날 보편구원설은 자유주의 개신교계 도처에서 흔히 볼 수 있는 신앙이다. 이 신앙은 최초로 3세기 초에 위대한 학자 오리겐(Origen)에 의해 진지한 신학적 견해로 제창되어 두 세기 동안 상당히 진척하였으나 6세기 말경에 폐기되었다. 그 후 보편구원설은 수세기 동안 아무도 진지하게 주목하지 않는 믿을 수 없는 가설이었다. 19세기까지 주류 개신교에서 보편구원설은 비정통적 소수파의 견해에 불과했다. 그러나 그 후 여러 가지 사항들이 변하기 시작했다.

자유주의의 선구자 프리드리히 쉴라에르마허(Friedrich Schleiermacher)와 많은 그의 추종자들이 보편구원설의 교의를 주장하기 시작했다. 문화적 낙관주의 및 미래의 인간성에 대한 무한한 확신의 시대에 보편구원설 정신은 기독교계 전체에 퍼졌다. 금세기에, 개신교 역사에 있어 최초로 대교파들에 속한 신학자들 뿐만 아니라 선교 지도자들까지 보편구원설 이론을 고무하고 있다.

보편구원론자들은 자신들만이 하나님의 사랑과 십자가의 승리의 실재를 정당하게 평가한다고 주장한다. 영원한 상실, 또는 영원한 처벌에 대한 교리를 믿는 모든 형태의 신앙은 하나님을 실패자로 만든다고 그들은 말한다. 심지어 어떤 자들은 이러한 신앙은 하나님을 악마로 만드는 것이라고 주장하기까지에 이르렀다. 그런데 과연 그러한가?

보편구원설에 함축되어 있는 내용들은 무엇인가? 만일 모든 사람이 구원을 받는다면 복음 전도의 절박성은 사라진다. 그럴 때에 무엇보다 먼저 이웃을 주 예수 그리스도를 믿는 믿음으로 인도하는 것보다 다른 방식으로 이웃을 사랑하는 것이 더 중요하다는 주장이 가능해진다. 그리하여 회개의 복음에서 사회적 복음으로의 이동이 매우 쉬워진다.

이제 이로써 일어나는 문제를 상고해 보자. 교회사 전체를 통해 그리스도인들은 복음전도와 선교를 위한 기도의 짐을 져왔고, 그들이 볼 때 잃은 자로 생각되는 사람들을 위해 밤낮으로 하나님께 간구하였다. 그들은 회심이 없으면 모든 사람이—돌이킬 수 없이, 그리고 변경할 수 없이—지옥으로 가게 된다는 분명한 확신으로 기도하였다. 그들은 사랑과 연민으로 무릎을 꿇고 하나님께 긍휼을 베푸사 영혼들을 구원하시기를 청했다. 여기에서 의문은 이 기도가 필요한 것이었는가 하는 것이다. 이 기도에 어떤 의미가 있었는가? 보편구원설은 우리가 사람들에게 말하는 바에만 관계가 있는 것이 아니라 우리가 사람들을 위해 기도하는 방법에도 관계가 있다. 만일 진실로 아무도 잃어버린 자가 아니라면 하나님께 잃어버린 자들을 구원하시라고 기도하는 것은 그릇된 것이다.

보편구원설은 오늘날 문제가 되었다. 왜냐하면 보편구원설의 개인적 호소력이 매우 강력하기 때문이다. 성경을 믿는 신자들은 전통적으로 보편구원설을 도덕적으로 위약하고 영적으로는 죽은 가르침으로 간주해 왔다. 그들은 보편구원설을 이 세상에서 사람의 행위가 문제되지 않는다고 암시하고 회개하지도 않고 믿지도 않는 자가 그릇된 영생의 소망을 갖도록 조장하는 것으로 보았다. 성경을 믿는 신자들은 에덴 동산에서 "너희가 결코 죽지 아니하리라" (창 3:4)고 한 사단의 거짓말의 현대적 형태를 역사적으로 보편구원설에서 인지하였다. 그러나 10억씩 증가하고 있는 세계 인구에서 어떤 형태로든지 기독교의 신앙고백을 하는 사람은 인류의 3분의 1에 불과하기 때문에 때때로 보편구원설이 사실이기를 바라지 않는 사람은 극히 드물 수밖에 없다.

보편구원설은 기분 좋은 교리이다. 사랑하는 친구나 친지가 영원한 불행과 고통을 향해 나아가고 있을지 모른다고 생각하는 것은 유쾌한 일이 아니다. 만일 우리가 정상적인 그리스도인이라면, 당연히 이런 확신을 갖지 않고 살기를 바랄 것이다. 다른 한편으로. 보편구원설은 영원한 형벌은 절대로 있을 수 없다고 믿는다는 점에 있어 편안한 교리이다. 나는 이 희망에 의거한 생각이 많은 사람들로 하여금 문서상으로는 절대로 동의하려고 하지 않으면서도 마치 보편구원설이 진실인 것처럼 행동하며 생활하게 하지 않을까 우려한다.

2. 성경은 무엇이라고 말하는가?

성경은 보편구원론자의 희망에 대해 어떻게 말하는가?

신자가 죽었을 때의 소망에 대해서는 아무런 의문이 없다. 신약성경이 신자가 장차 얻을 영광에 대해 큰 기쁨으로 명확하게 나타내고 있기 때문에 의문이 있을 수 없는 것이다. 로마서 8장은 "그러므로 이제 그리스도 예수 안에 있는 자에게는 결코 정죄함이 없나니"라는 말로 시작된다. 그리고 이 장은 하늘이나 땅에 있는 어떤 것도 "우리 주 그리스도 예수 안에 있는 하나님의 사랑"에서 우리를 끊을 수 없다는 말로 종결된다. 그리고 로마서 8장 중간에서는(17절) 우리가 그리스도의 영광을 함께 받을 "그리스도와 함께 한 후사"로 칭해진다.

그러나 우리의 의문은 "세상에서 소망이 없고 하나님도 없는 자"(엡 2:12)에 대해 일어난다. 그들은 어떻게 되는 것일까? 로마서 1장부터 8장까지는 그들이 율법과 죄와 진노와 사망 아래 놓여 있다고 선언한다. 그들이 율법 아래 있다는 의미는 단지 그들이 율법을 지킬 의무가 있다는 것뿐만 아니라 그들이 율법에 의해 판단을 받을 운명이라는 의미에 있어서도 그들은 율법 아래 있는 것이다. 그들을 하나님의 길에서 반역과 반항의 길로 몰아내는 강력한 타락의 힘을 갖고 있는 죄가 그들의 삶을 형성하고 있다. 그러므로 그들은 하나님의 진노 아래 있다. 하나님의 진노는 인간의 모든 불경건과 불의를 대적해 하늘로부터 나타나는 하나님의 죄와 죄인들을 향한 적의이다. 죄와 진노 아래 있는 자는 또한 사망 아래 있다. "육신의 생각은 사망이요"(롬 8:6), "너희가 육신대로 살면 반드시 죽을 것이로되"(롬 8:13).

위의 두 구절을 나란히 놓고 볼 때 성경에 나타나는 사망이 존재의 끝을 의미하는 것이 아니라는 것을 우리는 알게 된다. 오히려 성경에서 말하는 사망은 하나님께서 인간이 살도록 만드신 생명에 있어 필수적인 무엇인가를 상실한 상태에서 계속 존재하는 것을 의미한다. 어떤 의미에 있어 사람들은 지금 죽어 있다. 그리고 차후에 사람들은 더 깊은 의미에 있어 죽을 것이다. 이러한 의미에 기초하여 볼 때 신약성경이 영원한 형벌이라는 강력하고 부정할 수 없는 교리를 계속 발전시키고 있다는 것은 놀라운 일이 아니다.

우리는 예수님의 양과 염소의 비유에서(마 25:46) 왕이시며 심판자이신 분에 의해 거부당하는 자들이 영원한 형벌이라는 궁극적인 상태로 떨어지게 된다는 사실을 본다. 이 구절은 하반절에 나오는 역시 궁극적인 상태의 "영생"에 대한 언급과 균형을 이룬다. 어떤 사람들은 형벌의 상태가 끝없이 지속되는 것이 아니라고 주장한다. 그러나 동일한 헬라어가 이 두 가지 경우에 모두 사용되고 있다. 만일 "영생"이 끝없는 상태를 말하고 있다면, 대응과 균형을 이루고 있는 어구인 "영벌"에 의해 의미되는 바에서 유사한 영원성을 배제한다는 것은 거의 불가능하다.

신약성경은 영벌이 인간 자신의 비참한 상태에 대한 괴로운 지식, 하나님의 불쾌감, 인간이 상실한 선한 것들, 그리고 인간이 스스로를 발견하는 돌이킬 수 없이 고정된 상태로 이루어진다고 이해한다. 이 영벌의 교리는 우리 주님께서 복음서들에서 강조하시기 오래전에 이미 회당에서 가르쳐지고 있었다. 그러나 우리의 마음에 공포를 불어 넣는 말들—울며 이를 가는 것, 밖의 어두움,

벌레, 불, 지옥, 고정된 큰 심연 — 은 우리 주님의 가르침에서 직접 받아들인 것이다. 우리에게 영벌의 교리를 가장 명확하게 가르쳐 주시는 분은 바로 예수 그리스도이시다.

벌이라는 말은 이 운명을 판결하는 분이 왕이시며 심판자이신 예수님 자신이라는 사실을 나타내는 반면에, 우리는 모든 경우에 있어 사실상 벌은 선택되는 것이라는 사실을 분명히 할 필요가 있다. 요한은 비록 복음에 의한 것은 아니지만, 일반 계시에 의해 하나님께로부터 오는 빛이 모든 사람에게 이르렀고, 인류는 이 빛을 환영하며, 이 빛으로 나아오는 사람들과, 어두움을 좋아하기 때문에 이 빛을 증오하고 피하는 자들로 나누어진다고 말한다(요 1:4-5, 9; 3:16-21을 보라). 그리스도인들에게 있어서와 마찬가지로 이교도들에게 있어서도, 심판의 날은 그들이 택한 삶으로 보다 더 깊이 들어가는 것을 의미한다 — 이교도들의 경우에 있어 이 삶은 종교라는 형태로 포장을 했지만 사실상 그들이 항상 바라고 있는 하나님이 없는 삶인 것이다.

3. 제2의 기회

그러나 보편구원론자는 또 다른 이론을 개발했으니, 곧 불신 중에 죽어 지옥에 들어간 자들에게 죽음 후에 소위 제2의 기회라는 것이 주어진다는 것이다. 하나님께서 다시 자신의 은혜의 성령으로 그들과 상대하신다는데, 이 계속적인 분투에서의 성공은 확실하다는 것이다. 하나님께서는 사람들이 예수님의 주권에 굴복할 때까지 계속 그들을 회개하고 믿으라고 부르신다는 것이다. 그리하여 그들은 지옥에서 하늘의 영광으로 이동한다는 것이다.

이 교리는 지옥의 실재를 거부하지 않는다. 보편구원론자들은 지옥이 실재하고 사람들이 분명히 지옥으로 들어간다고 말한다.

그러나 일시적으로 들어가는 것일 뿐이고 다시 지옥에서 나오게 된다는 것이다. 에밀 브룬너(Emil Brunner)의 말에 의하면 지옥은 이 견해에 있어 "교육적인 정화 과정"이다. 이 이론가들에 따르면 지옥은 카톨릭의 연옥에 해당하는 것으로 보인다. 지옥은 최종적인 상태가 아니라, 최종적인 상태 직전의 상태이다. 따라서 그들의 교리는 신약성경이 영원한 형벌과 영원한 멸망으로 묘사하는 것과 다른 구원의 교리이다. 학자들은 이 교리를 정확하게 은혜의 낙관주의라고 칭한다.

이와 같은 견해를 입증하기 위해 어떤 논증들이 제시될 수 있었을까? 두 가지 종류의 적극적인 논증들이 사용되고 있다. 첫번째 그룹에 속하는 논증들은 주석적 논증이고 두번째 그룹에 속하는 논증은 신학적 논증이다.

1) 주석적 논증. 이 논증은 세 가지 부류의 성경 본문에 호소하고 있다. 첫째로 모든 사람의 실재적인 구원을 예언하는 것으로 보이는 다음과 같은 구절들이 있다: "만유를 회복하실 때"(행 3:21), "내가…모든 사람을 내게로 이끌겠노라"(요 12:32), "그런즉 한 범죄로 많은 사람이 정죄에 이른 것같이 의의 한 행동으로 말미암아 많은 사람이 의롭다 하심을 받아 생명에 이르렀느니라 한 사람이 순종치 아니함으로 많은 사람이 죄인 된 것같이 한 사람의 순종하심으로 많은 사람이 의인이 되리라"(롬 5:18-19), "저가 모든 원수를 그 발 아래 둘 때까지 불가불 왕노릇하시리니 맨 나중에 멸망받을 원수는 사망이니라 만물을 저의 발 아래 두셨다 하셨으니 만물을 아래 둔다 말씀하실 때에 만물을 저의 아래 두신 이가 그중에 들지 아니한 것이 분명하도다 만물을 저에게 복종하게 하신 때에는 아들 자신도 그때에 만물을 자기에게 복종케 하신 이에게 복종케 되리니 이는 하나님이 만유의 주로서 만유 안에 계시려 하심

이라"(고전 15:25-28), "이러므로 하나님이 그를 지극히 높여 모든 이름 위에 뛰어난 이름을 주사 하늘에 있는 자들과 땅에 있는 자들과 땅 아래 있는 자들로 모든 무릎을 예수의 이름에 꿇게 하시고 모든 입으로 예수 그리스도를 주라 시인하여 하나님 아버지께 영광을 돌리게 하셨느니라"(빌 2:9-11).

또한 모든 사람을 구원하는 것이 하나님의 의도라고 말하는 것으로 보이는 다음과 같은 구절들이 있다: "하나님은 모든 사람이 구원을 받으며 진리를 아는 데 이르기를 원하시느니라"(딤전 2:4), "주의 약속은 어떤 이의 더디다고 생각하는 것같이 더딘 것이 아니라 오직 너희를 대하여 오래 참으사 아무도 멸망치 않고 다 회개하기에 이르기를 원하시느니라"(벧후 3:9).

마지막으로 십자가가 하나님과 인류 간의 관계를 수립했다(이것은 분명히 보편적 구원을 의미하는 것이라고 보편구원론자들은 주장한다)고 말하는 것처럼 보이는 다음과 같은 성경 구절들이 있다: "하나님께서 그리스도 안에 계시사 세상을 자기와 화목하게 하시고"(고후 5:19), "자기 아들을 아끼지 아니하시고 우리 모든 사람에게 내어 주신 이가 어찌 그 아들과 함께 모든 것을 우리에게 은사로 주지 아니하시겠느뇨"(롬 8:2), "저는 우리 죄를 위한 화목제물이니 우리만 위할 뿐 아니요 온 세상의 죄를 위하심이라"(요일 2:2); 예수님께서는 "모든 이를 위하여 죽음을 맛보려 하심이라"(히 2:9), "모든 사람에게 구원을 주시는 하나님의 은혜가 나타나"(딛 2:11).

그러나 보편구원설을 증명하기 위해 인용되는 이 세 부류의 성경 본문들은 몇 가지 이유에 있어 단정적인 것이 아니다. 첫째로, 이 모든 성경 구절들은 보편구원론자의 주장보다는 이 구절들의 전후 문맥과 더 밀접한 관계가 있는 설명을 허용한다. "모든 사람"이라는 언급들은 하나님께서 구원하시려고 계획하신 많은 사람들에 한정된다는 것이 그 문맥에 의해 입증된다. 그리고 그리스도께서 위하여 죽으신 것으로 언급되는 "우리"는 지금 믿고 있는 사람들이다. 또한 "세상"에 대한 총괄적인 언급은 자세히 살펴볼 때 통계적인 의미(과거에 존재했고, 현재 존재하고 있고, 미래에 존재할 모든 개개인)라기보다는 도덕적인 의미(악 가운데 있는 모든 인간들)를 나타내는 것을 알 수 있다.

다음으로, 이 모든 성구들은 분명히 멸망하는 자들이 있음을 단언하는 본문들과 병행된다. 예를 들어 베드로는 만물의 회복에 대해 사도행전 3:21에서 말한 다음 "누구든지 그 선지자의 말을 듣지 아니하는 자는 백성 중에서 멸망받으리라"고 말한다(행 2:23). 요한복음 12:31에서 "내가 땅에서 들리면 모든 사람을 내게로 이끌겠노라"고 말씀하시는 주님께서는 요한복음 5:29에서는 정죄를 받기 위해 부활하는 자들이 있다고 말씀하셨다("선한 일을 행한 자는 생명의 부활로, 악한 일을 행한 자는 심판의 부활로 나오리라"). 또한 빌립보서 2:10에서 "하늘에 있는 자들과 땅에 있는 자들과 땅 아래 있는 자들로 모든 무릎을 예수의 이름에 꿇게 하시고"라고 말하는 반면에 다음 장에서는(빌 3:19) 어떤 자들의 종말은 멸망이라고 말한다("저희의 마침은 멸망이요").

마지막으로, 사람들이 죽은 후에 하나님께서 그들과 변론을 하는 성경 구절은 전혀 없다. 보편구원론자들은 "그리스도께서도 한 번 죄를 위하여 죽으사 의인으로서 불의한 자를 대신하셨으니 이는 우리를 하나님 앞으로 인도하려 하심이라 육체로는 죽임을 당하시고 영으로는 살리심을 받으셨으니 저가 또한 영으로 옥에 있는 영들에게 전파하시니라 그들은 전에 노아의 날 방주 예비할 동안 하나님이 오래 참고 기다리실 때에 순종치 아니하던 자들이라 방주에서 물로 말미암아 구원을 얻은 자가 몇 명뿐이니 겨우 여덟 명이라"고 말하는 베드로전서 3:18-20에 호소한다. 그러나 아무리

이 본문을 그럴듯하게 주석해도, 우리 주님께서 죽으신 다음 지옥의 모든 영혼에게 지금 전도를 하고 계시고, 그 전도에는 항상 성공만이 있을 것이라고 단언할 수 있는 근거를 절대로 제공하지 않는다.

따라서 주석적으로 영원한 처벌이라는 오래된 교리에 도전할 근거는 전혀 없는 것이다. 이 판단에는 대부분의 현대 보편구원론자들이 동의하고 있다. 따라서 그들은 주석적 논증에서 신학적 논증을 옮겨 가는 것이다.

2) **신학적 논증**. 신학적 논증들은 주로 두 가지 고려 사항, 즉 하나님의 특성과 십자가의 승리에 기초한다.

신약성경은 하나님은 사랑이라고 선언한다. 하나님이 자신의 모든 이성적 피조물들을 그들이 빠져 있는 죄로부터 구원하는 것 외에 다른 의도를 가지고 있을 것으로는 생각할 수 없다고 보편구원론자들은 말한다. 구속에 나타난 하나님의 사랑은 창조에 나타난 하나님의 사랑과 마찬가지로 광대한 것이어야 한다. 그리고 하나님께서는 주권적이시고 전능하시기 때문에 이 의도는 실패할 수 없다는 것이다. "하나님에게는 영원한 문제아 자녀가 없다"(넬스 페레, Nelse Ferre). 고(故) 존 로빈슨(John Robinson)은 그의 저서 『종말의 하나님』(In the End, God)에서 하나님의 공의는 하나님의 사랑의 기능으로 생각해야 한다고 말한다. 그러나 분명히 성경에서 하나님의 속성들이 절대로 그런 식으로 묘사되고 있지 않다고 말하는 것으로 위의 주장에 대한 충분한 대답이 될 것이다.

성경은 우리에게 하나님께서는 거룩하시고 이 하나님의 거룩하심 내에서 구속의 사랑이 신자들의 구원으로 나타나고, 응보의 공의는 불신자들의 정죄로 나타난다고 말한다. 하나님이 사랑이라고 말하는(요일 4:8) 요한은 이보다 앞에서 하나님이 빛이시라고 단언했다(요일 1:5). 보편구원론자들은 하나님의 피조물들이 영원히 고통을 당하는 것이 하나님에게 지옥이 될 것이라고 말한다. 그러나 어디에서 성경이 그와 같은 말을 우리에게 하는가? 이것은 하나님의 존재의 신비에 대한 성경의 증거와 무관한 공론(空論)이다.

일부 보편구원론자들이 사용하는 두번째 신학적 논증은 십자가의 승리에 대한 그들의 신념에서 직접 도출하는 것이다. 십자가가 실제로 모든 인간의 구원을 보장했기 때문에 우리의 믿음이나 믿음의 결핍이 객관적으로 결정적인 것이 아니라고 그들은 주장한다. 믿음은 우리가 이미 구원받았다는 것을 인정하는 것에 불과하다는 것이다. 즉 말하자면 미소를 지으며 하나님께 "대단히 감사합니다"라고 말하는 것이라는 주장이다. 그러나 이 개념은 성경과는 다른 견해이다.

신약성경은 오직 그리스도 안에서만 구원을 얻는다고 말한다. 그리스도에게 인도되기 전까지는 아무도 그리스도 안에 있는 구원을 얻지 못하고, 믿음이 없이는 아무도 그리스도에게로 인도되지 못한다. 믿음이 필수적인 것이다. 화목은 반드시 얻어야 하는 것이고, 화목을 얻지 못한 사람은 화목이 없다. "저를 믿는 자는 심판을 받지 아니하는 것이요 믿지 아니하는 자는 하나님의 독생자의 이름을 믿지 아니하므로 벌써 심판을 받은 것이니라…아들을 믿는 자는 영생이 있고 아들을 순종치 아니하는 자는 영생을 보지 못하고 도리어 하나님의 진노가 그 위에 머물러 있느니라." "내가 복음을 부끄러워하지 아니하노니 이 복음은 모든 믿는 자에게 구원을 주시는 하나님의 능력이 됨이라"(롬 1:16). 성경은 인간이 예수 그리스도를 개인적으로 신뢰하기 전에는 갈보리의 승리가 아무에게도 구원을 가져다 주지 않는다는 사실을 분명히 나타내고 있다.

더욱이 신약성경은 구원의 목적과 십자가의 결과를 특별한 말로 정의한다. "남편들아 아내 사랑하기를 그리스도께서 교회를 사랑하시고 위하여 자신을 주심같이 하라"(엡 5:25). 보편구원론자들은 성경에서 이 특별한 제한이 행하고 있는 바가 무엇인지 설명하지 못한다.

복음을 전혀 들어 본 적이 없는 사람들에 대한 특별한 문제는 제쳐놓고 복음을 들은 사람들에 대해서만 주의를 집중하며, 나는 이제 두 가지 궁극적인 질문을 하고자 한다.

제2의 검정, 즉 궁극적인 성공으로 끝날 것이라고 하는 이 생각은 죄에 노예가 되어 있는 중생하지 않은 인간, 육신에 속한 인간의 불변성을 고려하는 것인가? 고(故) 네스 페레는 "내세에 하나님께서는 강제로 사람들이 그들의 길을 바꾸고 싶어하게 하실 것이다"라고 기술했다. 정말일까? 성경과 경험이 우리에게 말해주는 바에 따르면 그러한 처리법은 인간을 더욱 완악하고, 더욱 모질고 반항적으로 만들게 될 뿐이라는 것이다. 예수님께서 이 세상에서 가룟 유다에게 보여 주셨던 것보다 더 풍성한 은혜의 계시를 내세에 하나님께서 가룟 유다에게 보여 주시지 않으신다. 하나님께서 어떻게 강제로 가룟 유다가 자신의 길을 바꾸고 싶어하게 하실 것이라고 상상할 수 있는가? 만일 사람들이 이생에서 죄로 인해 눈이 멀어 그리스도의 복음을 거부했다면, 내생에 그들이 다르게 행동하기를 기대할 근거는 전혀 없다. 단순히 "도의에 호소하는 설득"은 아무리 강력할지라도 이생에서나 내생에서나 인간의 마음을 변하게 할 수 없다.

다음으로 불신 중에 죽은 자들을 위한 성공적인 제2의 검정이라는 생각은 이생의 결정성에 대한 성경의 주장을 고려한 것인가? 부자와 나사로의 사이에는 큰 심연이 가로놓여 있었다(눅 16:26). 그리고 성경은 "한 번 죽는 것은 사람에게 정하신 것이요 그 후에는 심판이 있으리니"(히 9:27)라고 말한다. 이 구절들에는 성공적인 제2의 검정에 대한 암시가 전혀 없다. "우리가 다 반드시 그리스도의 심판대 앞에 드러나 각각 선악간에 그 몸으로 행한 것을 따라 받으려 함이라"(고후 5:10). 우리가 육체로 행한 모든 일들은 우리에게 우리의 운명으로 되돌아올 것이다. 그 운명은 우리가 이 세상에서 스스로 선택한 것이며, 하나님께서 인간의 책임의 실재를 존중하시는 엄숙한 행동으로 정당하게 우리에게 갚으실 운명이다.

하나님께서는 우리에게 "네가 나 없이 존재하기를 선택했느냐?"라고 물으실 것이다. 그리고 "그렇다면 너는 나 없이 존재하게 될 것이다"라고 판결하실 것이다. 여러분은 이 세상에서 예수님과 분리하여 사는 것을 선택했는가? 저 세상에서 예수님께서는 "나를 떠나라. 너는 네가 선택한 그 분리를 얻을 것이다"라고 말씀하실 것이다. 우리가 지금까지 보아온 바와 같이, 이것이 심판과 지옥에 대한 성경적인 교리의 핵심이다. 영원한 운명은 이 세상에서 이루어지는 것이다. "보라 지금은 은혜 받을 만한 때요 보라 지금은 구원의 날이로다"(고후 6:2). 따라서 보편구원론자의 공론은 아무리 매력적일지라도 근거 없는 허위로서 염두에 두지 말아야 할 것이다.

한 세기 전에 제임스 데니(James Denney)는 다음과 같이 기술했다: "나는 내가 이생이 주는 기회를 상실할지라도 다른 기회를 얻을 것이라고 내 자신에게 감히 말하지 못한다. 따라서 다른 사람에게도 감히 그렇게 말하지 못한다." 자신이 감히 받아들이지 못할 희망을 다른 사람에게 주는 것은 자비가 아니라 냉소주의이다. 생각이 깊고 책임이 있는 사람들에게 분명히 데니의 말은 모든 의미에 있어 이 주제의 마지막 결언이 될 것이다.

제 13 장
기독교와 세계 종교들

기독교는 언제나 선교의 종교였다. 지상 사역을 마치시며 예수님께서는 자신의 제자들에게 가서 모든 족속으로 제자를 삼으라고 부탁하셨다(마 28:19). 교회가 이 선교의 의무를 인식하지 못하면 스스로를 사도적 교회라고 칭할 자격이 없다는 사실은 오늘날 일반적으로 인정되고 있다. 이 세계적 선교의 명령은 한 가지 분명한 주장, 곧 우리 주님 자신께서 하신 주장을 함축한다. 그 주장은 "내가 곧 길이요 진리요 생명이니 나로 말미암지 않고는 아버지께로 올 자가 없느니라"(요 14:6)는 것이다. 누구나 그리스도와는 별도로 하나님 아버지를 알 수 있다는 주장을 부정하는 것은 기독교가 아닌 종교는 사람들을 하나님께 인도할 능력이 없고 단지 사람들을 하나님으로부터 멀어지게 하는 데에만 유능하다는 사실을 확인하는 것이다.

1. 유일한 구원의 종교

따라서 그리스도를 믿으라는 권유는 기독교가 아닌 종교에 반대하는 이 판단을 승인하고, 그 종교를 헛되고, 참으로 악마적인 거짓으로서 공적으로 포기하라는 요구를 수반해야 한다. "이 헛된 일을 버리고 천지와 바다와 그 가운데 만유를 지으시고 살아 계신 하나님께로 돌아오라"(행 14:15) — 이 말은 바울의 시대에 루스드라에서 그리스의 만신전(萬神殿)에 예배하는 자들에게 복음이 나타낸 바였으며, 오늘날 기독교가 아닌 다른 종교들을 신봉하는 사람들에게 복음이 나타내는 바도 바로 이 말이다. 복음은 그들의 예배를 우상숭배라고 칭하며(살전 1:9), 그들의 신들을 귀신이라고 칭하고(고전 10:20), 그들에게 이 평가를 그들의 회개와 신앙의 일부분으로 받아들이라고 요청한다.

그리고 이 사실은 부단히, 그리고 두드러지게 강조되어야 한다. 왜냐하면 기독교가 아닌 종교의 무능을 선전하지 않는 것은 유일하신 구세주이신 그리스도의 영광을 가리는 것이기 때문이다. "다른 이로서는 구원을 얻을 수 없나니 천하 인간에 구원을 얻을 만한 다른 이름을 우리에게 주신 일이 없음이니라 하였더라"(행 4:12). 만일 그리스도 없는 종교가 구원할 수 있다면 성육신과 대속은 쓸데없는 것이다. 그러므로 그리스도 없는 종교는 어떤 모양이나 형식이거나, 아무리 나름대로 인상적이라 할지라도 구원에 관한 한, 아무 쓸모가 없다는 사실을 교회가 주장할 때만, 어떤 사람에게든지, 조금이라도, 우리 주님의 죽음이 사실상 쓸데없는 것이라는 의심에 찬성하는 것처럼 보이는 인상을 피할 수 있다.

이것이 성경적인 입장이라는 것은 논쟁의 여지가 없다. 그러나 이 성경적인 입장은 자연스럽게 다음과 같은 질문들을 야기시킨다. 복음은 자신이 대치하려고 하는 종교들을 어떻게 평가하는가? 다른 종교들을 비판하는 입장에서, 복음은 다른 종교들의 경건과 신학이 이룩한 도덕적인 업적과 지적 업적들에 어떤 가치를 두는가? 그리고 복음은 어떻게 다른 종교들의 신봉자들에게 무지, 불관

용, 생색을 내는 태도, 또는 자만의 인상을 주지 않고 그리스도를 그들에게 천거하는 일에 착수하라고 하는가?

이 질문들은 종교개혁 이후의 어느 시대보다 오늘날 더 날카롭게 제기되고 있는데, 거기에는 세 가지 이유가 있다.

첫째로, 금세기에 집중적인 비교종교 연구는 세계의 다른 신앙들, 특별히 가장 높은 형태의 동양 종교들의 신비스럽고 지적인 힘에 대한 지식을 교회로 하여금 다른 어느 때보다 더 많이 얻을 수 있게 하였다. 그리고 이 지식으로 인해 다른 신앙들을 동양의 대중적인 경건의 좋지 않은 점만을 알고 있었던 과거의 선교사들에게 거의 자명한 것처럼 보였던 역겨운 미신들로 일괄되게 처리해 버리는 태도의 수정이 불가피하게 되었다. 공정한 처리는 기독교의 의무이며, 모든 견해는 그 견해를 갖고 있는 최선의 대표자들에 의해 평가될 권리가 있다. (만일 옛날부터 지금까지 대중적인 경건으로만 평가되었다면 역사적인 기독교는 어떻게 되었겠는가?)

둘째로, 아시아의 대종교들, 즉 힌두교와 불교, 그리고 특별히 이슬람교가 다시 번영하며 기반을 얻고 있는데, 이렇게 된 데에는 분명히 서양에서 계속 증가하고 있는 이 종교들에 대한 매료로 인한 기독교에 대한 반동이 부분적으로 기여를 했다. 이제는 우리의 복음주의 선조들이 했던 것처럼, 복음이 전진함에 따라 이 종교들이 곧 쇠퇴하여 사라질 것이라고 순진하게 주장하는 것이 불가능하게 되었다. 우리가 오늘날 보고 있는 바와 같이, 이 종교들은 소멸되기는커녕, 오히려 자신만만하고, 공격적이고, 미래 지향적이고, 기독교의 사상들에 대해 비판적이며, 자신들의 우월성을 확신하고 있다. 우리는 이 종교들의 현재 상황에 대해 어떻게 말해야 할까?

셋째로, 과거에 "서양화"라는 문화적, 또는 때때로 제국주의적인 계획의 일부분을 이루고 있었던 동양의 기독교 신앙의 대변자들이 기독교의 복음주의를 악담하고 정죄하고 있다는 것이다. 이제 이 사상가들은 기독교를 서양의 특수한 신앙으로 처리해 버리고, 기독교의 배타적인 주장들은 서양의 문화적 교만의 여러 가지 사례들 중의 하나로 간단히 처리해 버리고 있다. 그들은 오늘날 동양에 대한 동경들이 동양의 토착 종교들에 의해서만 화합할 수 있다고 주장한다.

지난 수백년 동안의 개신교의 선교 정책이 이 비극적인 오해를 불러왔다는 사실은 거의 의심의 여지가 없는 것으로 보인다. 너무나 자주 과거의 개신교 선교 정책은 서양 문명의 외형적인 형태들을 수출하는 것이 선교사의 임무의 일부분이고, 선교 지역의 교회들은 선교사들을 파송한 모교회와의 관계에 있어 반드시 식민지적인 입장을 취해야 한다는 무조건적인 추정에 근거하여 밀고 나아갔다. 이러한 정책이 감사하게 생각되지 않고 불쾌감을 불러일으켰다는 것은 놀라운 일이 아니다. 개신교의 선교는 여러 민족들에게 선교가 미국이나 영국의 생활 방식을 수출하려는 교활한 계획이 아니라 그와는 전혀 다른 것이라는 사실을 명확하게 설명할 수 있는 방법을 시급하게 배울 필요가 있다. 이러한 설명을 하기 위해서 우리는 타종교들에 대한 우리의 입장을 재검토할 필요가 있다. 타종교들에 대한 우리의 입장은, 비록 결론에 있어서는 비판과 마찬가지일지라도, 방법에 있어 과거보다는 더 동정적이고, 공손하고, 신학적으로 보다 분석적이야 할 것이다.

기독교의 선교 사업은 존재한다는 그 사실만으로도 불가피하게 다른 신앙을 갖고 있는 사람들에게 반감을 일으키게 마련이다. 그러나 교회는 그 반감이 절대로 선교사들에게 책임이 있는 문화적 속물 근성과 영토확장주의에 대한 반감인지, 아니면 십자가에 대한 반감인지 항상 세심하게 관찰해야 한다.

다른 종교들과 복음 전도를 위한 대화에 있어 정확성과 존중을 깊게 해야 할 필요성은 복음주의 그리스도인들이 일반적으로 실감하는 것보다 훨씬 더 시급한 것으로 보인다. 복음주의 그리스도인들이 이 필요성을 깊이 실감하지 못하는 이유는 아마도 지난 세기 동안의 복음주의의 선교 노력이 선구개척자적인 활동과 작은 마을의 활동에 집중해왔던 주로 상당히 작은 초교파 단체들에 의해 촉구되어왔던 반면에, 선교 활동에 대한 적의와 의심이 가장 큰 곳은 큰 도시들이었기 때문일 것이다. 따라서 복음주의자들이 이러한 상황을 바로 인식하고 이 필요성을 따라가고자 노력한다면 매우 바람직할 것이다. 복음주의자들은 특별히 이 일을 행할 수 있는 자질을 갖추고 있다. 왜냐하면 복음주의자들은 80년 전, 자유주의의 전성기 이후부터 개신교 사상의 큰 부분을 흐리게 했던 다른 종교들과 기독교와의 관계에 대한 혼란으로부터 스스로를 지켜 왔기 때문이다.

비록 현재 자유주의는 일반적으로 거부를 당하고 있지만, 그 사상들은 아직도 영향력을 갖고 있다. 그리고 이 특별한 주제에 대한 자유주의의 사상들은 이제 우리가 살펴보고자 하는 바와 같이, 도움을 주기는커녕 해만 끼친다.

2. 아직도 남아 있는 자유주의 경향

자유주의 종교 철학(우리는 이것을 신학이라고 칭할 수 없다)은 두 가지 서로 관련된 원리, 즉 헤겔(Hegel)의 철학적 이상주의(idealism)와 쉴라이에르마허(Schleiermacher)의 종교적 낭만주의(romanticism)까지 거슬러 올라가는 족보를 갖고 있는 원리에 기초된 것이다. 그 첫번째 원리는 종교의 본질이 어느 곳에서나 동일하다는 것이다. 즉 종교는 하나의 속(屬, genus)이고 여기에서 각각의 특별한 종교가, 다소간의 차이가 있으나 고도로 발전된 종

(種, species)으로 발전한다는 것이다. 이 사상은 대개 인간의 종교사의 해석과 연결되었다. 즉 정령주의(animism)적이고 마술적인 종교의식들로부터 시작하여 전례주의(ritualism)적인 다신주의를 거쳐 윤리적 일신주의의 절정에 이르는 상승의 기록으로서의 인간의 종교사에 대한 해석이다. 이 해석은 사변적인 도식화이고 증명보다는 유행에 영합하는 진화론적 표현이다. (사실상 초기의 일신론과 그 고상한 시작으로부터 되풀이하여 나타나는 타락과 변질을 인류의 종교사의 실제적인 형태로 증명하는 것이 훨씬 더 설득력이 있어 보인다. 절대로 로마서 1:18-32은 역사적으로 근거없는 환상으로 가볍게 처리될 수 없다.)

첫번째 원리에 이어지는 두번째 원리는 신조와 교의들이 도덕적이고 신비적인 경험의 부산물 — 즉 다른 사람들에게 유사한 경험을 유발시키기 위해 종교적인 직관들을 말로 표현하려는 시도들 — 외에 아무것도 아니라는 것이다. 이 견해에 있어서는 신학적 차이들이 궁극적으로 아무런 의미를 가질 수 없다. 모든 종교는 순수성과 심오성에는 다소 차이가 있을지라도, 결국 동일한 무한자에 대한 동일한 직관으로부터 발전했다는 것이다. 모든 종교는 동일한 초월적 존재의 소재지를 향하여 동일한 산을 오르고 있다는 것이다. 우리가 가장 큰 차이라고 말하는 것은 그들이 직선이 아닌 것처럼 보이고, 정상에 전혀 이를 수 없을 것 같은 다른 길들로 올라가고 있는 것이라는 주장이다.

만일 이 사상들을 받아들인다면, 질문될 수 있는 유일한 문제는 두 종교가 만날 때에 대한 것이다. 즉 두 종교 중에 어떤 것이 더 고등하고 더 완벽한 것인가 하는 질문이다. 이 질문은 비교에 의해 대답되어야 하는데, 두 종교의 교리를 비교하는 것이 아니라, 두 종교의 경건, 그리고 이 두 종교의 경건이 비장하는 특징 있는 종교적 경험들을 비교함으로 대답되어야 한다. 왜냐하면 종교들은 진실이냐 거짓이냐 하는 문제가 아니며, 그 종교들의 교리들이 그 종교들의 부산물들보다 더 나은가 하는 문제도 아닌 것이 되기 때문이라는 것이다.

또한 실제로 어떠한 기존의 종교 형태도 상대적인 정당성 이상을 소유하고 있지 않은 것이 된다. 그러니까 최상의 종교는 머지않아 보다 나은 종교에 의해 대체될지 모른다는 것이다. 따라서 기독교의 선교를 위한 유일하게 가능한 정당화는 지금까지 나타난 종교 중에 최상이라고 할 수 있는 경건과 윤리를 소유하고 있는 그리스도인들이 이웃 사랑의 법칙에 따라 자신들이 소유한 것들을 다른 신앙을 갖고 있는 사람들과 함께 나눌 의무―그들의 신앙을 대체하기 위함이 아니라 그들을 풍요하게 하고 그들로 인해 자신들도 풍요해지기 위해―가 있다는 것이다. 따라서 이 종교적 경험이라는 깊은 웅덩이에서는 계속 더 고등한 형태의 종교가 계속 발전될 가능성이 있다는 것이다. 이 입장은 트뢸취(Troeltsch)에 의해 학술적인 수준으로 상술되었고 대중적인 수준으로는 『선교에 대한 재고』(*Rethinking Missions*, 1931)와 같은 문서들에서 상세하게 설명되었다. 고(故) 헨드릭 크레이머(Hendrik Craemer)는 이 『선교에 대한 재고』를 "실제적인 신학적인 의미가 빠진…기독교 메시지의 완전한 왜곡으로, 결국 선교의 자살이고 기독교 신앙의 폐기"라고 묘사했다. 오늘날 많은 뉴에이지 신봉자들이 이런 종류의 견해를 갖고 있다. 그리고 1933년에 모인 여러 종교들의 모임은 이 사상들을 유감 없이 발표했다.

3. 더 나은 신학을 위한 변화

그러나 금세기 중반부터 신학 기류는 더 나은 신학을 향해 전반적으로 변하기 시작했다. 자유주의 종교 철학은 바르트, 브룬너,

그리고 크레이머와 같은 저자들의 일제 공격에 의해 붕괴되었고, 다시 한 번 성경에 기초한 종교 신학에 주의가 집중되었다.

이 신학은 어떤 것인가? 이 신학은 다음과 같은 문구로 요약될 수 있다: 기독교는 영접된 계시의 종교이고, 모든 다른 신앙들은 부정된 계시의 종교들이다. 이제 나는 이 사실을 간략하게 설명하고자 한다.

1) 기독교는 영접된 계시의 종교이다. 기독교는 특별한 역사적 사건들을 통해 주어진, 죄인들을 위한 특별한 구원의 계시를 믿는 신앙의 종교이다.

우리가 앞에서 보아온 바와 같이, 기독교 신앙의 목적은 창조주께서 성부의 말씀이시고 성자이신 예수 그리스도의 중보를 통해 자신의, 죄를 범한 피조물들의 삼위일체 구원자로서 자신을 발표하시는 것이다. 이 하나님의 자기 발표는 하나님께서 영감하신 성경의 장들에 권위 있게 기록되고 해석되는 발표이다.

신앙, 또는 믿음은 이 성경의 그리스도이신 역사의 그리스도에 대한 신뢰이다. 복음이 선포하고 믿음이 받아들이는 계시는 인간의 죄에 대한 질문에 대한 하나님의 자비로운 응답이다. 계시의 목적은 범죄한 반역자들을 그들의 창조주와의 교제로 회복시키는 것이다. 그리스도를 믿는 믿음은 하나님의 선물이다. 즉 그리스도를 영접하는 믿음은 우리의 눈먼 마음에 신령한 시각을 회복시키시는 성령의 주권적 역사에 의해 타락한 인간들 안에 창조되는 것이다.

그러므로 진정한 기독교 신앙은 소망 없고 무력한 죄인들을 위해 완전한 구세주를 준비하셨을 뿐만 아니라 그 죄인들을 자신에게로 이끄시는 전능하신 하나님의 긍휼하심을 찬송으로 인정하는 것이다.

2) 다른 종교들은 계시를 거부한 종교들이다. 다른 종교들은 창

조주의 존재와 율법에 대한 일반 계시(general revelation), 곧 하나님의 세상에 대한 인간의 지식 안에서, 그리고 그 지식을 통해 주어지는 계시의 은폐와 왜곡에서 나온 종교들이다. 이 계시에 대한 중요한 말씀들은 로마서 1:18-32, 2:12-15에 나온다. 이 구절들에서 다음과 같은 사실들을 우리에게 설명해준다: 즉 하나님의 "보이지 않는 속성들" — 하나님의 신성과 창조의 권능 — 이 단지 인류에 의해 인식될 수 있을 뿐만 아니라, 실제로 인식되며("이는 하나님을 알 만한 것이 저희 속에 보임이라 하나님께서 이를 저희에게 보이셨느니라 창세로부터 그의 보이지 아니하는 것들 곧 그의 영원하신 능력과 신성이 그 만드신 만물에 분명히 보여 알게 되나니 그러므로 저희가 핑계치 못할지니라."(1:19-20), 이 인식력은 경배와 감사의 책임을 아는 지식과(20-21절), 도덕률에 대한 의무를 아는 지식과(2:14-15), 불경건에 대한 하나님의 진노하심을 아는 지식과(1:18), 죄에 대한 처벌인 죽음을 아는 지식을 준다(1:32).

일반 계시는 무죄한 인간의 욕구에만 적응하고 "하나님께서는 자신의 이성적 피조물들에게 무엇을 요구하시는가?"라는 질문에만 응답한다. 일반 계시는 죄에 대한 진노에 대해서 이야기하지만 죄인들을 위한 긍휼에 대해서는 이야기하지 않는다. 따라서 일반 계시는 타락한 인간에게 불안 외에 아무것도 줄 수 없다. 그래서 인류는 일반 계시를 직시하기 싫어하여, 일반 계시를 왜곡하려고 애를 쓰며, 고의적으로 불법을 자행하여(1:25) 일반 계시의 진리들을 우상 숭배의 거짓으로 왜곡한다(1:18).

인간이라는 피조물은 예배하는 존재이다. 그러나 인간은 교만함으로 자신의 창조자에게 예배하기를 거부했다. 그리하여 인간은 하나님의 계시의 빛을 인간이 만든 종교의 어두움으로 바꾸고 스스로 고안하여 인간 자신의 형상이나 자신보다 열등한 피조물들의 형상으로 만든 무익한 신들의 노예가 된다(1:23). 이상이 가장 유치한 것으로부터 가장 세련된 것까지 망라하는 모든 비성경적 종교에 대한 성경의 설명이다.

4. 일반 은총의 빛

그러나 하나님께서는 일반 은총(common grace)으로 진리가 완전히 은폐되는 것을 막으신다. 일반 은총의 빛의 나타남은 아덴에서 바울이 아라투스(Aratus)를 인용했던 때와 같이(행 17:28), 우리가 기다리고 감사함으로 인정해야 할 일이다.

일반 계시는 어디에서나 조금도 손상되지 않았다. 일반 계시의 진리들은 질식시키려는 모든 시도들에도 불구하고, 계속 인간 정신의 이면을 통해 스며들어, 불안을 조성함으로, 피할 수 없는 빛을 어떻게 해서든지 가리고자 하는 새로운 시도들을 일으킨다. 그러므로 우리는 모든 타종교들에 절대로 해결되지 않는 특징적인 긴장들이 일정하게 되풀이되는 것을 발견할 수 있을 것으로 기대해도 좋다. 이 긴장들은 우주의 세력들의 적대에 대한 불안감, 설명되지 않는 막연한 죄책감과 이 죄책감에서 벗어나기 위해 모든 종류의 공로를 이루려는 기법들, 죽음에 대한 공포와 인간이 죽음을 정복했다고 느끼기 위한 자기 소모적인 몰두, 신들을 달래고 매수하고 조정하고 인간이 원할 때 외에는 거리를 두려는 목적의 예배 형태들, 종교의 이름으로 도덕적인 악을 선이라고 칭하고 선을 악이라고 칭하는 끔찍한 의도, 한 가지 행동에서 하나님을 찾는 것 같이도 보이며 피하려고 하는 것같이도 보이는 이중적인 마음의 태도 등이다.

유대교와 이슬람교는 이 점에 있어 특별한 경우이다. 왜냐하면 이 두 종교는 그리스도를 부정하는 반면에, 모두 나름대로 구약성경의 특별 계시에 기초를 두고 있기 때문이다. 이 두 종교는 모두 하나님의 인격의 복수성을 부정하기 때문에, 성부, 성자, 성령께서 죄인의 구원을 위하여 함께 역사하시는 복음을 받아들일 수 없다. 이 두 종교는 모두 성육신, 대속, 중생을 부정하므로, 함께 기독교의 특성을 이루고 있는 예수님과의 교제라는 현실과 하나님께 감사에 넘치는 사랑을 바치는 생활을 알지 못한다. 비록 다른 종교들에 비해 지식적으로는 기독교와 밀접하지만, 유대교와 이슬람교는 다른 종교들과 마찬가지로 그리스도의 복음의 빛과 그릇된 개념들의 정화를 필요로 한다.

그러므로 비기독교 신앙들과 우리 복음주의의 대화에 있어서 우리의 과제는 그리스도 안에서 하나님의 성경에 나타난 계시들을 제시하는 것이 되어야 한다. 이 제시는 그들의 신앙을 보완하는 것이 아니라 그러한 신앙들이 존재하게 된 이유를 설명하고, 그 신앙들의 오류를 밝히고, 그 신앙들의 부적절성을 비판하는 것이 되어야 한다. 우리는 그 신앙들이 하나님에 대해, 그리고 하나님과의 관계에 대해 말하는 것에 의해 또는 빠뜨리고 말을 하지 않는 것으로 그 신앙들을 평가해야 할 것이다. 우리는 복음이 해답을 제시하고 있는 종교의 현실적인 문제 — 즉 어떻게 죄인이 자신의 창조주와 바른 관계를 가질 수 있는가? — 를 밝히고자 노력해야 할 것이다. 우리는 이 종교들이 함축하고 있는 진리의 암시들과 조각들을 부지런히 찾아서 하나님을 아는 진정한 지식의 조언들로 (그들 고유의 신학적 시각에) 적용해야 할 것이다. 그리고 마지막으로 우리는 이 모든 일을 강박 의식으로(왜냐하면 그리스도께서 우리를 파송하셨기 때문에), 사랑으로(왜냐하면 비그리스도인들은 우리와 같은 피조물들이고, 그리스도 없이 그들이 구원을 받을 수 없기 때문에), 그리고 완전한 겸손으로(왜냐하면 우리 자신도 죄인들이고, 하나님께서 선물로 주시지 않았다면 우리의 복음도 없고 우리의 믿음도 없었을 것이기 때문이다)해야 할 것이다. 그러므로 우리는 위로부터 오는 도우심으로 끊임없이 하나님을 존귀하게 해드리고, 우리 주님이시며 구세주이신 예수 그리스도를 믿는 믿음이 인간의 모든 욕구 중에 가장 크고 가장 보편적인 요구라는 사실을 계속 단언하면서, 다른 종교들의 세계에 복음을 증거함으로 인류를 섬겨야 할 것이다.

제14장
지옥의 실재

　자신이 알고 있고 좋아하는 사람들이 영원한 형벌로 묘사되는 운명에 처할지 모른다는 생각은 보통 사람이라면 누구에게나 심각한 불안을 줄 것이다. 이런 생각은 우리가 서양 문화에서 계발한 마음의 평화—즉 아무것도 걱정할 것이 없고, 결국 모든 일이 잘 될 것이라고 계속적으로 스스로에게 말함으로 얻는 마음의 평화—를 심하게 혼란시킬 것이다. 그러나 자기 위안은 우리 문화의 일부분이고, 우리가 숨쉬는 공기에 접착제같이 달라붙어 호흡되고 있으며, 사실상 마음에서 죽음의 마약같이 작용하고 있기 때문에, 이 자기 위안이 혼란되는 것을 싫어하는 것은 우리에게 있어 일종의 자동적인 반응이다. 여기에서 모든 형태의 영벌의 교리가 기독교의 가치를 떨어뜨리는 것으로 간단히 처리해 버리는 경향이 나오는 것이다. 우리 시대의 사람들은 지옥의 불을 악몽으로, 비정한 근본주의자들과 단순한 전도자들, 그리고 유행에 뒤진 로마 카톨릭 신자들이 좋아하는 음울한 소굴로 일소에 부친다. 그리고 지옥에 대한 생각을 지금은 먼 과거인 원시 시대의 유물로 간주한다.
　그래서 우리 시대의 사람들은 아직도 영벌을 믿는 사람을 만날 때 그를 기껏해야 기인으로 여기거나, 또는 아마 이상한 사람으로 여길 것이다. 분명히 그런 사람을 진지하게 취급하지 않는다. 물론 우리는 영벌을 믿는 신앙이 애초부터 기독교 신앙 주류의 일부분이었다는 것을 알고 있다. 아마 우리는 3세기에 터툴리안이, 그리고 13세기에 토마스 아퀴나스가 지옥에 빠진 자들의 고통을 천국에 있는 자들이 즐겁게 바라보았을 것이라고 가르쳤다는 것을 알고 있을 것이다. 이 견해는 조나단 에드워즈(Jonathan Edwards)에 의해서도 확인되었다. 우리가 학교에서 배운 바에 의하면 『진노하신 하나님의 손안에 있는 죄인들』(Sinners in the Hands of an Angry God)이라는 조나단 에드워즈의 유명한 또는 악명 높은 설교는 병든 불건강한 정신의 산물이었다. 또한 사람들은 영벌을 믿는 신앙이 빅토리아 시대의 기독교에서 부풀려졌다고 생각한다. 그러나 사람들은 다른 사항들에 있어서 빅토리아 시대 사람들을 흉내낼 꿈도 꾸지 않으려고 하는 것처럼, 이 신앙에 있어서도 그들과 동행할 책임을 갖지 않는다. 사람들은 "지옥은 멸해졌다. 그러니까 다시 마음의 평안으로 돌아가자"라고 말한다.

1. 지옥은 어떻게 된 것일까?

그러면 우리는 이런 생각에 어떻게 응답해야 할까? 나는 절대로 빅토리아 시대의 기독교나 에드워즈나 아퀴나스나 터툴리안을 특별히 지지하는 것이 아니다. 그러나 나는 그들 모두가 의지했던 것, 즉 주 예수 그리스도께서 가르치셨고, 사도들이 가르친 기독교를 분명하게 지지한다. 따라서 지금 나의 과제는 우리가 영벌이라는 낚시 바늘을 그처럼 가볍게 벗어 버리는 것을 예수님과 사도들이 절대로 용납하지 않는다는 사실을 할 수 있는 한 강력하게 지적하는 것이다. 오히려 예수님과 사도들은 그 낚시 바늘로 우리를 옴

짝달싹 못하게 꿰어 놓고 우리로 하여금 이 문제를 직시하게 하신다. 영벌의 교리는 예수님에게서 직접 나온 것이고, 이 주제에 대한 사도들의 가르침은 단지 기독교의 창시자께서 처음 말씀하신 것을 그대로 되풀이하는 것에 불과하다. 그러므로 그리스의 신화 작가나 유대의 종말론적 몽상가는 절대로 예수님께서 말씀하셨던 것과 같은 무게를 가지고 영벌에 대해 말하지 못했다. 쉐드(W. G. T. Shedd)는 한 세기 전에 다음과 같은 획기적인 진술로 그 사실을 확인했다:

> 끝없는 형벌 교리의 가장 강력한 뒷받침은 인간들의 대속자이신 그리스도의 가르치심이다…만일 "영원한 불"과 죽지 않는 구더기"라는 말씀에 완전히 일치하는 미래의 위험이 존재하지 않는다는 것을 알고 계셨다면, 그리스도께서는 그처럼 자주, 그리고 그처럼 진지하게 그런 말씀들로 경고하시지 못하셨을 것이다. 바로 예수 그리스도께서 영원한 지옥의 교리에 대해 책임을 지실 분이시다. 이 신학적 교의에 대한 모든 반대자들이 맞서 싸우고 있는 대상이 바로 예수 그리스도이신 것이다.

이 말은 강력한 진술이다. 그러나 우리가 앞으로 보게 될 바와 같이 증거에 의해 이 진술은 정당함을 인정받는다.

제12장에서 우리는 보편구원설을 논하면서 마태복음 25:46의 문맥에 근거하여 영벌의 실재를 논증했다. 예수님께서 위의 구절이 나오는 단락에서 묘사하신 것처럼 영벌은 "마귀와 그 사자들을 위하여 예비된 영영한 불"(41절)에 들어가는 것이다. 예수님께서는 게힌놈("힌놈 골짜기")이라는 말의 헬라어 형태인 게헨나(γέεννα)라는 말을 사용하시면서 자주 이 불에 대해 언급하셨다. 게헨나는 예루살렘 성벽 외곽 지역으로 과거에 이곳에서 어린이들이 몰렉에게 번제로 바쳐졌었고(대하 28:3; 33:6), 쓰레기와, 가

족이 없어 버려지는 사람들의 시체를 매일 불사르는 도시의 쓰레기 소각 지역이 되었다. 산상수훈에서 우리는 예수님께서 제자들에게 누구든지 형제를 미련한 놈(마음속의 악한 멸시를 나타내는 표시)이라고 칭하는 자는 "지옥불(직역하면 "불의 게헨나")에 들어가게 되리라"고 말씀하시는 것을 본다(마 5:22). 마태복음 18:9에서 예수님께서는 다시 불을 언급하신다. "만일 네 손이나 네 발이 너를 범죄케 하거든 찍어 내버리라 불구자나 절뚝발이로 영생에 들어가는 것이 두 손과 두 발을 가지고 영원한 불에 던지우는 것보다 나으니라 만일 네 눈이 너를 범죄케 하거든 빼어 내버리라 한 눈으로 영생에 들어가는 것이 두 눈을 가지고 지옥불에 던지우는 것보다 나으니라"(마 18:8-9).

같은 내용의 가르치심이 마가복음에서는 다음과 같이 설명된다: "만일 네 손이 너를 범죄케 하거든 찍어 버리라 불구자로 영생에 들어가는 것이 두 손을 가지고 지옥 꺼지지 않는 불에 들어가는 것보다 나으니라", "만일 네 눈이 너를 범죄케 하거든 빼어버리라 한 눈으로 하나님의 나라에 들어가는 것이 두 눈을 가지고 지옥에 던지우는 것보다 나으니라 거기는 구더기도 죽지 않고 불도 꺼지지 아니하느니라"(막 9:43; 47-48; 시체들을 파괴하는 구더기와 불에 대해 말하는 이사야 66:24을 반향하는 심상이나, 살아있는 영혼들은 운명에 적용되고 있다).

이 모든 말씀들은 예수님의 가라지와 좋지 않은 물고기 비유의 말씀에 나오는 천국에서 쫓겨나는 자들에 대한 묘사와 연결시켜야 한다. "풀무불(직역하면 "불의 풀무")에 던져 넣으리니 거기서 울며 이를 갊이 있으리라"(마 13:42, 50). 또한 이 말씀은 예수님께서 12제자를 전도 여행을 떠나 보내시며 엄숙하게 용기를 요구하시는 말씀과도 연결된다: "몸은 죽여도 영혼은 능히 죽이지 못하는 자들을 두려워하지 말고 오직 몸과 영혼을 능히 지옥에 멸하시는

제 14 장 지옥의 실재 *225*

자를 두려워하라"(마 10:28). 이 절에 나오는 "멸하다"는 말의 원어는 아폴뤼미($ἀπόλλυμι$)로, 무엇인가를 파괴하고 망쳐서 원래 의도한 목적에 쓸 수 없게 만들어 버리는 것을 나타내어 사용되는 통상적인 헬라어이고 "지옥"의 원어는 게헨나($γέεννα$)이다. 우리가 두려워할 대상은 마귀가 아니라 예수님께서 아버지라고 칭하신 분이다.

  이 모든 말씀은 결국 무엇을 뜻하는가? 우리는 다음과 같이 요약할 수 있다: 예수님께서는 모든 곳(마 25:32에서 양과 염소는 "모든 민족" 중에서 분별된다)에 있는 자신의 백성이 아닌 자들을 위해 예비된 불의 운명에 대해 말씀하셨다. 예수님께서는 이 불을 게헨나라고 칭하시고, 또한 이 불을 미래의 영원한 질서의 일부분이고, 절대로 꺼지지 않는 것으로 묘사하셨다. 이 불에 들어가거나 던짐을 당하는 것(예수님께서는 이 두 동사를 모두 사용하셨다)은 끝없는 비탄을 가져 온다("울며 이를 갊": 심판 날에 바깥 어두운 데 쫓겨나는 자에 대하여 예수님께서 묘사하신 상태, 마 8:12; 22:13; 25:30).

  분명히 이 말씀들은 비유이다. 왜냐하면 불과 어두움은 모두 동일한 상황, 즉 고통스럽고 절망적인 버림을 받은 상황을 묘사하는 것이기 때문이다. 동시에 명백히 이 말씀들은 상상할 수 없이 무서운 상황, 모든 노력과 어떤 희생을 해서라도 피해야 할 상황을 묘사하고 있다. 게다가 이 말씀들을 하시는 분은 하나님의 성육하신 성자이시며, 우리의 신령한 교훈자이시다. 그분께서는 자신이 무엇에 대하여 말하고 있는지 알고 계신다. 따라서 우리는 그분이 이런 사항들을 권위를 가지고 말씀하시는 것으로 들어야 한다.

  신약성경을 기록한 사도들은 자신들의 어휘를 사용했지만 그들의 기록은 주님의 발자취를 따르는 그 이상도, 그 이하도 아니었다. 그중 몇 가지 예문들을 보기로 하자. 로마서 2:5-6에서 바울은 회개하지 않는 자들에게 이렇게 경고한다: "다만 네 고집과 회개치 아니한 마음을 따라 진노의 날 곧 하나님의 의로우신 판단이 나타나는 그날에 임할 진노를 네게 쌓는도다 하나님께서 각 사람에게 그 행한 대로 보응하시되"(시 62:12의 인용). 그리고 그는 계속 다음과 같이 경고한다: "오직 당을 지어 진리를 좇지 아니하고 불의를 좇는 자에게는 노와 분으로 하시리라 악을 행하는 각 사람의 영에게 환난과 곤고가 있으리라…이는 하나님께서 외모로 사람을 취하지 아니하심이니라 무릇 율법 없이 범죄한 자는 또한 율법 없이 망하고 무릇 율법이 있고 범죄한 자는 율법으로 말미암아 심판을 받으리라…곧 내 복음에 이른 바와 같이 하나님이 예수 그리스도로 말미암아 사람들의 은밀한 것을 심판하시는 그날이라" (롬 2:8-9, 11-12, 16). 이렇게 바울은 최후의 심판과 최후의 멸망의 원칙을 진술하고 그 확실성을 확인한다.

또한 바울은 더 극적으로 다음과 같이 묘사하기도 한다: "환난 받는 너희에게는 우리와 함께 안식으로 갚으시는 것이 하나님의 공의시니 주 예수께서 저의 능력의 천사들과 함께 하늘로부터 불꽃 중에 나타나실 때에 하나님을 모르는 자들과 우리 주 예수의 복음을 복종치 않는 자들에게 형벌을 주시리니 이런 자들이 주의 얼굴과 그의 힘의 영광을 떠나 영원한 멸망의 형벌을 받으리로다" (살후 1:7-9).

유다의 짧은 서신은 궁극적인 상실의 상태에 대한 예수님의 비유들을 모두 포함하고 있다. 7절은 이렇게 말한다: "소돔과 고모라와 그 이웃 도시들도 저희와 같은 모양으로 간음을 행하며 다른 색을 따라가다가 영원한 불의 형벌을 받음으로 거울이 되었느니라." 13절은 교회에서 특별히 부도덕한 자들에 대해 말한다: "자기의 수치의 거품을 뿜는 바다의 거친 물결이요 영원히 예비된 캄캄한 흑암(직역하면 KJV의 "blackness of darkness"와 같이 "어두움의 검음"이다)에 돌아갈 유리하는 별들이라." 영원한 불이 즉각적인 영혼 소멸의 비유라는 주장이 간혹 있었지만, 유다의 "영원히 예비된 캄캄한 흑암"이라는 어구는 유다가 사용한 말들의 의미가 그런 식으로 해석되어서는 안된다는 것을 분명하게 나타낸다.

요한계시록에서 주님의 편지들에 따르는 긴 환상의 부록은(4-22장) 의도적으로 공포를 주는 방식으로 주님의 영원한 불에 대한 묘사의 강도를 증대하는데, 이것은 후에 조나단 에드워즈의 『진노하신 하나님의 손안에 있는 죄인들』(Sinners in the Hands of an Angry God)이 시도했던 바를 정경에서 시도하는 것으로, 결국 그 목적은 동일한 것이다. 이러한 시도의 목적은 사람들로 하여금 다른 대안을 받아들이는 위험을 감행하지 않고 그리스도 안에 있는 생명을 받아들여 굳게 잡게 하려는 것이다. 요한계시록 14:9-11은 짐승에게 경배하는 자들에게 다음과 같이 경고한다: "또 다른 천사 곧 셋째가 그 뒤를 따라 큰 음성으로 가로되 만일 누구든지 짐승과 그의 우상에게 경배하고 이마에나 손에 표를 받으면 그도 하나님의 진노의 포도주를 마시리니 그 진노의 잔에 섞인 것이 없이 부은 포도주라 거룩한 천사들 앞과 어린양 앞에서 불과 유황으로 고난을 받으리니 그 고난의 연기가 세세토록 올라가리로다 짐승과 그의 우상에게 경배하고 그 이름의 표를 받는 자는 누구든지 밤낮 쉼을 얻지 못하리라 하더라." 요한계시록 20:10은 마귀와 짐승과 거짓 선지자들이 최후의 심판 때에 던져지는 유황불 못을 묘사한다: "또 저희를 미혹하는 마귀가 불과 유황 못에 던지우니 거기는 그 짐승과 거짓 선지자들도 있어 세세토록 밤낮 괴로움을 받으리라." 그 다음 14절에서는 사망과 음부가 이 불못에 던져지고, 이것은 "둘째 사망"으로 확인된다. 그런데 6절에서 이 둘째 사망은 하나님의 성도들을 다스리는 권세가 없는 것으로 설명된 바 있다. 그리고 후에 점층법적으로, 15절은 다음과 같이 단언한다:

"누구든지 생명책에 기록되지 못한 자는 불못에 던지우더라." 이 전후 문맥을 살펴볼 때, 그리고 14:11의 명백한 진술에 비추어 볼 때, 불못에 던지우는 것이 끝없는 고통과 비탄 이하의 다른 의미를 나타낸다고(어떤 사람들이 추정하는 것처럼) 추정하는 것은 부자연스럽다.

구약성경과 신약성경 사이의 유대교 문학(마카비 2서와 4서〈2 and 4 Maccabees〉, 솔로몬의 지혜서〈the Wisdom of Solomon〉, 유딧서〈Judith〉, 교회서〈Ecclesiasticus〉, 희년서〈Jublees〉, 바룩 2서〈2 Baruch〉, 그리고 모세의 승천서〈the Assumtion of Moses〉와 같은 책들)에서 게헨나의 심상과 불경건한 자들에게 예비된 미래의 끝없는 고통에 대한 예언들이 이미 나타나는 것은 사실이다. 따라서 예수님과 사도들에게 이미 존재하고 있던 사상들과 신앙들의 축적에 어느 정도 의존하고 있었다는 것도 사실이다. 그러나 그렇다고 해서 신약성경의 가르침들이 이런 견해들을 승인할 때 그 견해들의 신적 권위가 작아지는 것은 절대로 아니다. 게다가 "승인하다"는 말은 정확한 말이 못된다. 왜냐하면 이 사상들을 사용할 때 예수님과 사도들은 종종 이 사상들에 함께 수반되었던 타인의 고통을 흡족해하는 함축들을 제거하고, 고통의 경외, 또는 상처의 경외(traumatic awe)라고 칭할 수밖에 없는 뉘앙스 또는 분위기를 이 사상들에 심었기 때문이다(고통의 경외란 같은 인간들이 비록 심히 사악할지라도, 그 사악함으로 인해 멸망당하는 것에 대한 강렬한 슬픔과 연결되면서도, 하나님의 영광을 위해 공의가 행해지는 것에 대해 동일하게 느껴지는 강렬한 기쁨이다). 이 고통의 경외는 예루살렘에 대해 예수님의 두려운 말씀("가까이 오사 성을 보시고 우시며 가라사대 너도 오늘날 평화에 관한 일을 알았더면 좋을 뻔하였거니와 지금 네 눈에 숨기웠도다 날이 이를지라 네 원수들이 토성을 쌓고 너를 둘러 사면으로 가두고 또 너와 및 그 가운데 있는 네 자식들을 땅에 메어치며 돌 하나도 돌 위에 남기지 아니하리니 이는 권고받는 날을 네가 알지 못함을 인함이니라 하시니라", 눅 19:41-44)과 갈보리까지 동행했던 여인들에 대한 자비로운 권고("예루살렘의 딸들아 나를 위하여 울지 말고 너희와 너희 자녀를 위하여 울라", 눅 23:28)에 반영된다. 유사한 순종적인 슬픔이 바울이 선포하는 하나님을 거부하는 유대인들에 대한 바울의 통곡의 외침에도 나온다: "내가 그리스도 안에서 참말을 하고 거짓말을 아니하노라 내게 큰 근심이 있는 것과 마음에 그치지 않는 고통이 있는 것을 내 양심이 성령 안에서 나로 더불어 증거하노니 나의 형제 곧 골육의 친척을 위하여 내 자신이 저주를 받아 그리스도에게서 끊어질지라도 원하는 바로라…형제들아 내 마음에 원하는 바와 하나님께 구하는 바는 이스라엘을 위함이니 곧 저희로 구원을 얻게 함이라"(롬 9:2-3; 10:1).

이와 동일한 고통의 경외가 회심을 하지 않은 친척과 친구들을 두고 있는 모든 생각 깊은 그리스도인, 구주 예수님께서 언젠가 산 자와 죽은 자들을 심판하기 위해 재림하실 것이라는 약속을 진지하게 받아들이는 그리스도인의 영혼을 찌를 것이다. 그리고 우리는 이 고통의 경외를 느끼는 것이 비록 마음 편한 일은 아닐지라도 건강한 것이라고 분명하고 담대하게 말할 수 있다. 우리 전의 바울과 같이 우리도 몇몇 사람들을 구원하기 위하여 복음 안에서 모든 사람에게 여러 모양이 되어, 복음을 전파하는 사역에 전심으로 헌신할 때에만 이 고통을 덜 수 있다(고전 9:22). 그러므로 우리는 유다의 직설적인 권유를 추구해야하는 것이다: "또 어떤 자를 불에서 끌어내어 구원하라 또 어떤 자를 그 육체로 더럽힌 옷이라도 싫어하여 두려움으로 긍휼히 여기라"(유 23절). 영혼들이 멸망할 것을 예상하는 고통을 경감하는 유일한 영적인 방법은 그들을 구원하기 위한 행동을 취하는 것이다. 하나님께서는 우리가 알고 있는 사람들이 멸망할 수 있다는 예상을 가질 수 있게 하심으로 그들이 멸망하지 않도록 하기 위해 우리가 기도하고 활동할 마음이 일어나게 하시며, 그 예상을 우리의 양심에 사용하심으로 우리를 분발시켜 복음전도의 방법으로 그들에게 증거하게 하신다.

2. 형벌이라는 말

그러나 모든 불경건한 자들의 영원한 형벌은 여전히 논하기에 고통스러운 진리이다. 그러므로 개념적으로는 명확하고 정서적으로 부담이 없는 말들을 사용하는 것이 필요하다. 나는 형벌(punishment)이라는 말보다는 보응(retribution), 즉 (더 정확하게 말해서) 장차 임할 세상에 하나님에 의해 집행되는 보응의 과정이라는 말을 좋아한다. 이제 내가 이런 형태의 말을 택하는 이유를 설명해 보고자 한다.

첫째로, 형벌이라는 말은 하나님의 사법적 처벌이라는 의미에 있어 매우 성경적이지만, 무익한 의심들을 불러일으킨다. "우리는 벌을 주고 싶어하는 사람은 누구든지 항상 불신해야 한다"는 괴테의 금언은 오늘날 프로이드의 추종자들에 의해 보강되었다. 현대 사상은 범죄자를 개선하고 그 밖의 사람들을 보호하는 데에 이바지하지 않는 형벌이 정당화될 수 있는가에 대해 회의적이다. 이 두 가지 목적이 모두 기대되지 않는 상태에서, 말세에 하나님의 형벌자의 역할에 대해 말하는 것은 그 형벌이 상당히 비도덕적이기 때문에 하나님께서 사실상 상당히 바람직하지 못한 방법으로 전횡적이고 보복적인 형벌을 한다는 의심을 반드시 일으키게 한다. 실제로 지난 세기 동안 영벌 개념에 대해 만연된 반감은 이 의심에서 솟아난 것이며 또한 하나님의 특성을 배격하지 않는 교리를 바라는 열망에서 나온 것이다. 따라서 나는 형벌이라는 어휘를 전혀 사용하지 않는 것이 가장 좋다고 생각한다.

둘째로, 보응이라는 술어는 분명히 세련된 단어는 아니지만 정서적으로 부담을 주지 않는다. 그리고 이 말은 편견적 마음가짐을 일으킴으로 말미암아 논의를 흐려버리지 않을 것이다. 왜냐하면 우리 문화에서 보응은 부도덕적인 개념보다는 도덕적인 개념으로 그 위치를 차지하고 있기 때문이다.

셋째로, 악의 진행을 저지하고 의를 회복시키는 하나님의 심판의 보다 넓은 실체의 한 국면으로서의 개인적 보응이 정확하게 우리가 말하고 있는 바이다. 따라서 이 단어는 적절하다. 형벌은 전횡적이 될 수 있고 악행에 비례하지 못할 수 있다. 그러나 보응은 사람의 과거가 그의 현재를 결정함에 있어 결정적인 요인이 된다는 것을 의미한다. 왜냐하면 그는 마땅히 받아야 할 것을 받기 때문이다.

그 다음, 마지막으로, 보응이라는 말은 성경에서 혼합되는 두 가지 사상을 우리 사고에 혼합하는 것을 (형벌이라는 말로는 불가능한 방식으로) 가능하게 한다. 그 두 가지 사상은 의의 정당함을 입증하시는 심판자로서 하나님께서 공의롭게 선고하시는 정죄 사상과, 이 정죄를 생명보다 사망을 택하는 인간 자신의 강퍅함을 통해 인간이 스스로 자초한다는 사상이다. 이 성경의 혼합은 요한복음 3:18-20에 가장 명확하게 나타나고 있다. 이곳에서 요한은 "저를 믿는 자는 심판을 받지 아니하는 것이요 믿지 아니하는 자는 하나님의 독생자의 이름을 믿지 아니하므로 벌써 심판을 받은 것이니라"라고 말한 다음 계속하여 이렇게 말한다: "그 정죄("정죄"에 대해 사용된 헬라어 크리시스⟨$Κρίσις$⟩를 레온 모리스⟨Leon Morris⟩는 "소환장"⟨process⟩으로 번역한다)는 이것이니 곧 빛이 세상에 왔으되 사람들이 자기 행위가 악하므로 빛보다 어두움을 더 사랑한 것이니라 악을 행하는 자마다 빛을 미워하여 빛으로 오지 아니하나니 이는 그 행위가 드러날까 함이요." 다른 말로 이야기해서 사람들은 하나님 앞에서 회개하기보다 하나님에게서 떠나는 것을 택함으로, 하나님의 사법적 선고는 사람들이 스스로 선택하여 이미 자기 자신들에게 내린 영원한 분리의 선고에 대한 비준(比準)이라는 것이다. 루이스(C. S. Lewis) 같은 교육자들은 사람들이 만일 지옥에 있겠다고 선택하지 않았다면, 그들이 자기 도취에 빠져 하나님을 자신들의 삶에서 쫓아내지 않았다면, 아무도 지옥에 가지 않는다는 사상을 강조하는데, 바로 이것이 이 엄격한 진리의 한 국면이다. 그런데 보응의 개념은 이 국면을 쉽게 포함한다.

왜 내가 이 음울한 주제에 대해 논하려고 결정했는지 의아해하는 사람이 있을지 모른다. 그 이유는 오늘날의 기독교에서 내가 "장차 임할 세상에 하나님에 의해 집행되는 보응의 과정"이라고 칭하는 바가 점점 더 신앙에 있어 문제의 영역이 되고 있기 때문이다. 불확실성이 증대되고 있는데, 그 불확실성은 그리스도인의 증거를 약화시키는 영향을 끼치는 방식으로 증대되고 있는 것이다. 따라서 여기에 지옥에 대한 신학을 포함시키지 않을 수 없었다. 지옥 신학은 믿음에 있어 필수적인 부분인 것이다.

그러나 마지막으로 해야 할 권고가 있다. 보응의 과정을 추측하지 말라. 지옥이 어떠할까 상상하지 말라. 지옥에 대한 과거의 끔찍한 상상들은 거의 도움이 되지 않았고, 단테나 조나단 에드워즈나 스펄전(C. H. Spurgeon)이 그린 무시무시한 언어적 그림들을 실재의 지옥과 동일시할 때, 종종 걸림돌이 된다는 것이 입증되었다. 예수님께서 불과 구더기에 대해 말씀하신 것이 부적절하지 않았던 것과 마찬가지로 단테나 에드워즈나 스펄전과 같은 사람들이 그런 그림들을 그린 것도 그릇된 것은 아니었다. 문제는 그런 묘사들이 사실상 (우리가 지옥의 상징적 표현들보다 훨씬 더 무섭다고 밖에 말할 수 없는) 지옥의 현실들을 상징으로 나타내는 비유임에도 불구하고 실제적인 묘사로 받아들이는 것이다. 지옥을 묘사하기 위해, 성경에 근거하여, 신학자들이 사용하는 말들―모든 좋은 것과 모든 기쁨과 모든 안식과 모든 희망의 상실; 하나님의 은총으로부터 제외되고 하나님의 진노만을 받는 것; 후회, 좌절, 분노, 절망; 자기 몰두의 한 형태로서의 자기 증오; 백치적 행위라고까지 말할 수 있는 자기 관찰―은 형식적 범주들에 불과하다.

여기에 있어 지혜로운 길은 우리가 모두 마땅히 가야 하는 지옥에 사실상 절대로 가지 않게 된다고 보장해 주는 그리스도의 구원의 은혜를 감사하는 방법들을 찾는 데 우리의 삶을 사용하는 것이다. 우리는 우리 주 예수 그리스도께서 우리 앞에 모범을 보여 주셨던 것과 같이, 유다의 말대로, 다른 사람들을 불에서 끌어내어 구원하려고(유 23절) 할 때를 제외하고는, 지옥보다는 천국에 마음을 두는 훈련을 해야 한다. 강박관념으로 지옥에 흥미를 가졌던 것으로 종종 인식되는 청교도들이 사실에 있어서는 바로 위에 말한 식으로 천국에 마음을 두고 있었다. 그러므로 우리는 그들의 훌륭한 모범을 따르는 것이 유익할 것이다.

제 15 장
우리 미래의 소망인 그리스도의 승천

오늘날 기독교 설교자들과 교사들이 그리스도를 나타낼 때 부활이라는 역사적 사실에서 곧바로 부활하신 주님과의 현재의 만남으로 옮겨 가는 경향이 있다. 이러한 주제의 순서가 의도하는 바는 부분적으로는 기적들을 부정하는 회의론자들에게 도전하려는 것이며, 부분적으로는 역사적 그리스도를 위대한 스승이며 놀라운 모범으로만 생각하고 살아 계신 구주로는 생각하지 않는 자유주의자들, 형식주의자들, 도덕주의자들, 유대인들, 뉴에이지 추종자들, 그리고 다른 종교 신봉자들을 끌어들이려는 것이다.

우리는 반드시 계속하여 사람들에게 예수님의 부활이 가장 확실하게 입증된 역사적 사실들 중의 하나라고 설명해야 한다. 왜냐하면 진실로 그러하기 때문이다. 또한 계속하여 예수님께서 살아 계시고, 훌륭하시고, 가까이 다가갈 수 있는 분이시며, 모든 신자에게 인도자이시며 상담자로 존재하시는 분이시라는 사실을 사람들에게 설명해 주어야 한다. 왜냐하면 역시 진실로 그러하기 때문이다. 그러나 우리는 부활이 승천의 준비였다는 사실을 잊지 말아야 한다.

우리는 예수님께서 무덤을 떠난 순간부터 천국의 보좌를 향해 나아가고 계셨다는 사실을 절대로 망각하지 말아야 한다. 부활 후 예수님의 40일의 지상 생활은 천국 여행 중에 잠깐 머무르셨던 것으로 보아야 한다.

1. 부활과 승천

사도신경은 그리스도의 부활을 그리스도의 승천과 천국에서의 통치와 직접 연결시킨다. "장사한 지 사흘 만에 죽은 자 가운데서 다시 살아나시며, 하늘에 오르사 전능하신 하나님 우편에 앉아 계시다가." 그리스도께서 이전에 누리셨던 영광으로의 귀환을 부활은 시작하였고 승천은 완성하였다.

예수님께서 부활하신 후 맨 처음 하신 대화는 이 사실을 분명하게 보여 준다. 막달라 마리아는 살아 계신 주님을 만났을 때, 주님을 부둥켜안고 싶었다. 마태복음 28:9은 막달라 마리아와 또 다른 마리아가 그 시대에 윗사람에게 애정을 표시하는 행동을 했다고 말한다. 곧 그들은 몸을 굽히고 발을 붙잡았다. 그러나 예수님께서는 그들에게 이렇게 말씀하셨다: "나를 만지지 말라 내가 아직 아버지께로 올라가지 못하였노라 너는 내 형제들에게 가서 이르되 내가 내 아버지 곧 너희 아버지 내 하나님 곧 너희 하나님께로 올라간다 하라"(요 20:17).

예수님의 이 말씀은 냉정한 거절이 아니라 자비롭고 동정적인 재교육이었다. 이 두 마리아, 그리고 이들과 함께 있던 나머지 제자들은 그들이 만질 수도 없고 심지어 볼 수도 없는 구주와 교제를 하는 데 익숙해질 필요가 있었다. 왜냐하면 곧 주님께서는 하늘로 승천하여 재림 때까지 인간의 시야를 떠나실 것이기 때문이었다.

2. 성육신과 신비

부활과 승천은 신비—근본적으로 성육신 자체의 신비—를 수반한다. 그리스도의 부활은 하나님의 성자의 육신에 어떤 즉각적인 변화들을 가져 왔을까? 지속성은 분명했다. 즉 부활하신 주님께서는 전과 동일한 모습이셨고 음성이셨으며, 확실히 살과 뼈를 갖고 계셨고 음식을 잡수셨다(눅 24:39-43) 그리고 제자들은 주님을 만질 수 있었고 잡을 수 있었다(마 28:9; 요 20:27). 그러나 변화도 분명했다. 부활하신 주님께서는 어디론지 사라지기도 하고 나타나기도 하실 수 있으셨고, 심지어 잠긴 문을 통과하시기도 하실 수 있으셨다(눅 24:31, 36; 요 20:19, 26). 어떤 사람들은 예수님의 몸이 부활의 순간에 비물질이 되어 눈에 보이지 않게 되었으나 부활 후에 나타나는 때에는 어떤 방법으로 다시 물질화된 것이라고 추정한다. 이 추정은 분명히 성경의 증거를 지나쳐 나가는 것으로, 문제들을 없이하기보다는 더 많은 문제들을 야기한다. 그러므로 우리는 주님의 부활을 가시적이고 물질적이고 물리적인 유기체의 향상된 능력들을 수반한 소생이고, 이 새로운 소생은 구주께서 육신을 가지시고 아버지의 보좌로 승천하실 앞으로의 변화를 위해 예비하는 것이었다고 생각하는 것이 보다 온건하고 건전할 것이다.

그러면 승천시에는 정확하게 어떤 일이 일어났을까? 제자들의 승천에 대한 인식에 따르면 예수님께서 제자들에게 위임을 하시고 그들을 축복하신 다음에(눅 24:50; 행 1:8), 구름이 내려왔고 (변화산에서와 같이〈눅 9:34-36〉성부께서 활동하시기 위해 임재하심을 나타내는 표적), 예수님께서 하늘을 쳐다보는 제자들을 남겨 두고 구름 속으로 올라가셨다(행 1:9-10). 이 위로 올라가심은 성부께서 성자를 이 세상에서 철수시키셔서 본향으로 데려가심을 나타낼 뿐만 아니라, (우리가 이 세상에서 "높아진" 사람에 대해 말하는 것처럼) 성부께서 성자를 새로운 품위로 높이신 것을 나타내기도 한다. 따라서 그리스도의 승천은 그리스도의 승진을 의미한다. 이것은 마치 성자께서 회사의 이익을 위한 여행을 성공적으로 마치시고, 이제 상무이사를 맡기 위해 본사로 호출을 받으신 것과 같다.

이렇게 다시 살아나신 어린양께서는 영광으로 귀환하셔서 성부의 우편 보좌에 앉으셨다. 고대 페르시아 궁정에서 우편 보좌는 제왕의 이름으로 통치를 하는 총리의 자리였다. 이 자리에서 오늘도 다시 살아나신 어린양께서는 온 우주의 주님으로 다스리고 계신다. 예수님께서 직접 말씀하신 바와 같이 성부께서는 하늘과 땅의 모든 권세를 예수님의 손에 맡기셨다(마 28:18; 요 5:20-23, 26-27). 그리고 예수님께서는 "모든 원수를 그 발 아래 둘 때까지 불가불 왕노릇"하실 것이다(고전 15:25).

그러면 우리는 예수님께서 육체로 구름 속으로 퇴장하심에 대해 어떻게 생각해야 할까? 이 일은 예수님께서 처녀 탄생으로 세상에 오셨던 것과 똑같이 하나님께서 창조의 능력을 특별하게 행사하신 분명한 기적이었다. 그러면 이 일은 어떤 기적이었을까? 우리는 예수님을 여러 광년의 먼 거리를 단숨에 통과한 최초의 우주 여행자로 생각해서는 안된다. 그보다 우리는 예수님의 부활 후에 우리를 제한하고 있는 3차원의 공간이 더 이상 예수님을 제한하지 못했다는 사실을 깨달음에서 우리의 실마리를 찾아야 한다.

루이스(C. S. Lewis)는 관중의 갈채에 답례를 한 다음 무대 휘장의 접혀진 주름 사이로 사라지는 것처럼 보이는 배우와 같이 (물론 사실은 두 개의 휘장 사이의 빈 곳으로 들어가는 것이다), 우주의 "굴곡"을 통과하여 물러나시는 성자에 대해 말했다. 아마도 이 비유는 여기에 관련된 신비에 대하여 우리가 생각할 수 있는 최선의 개념을 주는 것 같다.

여기에서 우리에게 파악되는 사실은 지금 비록 예수님의 **인격적인 임재**가 어느 곳에서나 예수님을 부르는 모든 사람들에게 성령을 통하여 나타날 수 있지만 예수님의 **육체적인 임재**는 사라졌다는 것이다. 육체적으로 예수님께서는 천국으로 돌아가셔서, 그곳에서 심판을 하시기 위해 재림하실 때까지 아버지의 보좌관(right-hand man, 이 어구는 너무나 적절하다!)으로 아버지를 섬기신다.

의심할 바 없이 천국에서 예수님의 몸은 변화산에서의 모습과 같이 광채가 나는 영광스러운 몸이다(빌 3:21, "그가 만물을 자기에게 복종케 하실 수 있는 자의 역사로 우리의 낮은 몸을 자기 영광의 몸의 형체와 같이 변케 하시리라"). 승천을 통해 예수님의 몸에는 더 많은 어떤 일이 일어났다. 그러나 우리는 천국에서 그 일이 정확하게 무슨 일인지 알게 될 때까지 기다려야만 한다.

3. 통치와 중보

현재 예수님의 천국 생활을 이해하고, 동시에 지상에서의 고귀한 삶을 이해하는 열쇠는 예수님께서 과거에 이 땅에 계셨을 때와 마찬가지로, 천국에 계시면서도 우리를 위해 중보를 하고 계시다는 사실을 깨닫는 것이다. 위의 문장에 있어 "우리"라는 말은 신약성경에서 언제나 그러한 것과 같이, 인류를 의미하는 것이 아니라 하나님께서 구원하시기 위해 택하신 과거와 현재와 미래의 모든 신자들을 의미한다. 예수님께서는 우리를 위해 죽으심으로 확보하신 것을 실제로 우리의 것이 되었음을 확인하심으로 우리의 행복을 보장하시는 방법으로 우리의 권리를 중재하신다. 성자께서는 우리를 대신하여 성부에게 탄원하실 때 자신의 요청이 용납될지

안될지 불확실하게 하시는 것이 아니다. 예수님께서는 성부께서 자신을 앉히신 보좌에서 우리의 유익을 위한 자신의 뜻이 성부의 뜻이기도 하다는 것을 정확하게 아시고, 성부께 말씀을 드리시는 것이다. 그러므로 예수님의 자기 백성을 위한 지속적인 중보는 절대적으로 유효하다.

예수님의 중보가 우리에게 어떤 유익들을 가져다 주는가? 그 대답은 매우 단순하다. 즉 모든 입장에서, 그리고 모든 수준에서, 우리가 삼위일체 하나님과 갖는 관계와 관련된 모든 유익들이 예수님의 중보로 말미암는 것이다. 한편으로, 예수님의 중보는 우리의 의롭다 하심을 받은 신분을 유지시킨다(롬 8:34 "죽으실 뿐 아니라 다시 살아나신 이는 그리스도 예수시니 그는 하나님 우편에 계신 자요 우리를 위하여 간구하시는 자시니라"). 다른 한편으로, 예수님의 중보는 우리가 연약하고 불완전함 가운데 주님의 보좌로 나아갈 때, 그곳이 "우리가 긍휼하심을 받고 때를 따라 돕는 은혜를 얻기 위하여 나아가는 은혜의 보좌"라는 것을 발견할 것임을 보장한다. 주 예수님의 중보 없이는 하나님의 어떠한 자녀도 어떠한 영적 유익도 얻지 못한다.

또한 예수님께서 천국에 올라가셨기 때문에 우리도 천국의 소망을 확신할 수 있다. 이 사실에 대해 예수님께서는 명백하셨고, 신약성경 전체도 강조하고 있다. "아버지여 내게 주신 자도 나 있는 곳에 나와 함께 있어 아버지께서 창세 전부터 나를 사랑하시므로 내게 주신 나의 영광을 저희로 보게 하시기를 원하옵니다"라고 예수님께서는 기도하셨다(요 17:24). "사랑하는 자들아 우리가 지금은 하나님의 자녀라 장래에 어떻게 될 것은 아직 나타나지 아니하였으나 그가 나타내심이 되면 우리가 그와 같을 줄을 아는 것은 그의 계신 그대로 볼 것을 인함이니"라고 요한은 선언한다(요일 3:2). 그리스도인들에게 있어서 내생은 다음과 같은 귀한 말씀들로 선포된 언약적 보호 관계의 가장 충만한 즐거움이 될 것이다: "여호와는 나의 목자시니 내가 부족함이 없으리로다"(시 23:1). 왜냐하면 "이는 보좌 가운데 계신 어린양이 저희의 목자가 되사 생명수 샘으로 인도하시고 하나님께서 저희 눈에서 모든 눈물을 씻어 주실 것임이러라"(계 7:17). 언제나 어떤 상황에서나 기쁨을 가져다 주는 이 소망은 우리로 담대하게 우리 자신의 죽음의 운명을 향해 나아갈 수 있게 한다. 이러한 태도는 기독교 신자들에게 독특한, 서양 사회에서 흔히 볼 수 있는 태도와는 전혀 대조적인 것이다.

4. 죽음의 직시

오늘날의 세상에서 가장 언급하기 어려운 말은 죽음이다. 이것은 백년 전에 성(sex)을 말하는 것이 가장 어려웠던 것과 똑같다. 생명이 하찮은 것이라는 식의 냉소적인 과장들("장난감을 가장 많이 가지고 죽는 사람이 성공한 사람이다"), 그리고 환생 신앙의 자기 본위적 표현들(뉴에이지)을 별개로 치면, 죽음은 의학계 외에서는 일반적으로 이야기되지 않는다. 죽음을 화제로 삼는 것은 예절이 없는 것으로 생각한다. 그리하여 마치 우리가 이 세상에서 영원히 살 것처럼 생각하고 사별을 볼 때 하나님의 선하심을 의심하는 이유로 삼는 것이 관습이 되었다. 우리 모두는 이러한 행동이 얼마나 어리석은지 내심으로는 잘 알고 있다. 그러면서도 우리는 똑같이 이런 행동을 하는 것이다. 그런데 이렇게 행동할 때, 우리는 성경과 갈라지고, 또한 바른 삶의 근본 원칙 — 죽는 법을 알 때 사는 법을 알 수 있다는 원칙 — 과도 갈라진다. 따라서 여기에 있어 기독교의 일관성을 회복하는 일이 시급히 필요한 것이다.

죽음에 대한 자세에는 과거와 현재 간에 엄청난 대조가 존재한다. 우리 자신의 시대에 이르기까지 모든 시대의 그리스도인들은 이생을 영원을 위한 준비로 보았다. 중세기의 그리스도인들, 청교도, 그리고 후시대의 복음주의자들은 훌륭하게 죽는 법에 대해 많은 생각을 했고 많은 글을 썼으며, 진실로 우리의 생활 방식이 이 세상을 떠나기 위한 준비가 되어야 한다고 역설했다. 이들의 생각과 주장은 쓸데없고 병적인 것이 아니라, 현실적인 지혜였다. 왜냐하면 실제로 죽음은 삶의 분명한 한 가지 사실이기 때문이다. 죽음에 대해 현실도피자 행동을 하는 것은 최고로 어리석은 짓이다.

어째서 현대 사회, 그리고 심지어 현대의 정통파까지 성경적인 내세에 대한 파악력을 그처럼 크게 상실했을까? 몇 가지 요인들이 이러한 결과를 낳는 데 결합하였다. 첫째로, 죽음은 이제 우리의 충실한 동료가 아니다. 금세기까지 대부분의 어린이들이 10세가 못 되어 죽었다. 그리고 성인들은 집에서 가족들에 둘러싸여 죽음을 맞이했다. 그러나 오늘날 가족들이 죽는 경우는 그렇게 흔치 않고, 많은 사람들이 병원에서 죽는다. 그러므로 우리는 우리 자신도 당연히 죽는다는 사실을 쉽게 망각할 수 있는 것이다.

둘째로, 이생이 모든 것을 즐길 수 있는 유일한 삶이라는 추론을 갖고 있는 현대의 물질주의는 그리스도인들의 정신에도 침입하여, 사람이 이 세상이 제공하는 것을 모두 맛보기 전에 이 세상을 떠나는 것은 우주적인 폭력이라는 느낌을 만들어 냈다.

셋째로, 기독교의 소망에 대한 마르크스주의의 조소("죽은 다음에는 그림의 떡이다")에 더하여 천국의 소망을 갖는 것이 지상에서 악을 멸하려는 열심을 파괴한다는 비난이 그리스도인들에게 천국에 마음을 두는 것을 꺼리는 그릇된 양심을 부여했다.

넷째로, 현대의 그리스도인들은 때때로 천국을 열망한다고 고백하는 사람들에게서 나타났던 문화적 빈곤, 사회적 무관심, 그리고 비뚤어진 인간성을 보면서 불안해지고, 결국 그런 열망이 항상 도

피주의이고 불건강한 것이 아닌가 의심하게 된다. 그 결과 그들은 그들의 중생한 심령에서 종종 자발적으로 솟아나는 천국을 사모하는 마음에 대해 죄의식을 느끼고 억누르게 된다.

다섯째로, 영원한 운명을 위해 자신이 창조되었다는 인간의 자연스러운 직감, 과거에 "영혼의 위대성"이라는 말로 표현되었던 의식이 자연을 떠난 분주한 도시 생활 가운데에서 크게 축소되었다.

5. 그러면 우리는 어떻게 죽어야 할까?

그리스도인들은 죽음—먼저 자신의 죽음—에 대해 어떻게 생각해야 할까? 일반적으로 사람들은 죽음을 즐겁게 기다리지 못한다. 그리고 여기에는 분명한 이유가 있다. 우리들은 죽음의 과정을 유쾌한 것으로 예상할 수 없다. 하나님에게 자신의 전말을 설명하게 될 것이라는 예상은 두렵다. 그리고 그리스도인들은 육체적인 죽음이 창조주의 죄에 대한 심판으로, 하나님으로부터의 영원한 분리의 외적인 표적이라는 것을 알고 있다. 만일 구원의 은혜가 개입하지 않는다면 이 분리는 죽음이라는 하나의 기점을 이루는 사건으로 말미암아 더 깊어지고 더 고통스러워질 것이다. 그러므로 회심하지 않은 사람들이 죽음을 두려워하는 것은 당연하다. 진실로 죽음은 무서운 일이다.

그러나 그리스도인들에게 있어 죽음의 독침은 사라졌다: "사망아 너의 이기는 것이 어디 있느냐 사망아 너의 쏘는 것이 어디 있느냐"(고전 15:55). 은혜가 개입함으로, 이제 그리스도인들의 사망일은 그들을 위해 예비된 안식으로 데려 가시기 위해 그들의 죽음의 자리에 계실 주님과 만나는 약속일이 되었다. 비록 그들이 잠시 (별로 좋은 것이 못되는) 육체 없이 지낼 것이지만 그들은 그리스도와 전보다 더 친밀하게 지내게 될 것이니, "이것이 더욱 좋은"

일이다(빌 1:23).

더욱이 신자들은 언제 그리스도께서 그들을 위해 오실지 알지 못한다. 그러므로 언제라도 이 세상을 떠날 준비를 하는 것은 지극히 중요한 그리스도인의 지혜이다. 우리는 오래 전에 미리 짐을 다 싸놓고 휴가 여행 갈 날을 기다리는 어린이들처럼 매일 죽음을 기다려야 한다.

이 준비를 위한 신앙 표현은 "매일을 마치 당신의 마지막 날처럼 살라"(토마스 켄, Thomas Ken)는 것이다—다른 말로 이야기하자면, 시세하락을 예측한 단기 매도 계정을 하나님과 맺으라는 것이다. 나는 해외 선교 협회(the Overseas Missionary Fellowship)의 이사였던 프레드 미첼(Fred Mitchell)이 그가 탄 비행기의 공중 폭발로 본향으로 돌아가기 직전에 이 사상을 짧게 강조하는 것을 들었다. 미첼은 그가 가르친 대로 산 사람이었다. 그의 자서전은 그 비운의 비행기 조종사가 무선으로 말한 마지막 메시지 "궤도에 올라 상승함"(Climbing on Track)을 적절하게 제목으로 했다. 나는 그의 말을 절대로 잊지 않기 원한다.

마지막으로 훌륭하게 죽는 것은 그리스도인들이 소명받은 선한 사업들 중의 하나이다. 그러므로 그리스도께서는 아무리 죽음이 육체적으로 무서운 사건일지라도, 주님을 섬기는 우리들이 훌륭하게 죽을 수 있게 해 주실 것이다. 그리고 그리스도 안에서, 그리스도로 말미암아, 그리스도와 함께 훌륭하게 죽는 것은 신령한 축복이다. 하나님의 신령한 나라에 태어나는 것이 우리의 두번째 생일이었다면, 육체의 죽음을 통해 영원한 세상에 태어나는 것은 우리의 세번째 생일이 될 것이다. 그리스도인의 죽음이 이 세상에서의 육체적 생명의 끝이라는 말은 진실이다. 그러나 그리스도인의 죽음이 진정한 생명으로 들어가는 죽음—C. S. 루이스의 말대로 "끝없이 계속되며, 모든 새로운 장이 앞 장보다 더 아름다운…위대한 이야기"—라는 묘사는 더욱더 큰 진실이다. 다그 함마숄드 (Dag Hammarskjöld)가 죽음의 의미를 이해하지 못하는 철학은 삶의 의미를 이해할 수 없고, 죽음에 대한 이 진리들이 마음에 고정되기 전까지는 사람의 삶이 올바를 수 없다는 기술을 할 때 그는 기독교를 생각하고 있었다.

CHRISTIAN LITERATURE CRUSADE

기독교문서선교회는 청교도적 복음주의신학과 신앙을 선포하는 국제적, 초교파적, 비영리 문서선교기관입니다.

기독교문서선교회는 한국교회를 위한 교육, 전도, 교화에 힘쓰고 있습니다.

만일 당신이 예수 그리스도와 그리스도인의 생활에 대하여 알기를 원하시면 지체말고 서신연락을 주십시오. 주 안에서 기쁜 마음으로 도움을 드리겠습니다.

서울 서초구 방배동 983~2
Tel. 586-8761~3

기독교문서선교회

기독교를 아는 지식
Knowing Christianity

1996년 10월 10일 초판 발행
2013년 6월 30일 초판 3쇄

지은이 | 제임스 I. 패커
옮긴이 | 강 철 성

펴낸곳 | 사) 기독교문서선교회
등 록 | 제 16~25호(1980. 1. 18)
주 소 | 서울시 서초구 방배로 68
전 화 | 02)586-8761~3(본사) 031)942-8761(영업부)
팩 스 | 02)523-0131(본사) 031)942-8763(영업부)
홈페이지 | www.clcbook.com
이메일 | clckor@gmail.com
온라인 | 기업은행 073-000308-04-020, 국민은행 043-01-0379-646
　　　　예금주: 사)기독교문서선교회

ISBN 978-89-341-0545-9 (93230)

* 낙장 · 파본은 교환해 드립니다.